转型时期中国劳动关系发展问题研究

王阳 著

中国劳动社会保障出版社

图书在版编目(CIP)数据

转型时期中国劳动关系发展问题研究/王阳著.—北京：中国劳动社会保障出版社，2012

ISBN 978-7-5167-0060-0

Ⅰ.①转… Ⅱ.①王… Ⅲ.①劳动关系-研究-中国 Ⅳ.①F249.26

中国版本图书馆 CIP 数据核字(2012)第 288713 号

中国劳动社会保障出版社出版发行

(北京市惠新东街 1 号 邮政编码：100029)
出 版 人：张梦欣

*

保定市中画美凯印刷有限公司印刷装订　　新华书店经销

787 毫米×1092 毫米　16 开本　16.25 印张　292 千字
2012 年 11 月第 1 版　　2012 年 11 月第 1 次印刷
定价：39.00 元

读者服务部电话：(010) 64929211/64921644/84643933
发行部电话：(010) 64961894
出版社网址：http://www.class.com.cn

版权专有　　侵权必究

如有印装差错，请与本社联系调换：(010) 80497374
我社将与版权执法机关配合，大力打击盗印、销售和使用盗版图书活动，敬请广大读者协助举报，经查实将给予举报者重奖。
举报电话：(010) 64954652

序

古语道:"天道酬勤!"

王阳博士是一个勤勤恳恳的耕耘者,来社会发展研究所以后,一直践行着书山有路勤为径、学海无涯苦作舟的古训。《转型时期中国劳动关系发展问题研究》一书,是她来国家发改委系统后出版的第二部专著。

转型时期中国劳动关系发展问题是一个热点难点焦点问题。近年来,我国经济社会各个领域都在发生深刻的变化,政府职能加快转变,企事业单位加快重组,越来越多的人从"单位人"转变成"社会人",人们的就业方式和就业选择日益多样。与此同时,经过30多年的发展,我国也正面临着区域发展不协调、环境资源压力加剧、土地瓶颈制约突出、社会管理压力加大以及人口结构素质不够优化等一系列的问题和挑战。1978年以来,所有制的深刻变革诱发了中国劳动关系的深刻变化。

促进劳动关系和谐已经成为一种世界性的潮流。发端于资本全球化的经济全球化,对严重滞后的劳动全球化提出越来越多的挑战。2001年,国际劳工组织总干事胡安·索马维亚在其就职演说中首次提出了"体面就业",其含义对普通劳动者来说,不仅意味着要获得一份工作,更重要的是,意味着要获得一个能充分发挥其劳动技能和得到尊重的岗位。现在,体面就业的精神内涵已经在国外得到了广泛的认可。2008年国际金融危机爆发后,我国劳动关系方面的一些不和谐因素突出显现,劳动争议案件持续走高,劳动监察投诉案件不断攀升,不少地区持续再现大规模"民工荒",就业的结构性矛盾非常突出。当前我国正处于社会转型和经济转轨的关键期,经济社会发展的不相协调显示出了"三大矛盾",即经济发展模式转型与劳动力素质的矛盾,产业升级与就业转换的矛盾,以及劳动力成本压力与就业质量的矛盾,而这些矛盾相互交织、相互影响又造成了大量社会不和谐现象的出现。2012年1月,我国7个部委联合颁布了《促进就业规划(2011—2015年)》,其基本精神就是以科学发展观为指导,以全面促进充分就业、体面就业与和谐就业为目标，认真做好"十二五"时期就业工作，促进经济发展与扩大就业相协调，促进社会和谐稳定。

和谐劳动关系是指劳动过程中的主体与客体之间的和谐关系，包括人与人、人与物（自然环境劳动条件等）的关系。应该说，党中央、国务院历来高度重视解决和谐劳动关系问题，改革开放35年来，全国人大出台了一系列劳动保障方面的法律，国务院在劳动就业、收入分配、社会保障和劳动安全卫生等方面出台了一系列政策和行政法规，确保了我国的劳动关系总体和谐稳定。当然，中国在劳动力无限供给的条件下，一些地方政府为了追求政绩，将关注的焦点放在如何吸引稀缺的资本上，对资方过分袒护，缺少对就业弱势群体（比如农民工）权益的重视，导致国家出台的一些维护劳动者权益的政策措施流于形式，造成劳动者权益受损。随着我国劳动力从无限供给向有限剩余转变，劳动力短缺对地方经济发展的制约越来越明显。这会倒逼政府健全劳动关系方面的法规制度，完善教育、医疗等各种社会保障，加强对劳资关系的调节，督促企业改善劳动者的薪酬和工作环境，更加重视维护劳动者的权益，为其提供更好的劳动条件和发展前景。因此，我个人认为劳动关系的发展（以劳动争议数量来度量）与经济发展（以人均GDP来度量）之间也存在着一种倒U曲线的关系。

理论是灰色的，而生活之树是常青的。总结一般性的经验，一国经济社会快速发展的时期，同样也是社会领域矛盾问题的多发期；而从中国劳动关系发展的历史来看，相比西方市场经济国家，其自身的独特性十分明显。中国的劳动关系伴随着劳动力市场机制的建立和完善而产生与发展，随着经济体制改革的深入，劳动力市场主体双方地位逐步明确，市场机制在配置劳动力资源过程中开始发挥基础性作用。因此，要科学地看待今天中国劳动关系出现的各种问题，至少要在"环境论""基因论""系统论"和"实践论"的指导下进行，也就是说，要将劳动关系置于我国经济社会发展的大系统之中研究，要长远地透过历史、文化传统等线索来分析，要动态地将书本上的理论同我国的实际相结合，进而再上升为理论。

一个时代有一个时代经济社会演变的根基与目标。过去的30多年，中国实现了第一次转型与改革，改变了生产关系，做大了经济总量，提高了人们的生活水平。当前时代，中国发展的阶段性特征主要表现为消费主导、公共产品短缺和人的自身发展。未来的一个时期，或者说未来的30年，中国要实现第二次转型与改革，就要着力改变经济结构，建设消费大国，提高人们的生活质量。为此，"十二五"乃至今后更长的时间，我国要建设幸福社会，和谐是基础，稳定是前提，而劳动关系的和谐与稳定是重中之重。

"三方机制"是近百年来在西方发达国家逐步形成并推广的一种社会关系和企业劳资关系的协调机制。所谓三方，一方指以政府为代表的国家（在许多国家是由政府的劳动部、社会部或就业部作为国家的代表），另外两方是雇主（企业主、工厂主）和工人的代表，而工人通常是由工会作为其代表。"三方机制"在调解社会矛盾，解决劳资冲突方面发挥着重要作用。随着经济日益全球化，"三方机制"已推广到许多国家和地区，三方原则成为各国协调劳资关系、处理劳资纠纷的共同准则。中国作为国际劳工组织的成员国，无疑应当使劳动制度，包括劳动争议处理制度尽可能地与国际通行的制度接轨或靠拢。中国要实现劳动关系的和谐与稳定，关键要发挥好"三方机制"中三方的作用。首先，政府应该发挥更大的作用，不仅要完善有关立法、加强执法、建立制度、完善劳动标准等，还特别要进一步培育市场主体，扶持弱者，加强企业民主管理建设，引导劳动者运用理性合法方式表达利益诉求，实现劳动关系双方利益关系的动态平衡。其次，企业应该承担社会责任，尊重劳动者的主体地位和首创精神，规范用工行为，将劳动者视为人力资源，进而转化为人力资本，取代物质资本成为推动企业发展的关键驱动力。最后，劳动者和工会应该有就业的质量意识，将良好的劳动关系作为择业就业的一个重要衡量标准。

和谐源于科学的妥协，没有妥协就没有和谐。当前，我国仍处于社会主义初级阶段，经济体制还不十分完善，制约科学发展的体制机制障碍依然较多，然而，经济社会发展的阶段却已然发生了重要的变化。实现公平与可持续的科学发展，努力促进社会和谐稳定，保障人民安居乐业已成为这一时代的呼唤。我们每个人都有自己的利益诉求，但是如果坚持自己的观点不做一点让步，那么这个社会就达不成共识。在劳动关系领域，就是要形成公平博弈与对话的制度环境，构建动态调整与协商的沟通机制，以及创立平等参与与利益分享的程序规则。

劳动关系的和谐与稳定本该不难，特别是西方发达市场经济国家的劳动关系演变已经提供了很好的经验和教训，揭示出劳动关系对应某一发展阶段所呈现出的一般性规律。过去的一百年，资本主义之所以垂而不死，就是它们从经典社会主义的模式里面吸收了很多的东西，把工人阶级的暴力革命变成了工会的协商谈判。但是，我们在社会主义制度下搞市场经济，由于缺乏几百年的历史经验，劳动关系的和谐与稳定在现实中国却又是一大难点。无论政府、企业还是劳动者本人，主体意识没有完全到位，不同程度地存在越位、缺位，于是就业中的市场短视行为泛滥。

转变经济发展方式客观上要求我们必须转变就业发展方式。促进经济发展、扩大中国就业规模，究其根本是尊重和满足更多劳动者的就业意愿和权益，但是如若没有体面的就业与和谐的劳动关系，那么扩大就业也就失去了原本进步的政策意义。要知道，就业问题永远不单单是规模和数量问题，劳动关系涉及就业的幸福感问题，各方必须给予高度重视，绝对不能够掉以轻心！

卡尔·马克思的墓碑上镌刻着："Proletarier aller Länder, vereinigt euch！（德语）"——全世界无产者，联合起来！平等、公平、和谐的劳动关系是劳动者的普遍追求。王阳博士的《转型时期中国劳动关系发展问题研究》归根到底是对幸福就业和幸福劳动的一种中间探索，很有必要；对于全国各地普遍重视的幸福指数构建和幸福社会建设，也很有现实意义。值得大家一读！

2012 年 7 月 31 日星期二
写于西城区国宏大厦社发所办公室

引 言

经过30多年的改革开放,中国经济体制改革取得了巨大进展,已经建立起比较完善的社会主义市场经济体制。适应社会主义市场经济体制的建立和完善,中国社会发展和社会体制改革也取得了重要成就,特别是在劳动就业领域的改革。但与此同时,中国劳动就业管理体制还面临着突出的矛盾和问题。总体来看,就业管理体制还相对滞后,与社会主义经济体制不相适应,还没有建立起适应现代社会流动(特别是劳动力的高流动)、充分激发社会自身(主要是市场主体)发展动力和活力、具有中国特色的现代化的劳动就业管理体制。

自2003年以来,中国进入了人均国民生产总值从1 000美元向3 000美元的过渡时期。该时期往往被国际社会称为"矛盾多发期",其原因在于,这一时期的一个重要特征就是个人维权开始弱化,同时,社会上出现各种利益集团,谋求以集体的力量进行维权的现象增多,进而导致集体劳动争议事件的频发。

一、劳动关系发展的经验分析

观察西方国家劳动关系发展的历程,工资决定机制、就业保护立法、失业保险制度和积极的劳动力市场政策,是实现劳动关系和谐稳定发展的重要制度基础。尽管单一的制度安排对劳动力市场绩效的影响难以明确,但是合理的制度组合却塑造了欧洲国家特点各异、灵活安全的劳动关系状况。在长期的历史发展之下,欧洲国家已经形成了四种理论上的产业关系模式,而在现实中,尤以丹麦的"金三角"模式和荷兰的"政策丛"模式最为典型。以动态、开放、发展的眼光审视欧洲国家的劳动关系演变,可以注意到劳动力市场的成熟度实际上是在深刻影响,甚至是决定着劳动关系的基本特征,这些构成了劳动关系的基础条件,而诸如人力资本、社会资本、政策惯性、社会服务等与劳动关系主体相关的因素,却也能显著影响甚至是改变劳动关系的互动状况,这些构成了劳动关系的调节机制。要评判和展望劳动关系的发展趋向,首先应该带有历史纵深性和文化公德性,并且还应该注意到政府与社会组织在协调劳动关系中各自扮演的角色和理应承担的责任。

随着经济全球化,以及经济结构、经济体制和经济增长方式的转变,中国的劳动关系发生了深刻的变化。劳动关系发展问题成为当前中国经济社会领域理论性和政策性研究的一个共同聚焦点。一方面，劳动关系的演变直接影响到经济社会发展的微观领域；另一方面，劳动关系又直接受到宏观经济、社会、政治等环境的作用，与经济转型期的阶段性特征及经济增长方式关系密切。现有的研究文献已经就劳动关系发展问题的研究依据，影响中国劳动关系发展的因素及其作用，中国劳动关系发展的现状、问题与趋势，以及破解中国劳动关系发展问题的政策建议等进行了分析和探讨。立足于当前的研究成果，进一步的研究有必要着重从以下两个方面进行深化：一是综合分析影响中国劳动关系演变主要因素的变动情况，准确把握影响因素的变化路径是客观预期劳动关系发展趋势的根本依据；二是对破解中国劳动关系发展问题的政策建议的目标性、可行性及实施效果的研究。

中国劳动关系的发展有其独特的历史背景，从计划经济时期"终身制"的劳动关系正在走向市场经济条件下基于雇佣劳动的契约性劳动关系，在经济转型、体制转轨、城镇化、全球化、信息化等相互交织的宏观背景下，推动以往那种类型单一化、主体抽象化、内容同一化和运行行政化的劳动关系，朝向市场化、法制化、多样化和国际化的劳动关系快速演变。然而，在此变迁过程的背后，则是由经济体制改革推动的不断发展的劳动力市场和与社会体制改革相协同的处于变革中的劳动就业管理制度。

当前，中国正处于经济转轨、社会转型和社会矛盾多发的特殊历史时期，因劳资矛盾引发的群体性事件已成为这一时期群体性事件的一个显著特征，并且劳动者群体性事件所表现出的激烈程度、涉及的劳动者人数、冲突的表现形式以及所引发的社会效应等，都远远超出了以往的类似事件。由于深刻的社会原因和经济根源，现阶段劳动关系问题的集中爆发现象，实际上是中国多年来经济结构和就业结构积聚的内疾外发的体现，是长期以来低成本、粗放型经济发展模式的必然产物，它已经远远超出了劳动关系双方的领域，预示着劳动关系发展到了需要面对和破解深层次问题的时候了。

二、中国劳动关系发展的现状

在加快转变经济发展方式、积极提高经济开放程度、工业化阶段跃升、城镇劳动力结构变动、健全劳动力市场制度等因素的作用下，现阶段中国的劳动关系正在呈现类型多样、形式灵活、内容各异、格局复杂，主体明晰、利益分化，法制增强、博弈增多的发展态势。与此同时，劳动力成本的显著上升以及群体性劳动争议的频繁发生，揭示出劳动关系协调工作对法制的依存度正在大幅提高。于是，一些尚待破解的体制机制难题就成为当前中国劳动关系面临的主要挑战。那么，中国健全劳动关系协调机制的方向和路径何在？答案应该是：从集体层面开始。

2008年以来，中国陆续颁布出台了一系列劳动法律法规，使劳动者的就业权益获得了更多的法律保护。然而，国际金融危机和欧洲债务危机的持续蔓延，使得全球就业形势总体欠佳，中国也无法独善其身。在全球经济增速继续放缓的背景下，以世界主要经济体为考察范围，对中国劳动关系法制的立法以及执行情况作一比较性评估，有助于理性和客观地判断劳动法律政策、灵活劳动力市场与宏观经济绩效之间的内在关联性。研究得出的主要结论是：中国劳动关系立法的严格性适度，对于近年来日益凸显的失业问题，不应归咎于中国的劳动法制已经过于严格；并且实际上，中国劳动法律在执行环节还存在比较严重的"有法不依"现象，比如"事实劳动关系"问题。为此，中国一方面要继续坚持更加积极灵活的劳动用工政策，另一方面也应加快《劳动合同法》等就业保护法律的后续立法与政策制定工作；而对于不同就业形式的劳动者，比如非正规就业者，则要在法律制度安排以及执行监管两方面给予侧重考虑。

中国经济的市场化转型使劳动关系双方主体日趋明确和独立，不同利益主体之间的利益差异日益增大，由此导致的矛盾冲突不断增加。如何实现劳动关系和谐、让劳动者群体公平享有发展的成果是当前中国创新社会管理急需关注的重要问题，而探究影响劳动关系状况的因素及其作用正是始于这一初衷。选取1999—2010年期间我国除港澳台之外的内地31个省市作为样本，以劳动争议案件发生频率作为衡量劳动关系状况的一个综合性指标，实证考察该指标的变动情况、省际差异及变动机理，进而利用分地区的样本验证和比较基于总体样本的研究结果，全面、客观、深入地把握劳动关系影响因素及其效用是本研究聚焦和讨论的重点。结果表明，我国劳动争议案件发生频率存在较大省际差异，从全国样本考察结果看，经济结构调整、经济体制转轨、经济规模扩张显著，导致劳资关系紧张化；经济发展水平、经济增长速度、劳动关系市场化运行程度显著，有利于劳资关系趋向缓和；城镇登记失业率、劳动者受教育水平对劳动关系状况的影响复杂多变。从分地区样本考察结果看，多数因素的影响存在鲜明的区域差异性，在东部地区，经济增长速度有利于缓和劳资冲突；在中部和西部地区，经济结构调整会显著增加劳动争议，但劳动关系的市场化运行又可以降低劳动争议的发生频率；此外，劳动者受教育水平在中部地区是导致劳资冲突的一大原因。上述结论的直接意义在于，劳资矛盾尖锐是经济社会发展特定阶段的产物，尽管经济转型、经济下行等会加剧这种态势，但从长期角度看，实际能够增强经济增长对就业数量和质量的带动作用，有利于实现劳动关系的和谐。

在长期的历史演化过程中，欧洲国家的产业关系形成了以"灵活性"和"安全性"为特征描述的四种理论化的模式。这是劳动关系发展，同其主、客体相结合，所揭示出的内在规律性。要把握中国劳动关系发展的坐标，首要的任务就是通过横向比较发现中国劳动关系发展中的客观规律性，即中国劳动关系的模式。研究的主要结论是：以一维指标"就业保护立法的严格程度"来衡量，表明中国的劳动关系不是北欧国家及荷兰模式或者盎格鲁—撒克逊国家模式，与同属亚洲国家的韩国和日本不是同一模式，并且"金砖五国"的劳动关系模式各异。以二维指标"劳动力市场效率"和"就业保护总指数"来衡量，表明北欧国家及荷兰模式是最佳劳动力市场实践和劳动关系状况，而中国劳动关系模式类属于大陆国家模式，其总体特征为"较低水平的灵活性"与"中等水平的安全性/稳定性"，代表国家是德国。中国要为发展改革创造稳定的社会环境，实现劳动关系和谐，首先应看到劳动力市场上依然存在的问题与不足，进而以提高就业安全为核心优化劳动关系状况。

三、中国劳动关系发展的趋势

作为一个正在建立完善的社会主义市场经济体制的转轨国家和正处于工业化进程中的发展中大国，相对于比较成熟的发达市场经济体制国家，中国的劳动关系状况将凸显其动态性、复杂性和高敏感性的特点。当前及今后一段时期，影响中国劳动关系的主要因素会呈现五个方面的变动趋向：一是产业结构调整使劳动关系处于多变状态；二是国外经济波动冲击劳动关系运行稳定性；三是劳动关系主体结构变化增加劳动关系波动风险；四是新兴媒体对劳动关系的影响日渐深远；五是劳动关系开始直接受到国际经贸规则和国际劳工标准的制约。

可以预见，新、老问题的相互交织，正在使劳动关系的发展变化日益对中国经济社会发展全局产生重大而深远的影响。展望"十二五"时期，中国一些行业和企业的劳动关系将处于多变状态，劳动关系双方的个体性矛盾累积叠加形成了集体性矛盾，劳动关系波动凸显频繁、剧烈、高敏感性和群体化特征；新生代农民工成为引发劳动关系波动的主要劳动者群体，制造业以及非国有单位成为发生劳动关系波动的主要经济部门。到"十四五"时期，劳动关系波动将进一步呈现常态化，劳动关系治理实现深度法制化；引发劳动关系矛盾纠纷的主要原因将从生存型诉求转向发展型诉求，劳动关系双方利益博弈格局形成，劳动关系的调整进入多方治理阶段。

针对劳动关系的发展趋势，中国应始终把握构建和谐劳动关系工作的总体思想和目标要求，在转型与改革中注重方法科学和过程稳妥有序；在推进产业结构调整中着力完善企业发展的政策环境；在"十二五"时期，加快建设集体劳动关系协调机制；在更长一段时期，积极构建劳动关系问题的多方治理结构。

Abstract

After 30 years of reforming and opening, Chinese reform of the economic system has been improved a lot, and has set up a comparatively perfect socialist market economy system. Meanwhile, Chinese social development and reform of the social system have also made vital achievements, especially the reform in the field of employment. However, the traditional employment management system is faced with prominent contradiction and problem. On the whole, the backward employment management system doesn't match with socialist economy system, because the former hasn't established the modern employment system with Chinese characteristics, which adapt to modern social flow (especially for the high flow of laborers) and could inspire the power and vitality originated from society itself (mainly the main players in the market).

Since 2003, China has been in the transition of GDP per capita from 1,000 U. S. dollar to 3,000 U. S. dollar, which always been called "Contradictions period" by the international community. During this period, there is a significant characteristic that the individual's right becomes weaker, and meanwhile various right groups will emerge to assert their right by collective power, and ultimately the collective labor dispute happens frequently.

1. The Empirical Analyses of Labor Relations' Development

Observing the history and course of western countries' labor relations, we could surely find four vital institutional basis for the sake of harmonious and stable labor relations, namely that, system of wage determination, employment protection legislation, unemployment insurance system and the active labor market policy. Sorts of system combination has been made up European countries' distinctive labor relations. For a long time, European countries have formed four industrial relations theoretically, and in the real world, the "Golden Triangle" model from Denmark and the "Policy Plexus" model from Netherland are both typical. Another important factor that is deeply affecting European countries' labor relations is maturity of labor market, which been regarded as the basic condition and determines the basic characteristic of labor relations. But human capital, social capital, policy inertia, and social service are all relative intimately with subjects of labor relations, which also influence the interaction between employers and employees. So these factors are called adjustment mechanism. To judge and prospect the trend of a country's labor relations, firstly the historic study and cultural virtue are necessary, secondly, the government and social organizations should play their indispensible roles in coordination of labor relations.

Chinese labor relations have been deeply shifting as changing macroeconomic background, such as economic globalization and transition of economic structure, economic institution and mode of economic growth. Nowadays, the issues of development of labor relations become a common focus in both theoretical and political research concerning Chinese economy and society. On the one hand, the shift of labor relations has directly influenced the micro field of economic and social development, and on the other hand, labor relations have also been directly affected by macro economy, society and politics, and then are in a kind of intimate relations with the periodical characteristics and mode of economic growth. The existing documents have made a wealth of fruits and findings in concerned with researching bases, influencing factors, the current situation, urgent problems, trends, and political suggestion in according to development of labor relations. Resting on the above progress, the further research may as well focus on the following two aspects and deepen and widen their study fields. Firstly, it should comprehensively analyze the key influencing factors' changing path and situation, and then more scientifically understand the trends of labor relations. Secondly, it ought to dwell on the target, feasibility and effect of political suggestions of labor relations.

Chinese labor relations have a distinctively historical background. During the planned economy period, it was a tenure mode that appeared the single kind, the abstract subjects, the same contents, and the political adjustment. But now, Chinese labor relations is more or less a market mode for wage labor, and appears during the conditions of a market economy the various kinds, the specific subjects, the different contents and adjustment by both the rule of law and politics. On the light of a series of macro backgrounds, such as economic transition, institutional transform, urbanization, globalization and information technology, Chinese labor relations have made a rapid shift, however, the underlying problem behind this change is that a developing labor market and a reforming employment management system. The former one is suitable for the reform of economic system and the latter one cater to the reform of social system.

Currently, China is in the period of multiple social contradictions, during which there are a large number of collectively labor conflict events, and the intense of antagonisms, the number of workers involved, the manifestation of conflict, and social influences are far beyond the preceding events. Because of profound social causes, the recently high-density labor conflict events actually lie in the long-term rub of Chinese mismatched structure between economy and employment, and the low-cost and extensive economic growth mode. It has been far beyond the field of between employer and employee, and heralds a new time is coming when China has to deal with the institutional problems in relations with labor relations.

2. The Current Situation of Chinese Labor Relations

At the present stage, there are at least five mainly and macro factors influencing Chinese labor relations, namely that the fastening change of economic growth mode, the actively improving openness of economy, the jump of industrialized stage, the significant change of structure of urban labor force, and the sound system of labor market. Chinese labor relations are turning to a kind of development trend that could be simply generalized as the following four characteristics: firstly, various kinds and flexible forms; secondly, different contents and complicated patterns; thirdly, distinct subjects and differentiating benefits; fourthly, strengthening legislations and multiply contradictions. Meanwhile, the dramatically increase of labor costs and frequently occurrence of collectively labor conflicts has revealed that the dependence from Chinese labor relations to the rule of law is largely expanded. That is to say, China has to face up those troublesome systematical problems. And so where is Chinese labor relations' mediation and arbitration system going to? The answer is to begin from collective level!

Since 2008, China has promulgated and enacted a series of labor laws to increasingly protect the employment rights of laborers. But the continued spread of both the international financial crisis and European debt crisis has wholly made low performance of current global employment, and then Chinese employment either. Under the slowdown of global economic growth and based on the world's main economies, the research systematically and comparatively assesses the strictness and carry-out of Chinese employment legislation, in order to rationally and objectively judge the correlations among the labor policies, labor laws, flexible labor market and macroeconomic performance. We chiefly conclude that, firstly, the strictness of Chinese employment legislation is not over-rigid, but moderate, and so that it could not be the major error in increasingly severe unemployment in recent time; secondly, Chinese labor law is not carried out well actually, and there is a more serious phenomenon of "failure to abide by law", such as the problem of "the factual labor relations". Therefore, china on the one hand could continue to stick to more active labor market policies, and on the other hand, may as well fasten the improvement of employment legislation and strengthen the completion and perfection of labor laws. The last but not the least, facing up with the various employment forms, China should put specially legislation arrangement and strict the supervision and management to those disadvantaged employment group, such as informal employees.

During market-oriented transitioning period, the position of subjects of labor relations have been differential and so that contradictions especially for the intense ones' multiplied. How to improve labor relations to harmony and make laborers share out development results are our key point. Based on provincial panel data ranging from 1999 to 2010 and making the frequency of labor dispute as the dependent variable, this research also analyses the impact mechanism and influencing reason for this index, and then tests and compares the results with three regional samples. The empirical findings show that, firstly, the frequency of labor dispute is diverse largely; secondly, in the whole sample, the transition of economic structure and institution and the expansion of economy make labor relations tense, the development level of economy, the economic growth rate and degree of market-oriented of labor relations make labor relations moderate, the impacts of unemployment rate and educational background are complicated; thirdly, in three regional samples, most factors' impacts are regional differences, for instance, in eastern China, economic growth moderates labor conflicts, but in the central and western China, its impact is not significant, instead of transition of economic structure, it may raise labor dispute. Furthermore, the educational background is an essential factor. The deep sense of this study is that we should understand the acute labor-management conflicts rationally and calmly, although economic transition and economic downturn may deteriorate this condition, but in the long run, they are helpful to strengthen economic growth's driven effects on both quality and quantity of employment, actually, they are in favor of harmony of labor relations.

After a long historical shift, the industrial relations in European countries have formed four distinctively theoretical models which could be described with a matrix of flexibility-security, such as "high flexibility and high security", "high flexibility and low security", "low flexibility and high security" and "low flexibility and low security". This is a sort of development regularity of labor relations that meets the inner law of coordination between subjects and objects. In order to understand the path of Chinese labor relations, the primary task is that find the objective and inner law of Chinese labor relations by horizontal comparison, and turns out "the model of Chinese labor relations". The evaluation is carried by two criteria, namely that one-dimensional index and matrix of two-dimensional indices. The research mainly concludes that: firstly, based on one-dimensional indicator —— "the Strictness of Employment Protection", Chinese labor relations are not North European countries and Netherland Model, nor Anglo-Saxon Countries Model; secondly, Chinese model isn't same with another eastern countries, such as Korea and Japan, and then the model of "the BRICS" five countries are also different; thirdly, based on two-dimensional indicators—— "the Efficiency of Labor Market" and "the Strictness of Employment Protection", North European countries and Netherland Model is the best practice of labor market and labor relations; fourthly, the model of Chinese labor relations is more similar to the Continental Model likes German's, whose characteristics could be described as "low flexibility and medium security/stability".

The improvement of institutional frame and policy arrangement has led to Chinese labor relations model's shift from security to flexicurity. Holding the philosophy of "employment security first", China may optimize flexicurity model as following four means: 1) establishing the philosophy of "employment security first" and advancing laborer's employability in pursuit of labor market's "the protected flexibilization"; 2) enhancing labor market policy's effectiveness and interpreting "employment security" flexibly, but above all, emphasizing policy's implement; 3) enforcing employment protection law tactfully and regulating labor market moderately in order to set up flexible protection systems; 4) enhancing function of social dialogue mechanism and strengthening three-level's communication configuration, especially, highlighting the regional or industrial. Tripartite Coordination Mechanism, wage negotiation and system for handling labor disputes.

3. The Development Trends of Chinese Labor Relations

As a transitional country which is establishing perfect socialist market economic system and a developing big-country which is in the course of industrialization, Chinese labor relations must be appear dynamic, complicated and high-sensitive, in comparison with more mature and modern countries with market economy system. In the current and even longer period, there are five major factors that could deeply affect the trend of Chinese labor relations: firstly, the adjustment of industrial structure will make labor relations in the dynamic situation; secondly, the economic fluctuations from foreign countries will impact the stability of labor relations; thirdly, the change of subject structure will increase and intense risk of labor contradictions; fourthly, the new media will influence labor relations far-reaching and profoundly; fifthly, the international trade regulations and the international labor standard will directly limit and constrain labor relations.

It can be predicted that under the interaction of new phenomena and tradition problems, Chinese labor relations may well affect overall situation of economic and social development increasingly and profoundly. Looking forward Twelfth Five, firstly, some typical industries and enterprises' labor relations will in dynamic situations, and then the individual contradictions is accumulating to collective ones, which cause labor dispute to be more frequent, intense, high-sensitive and collective. Secondly, the new generation of migrant workers will be the main laborers who lead to labor disputes, and then the manufacturing and non-state units will be the main fluctuation economic sectors of labor contradictions. To the "Fourteen" periods, firstly, labor relations' fluctuation will be a normal phenomenon, and then the adjustment of labor relations may well more depend on the rule of law. Secondly, the major cause that inspires labor contradictions may turn survival demands to development aspirations, and then the interest game pattern of labor relations formed, and ultimately, the coordination of labor relations comes to multi-adjustment stage.

Facing up with the development trend of labor relations, firstly, China should always grasp the principles of general idea and goals concerning the work of forming harmonious labor relations. Secondly, in the course of transformation and reform, China should pay attention to both the scientific methods and the stable and orderly process. Thirdly, promoting industrial restructuring, China should exert efforts to improve political environment for enterprises' development, especially for the small and medium ones. Fourthly, during the twelfth five periods, China has to speed up to establish coordination mechanism of collective labor relations. Fifthly, for a longer period of time, it's necessary for China to form actively a multi-adjustment structure to deal with issue of labor relations.

目 录

第一章 绪论 1

  一、问题的提出 1

  二、研究的意义 3

  三、研究的思想渊源和理论基础 4

  四、研究的设计 12

第二章 西方国家劳动关系发展的经验观察——一个制度分析的框架 17

  引言 17

  一、劳动关系运行的制度环境及其政策影响 18

  二、劳动关系模式的形成与比较：以欧洲国家为经验样本 26

  三、劳动关系发展的基础与动力：从劳动力市场到劳动关系本身 44

第三章 中国劳动关系发展问题的研究述评 55

  引言 55

  一、劳动关系发展问题的研究依据探讨 56

  二、中国劳动关系发展的相关主题研究 58

  三、影响中国劳动关系发展的主要因素及其作用分析 62

  四、中国劳动关系发展的现状、问题与趋势分析 68

  五、破解中国劳动关系发展问题的主要政策建议 71

  六、简要评述和进一步研究的重点 75

第四章　中国劳动关系发展的经验观察 ································ 77

引言 ·· 77
一、中国劳动关系发展的外部环境与内在动力 ······················ 78
二、中国劳动关系发展的历程与阶段性特征 ························· 91
三、当前中国劳动关系面临的新情况 ··································· 99
四、中国健全劳动关系协调机制的方向：从集体层面破题 ····· 108

第五章　中国劳动者被"过度"保护了吗？——对劳动关系法制严格程度的评估 ··· 111

一、研究的背景 ·· 111
二、研究的设计 ·· 113
三、研究的主要结论和发现 ··· 117
四、研究的进一步讨论 ·· 127
五、研究的启示 ·· 131

第六章　中国劳动关系演变的省际及区域差异比较——基于1999—2010年省际面板数据的实证分析 ··················· 133

一、问题的提出 ·· 133
二、文献综述 ·· 135
三、实证检验与分析 ·· 136
四、结论与启示 ·· 148

第七章　中国劳动关系模式的评估与国际比较 ······················ 151

一、研究的设计 ·· 151
二、中国劳动关系模式的评估与特征描述 ··························· 154
三、研究的思考与启示 ·· 167

第八章　中国劳动关系发展的趋势及应对之策 ························· 177
　引言 ·· 177
　一、中国劳动关系主要影响因素的变动趋向及作用 ······················ 178
　二、中国劳动关系发展的趋势展望与应对措施 ····························· 204

参考文献 ·· 220

后记 ··· 237

第一章 绪 论

一、问题的提出

经过 30 多年的改革开放,中国经济体制改革取得了巨大进展,已经建立起比较完善的社会主义市场经济体制。适应社会主义市场经济体制的建立和完善,中国社会发展和社会体制改革也取得了重要成就,特别是在劳动就业领域的改革。主要表现在:一是随着农村改革和城市改革的进展,逐步打破城乡分离的"二元社会结构",朝着建立城乡统一的就业管理体制迈出了重要步伐。二是随着自由择业和社会流动的发展,产生了越来越多的自谋职业者和自由职业者,大量的劳动者从"单位人"转变成为"社会人"。三是随着工业化和城镇化的发展,许多农村人逐渐转变成为城市人,同时也形成了庞大的农民工就业群体。四是随着个体私营等非公有制经济发展,一些民营经济和民间组织逐步发展起来,成为劳动用工的主体。五是随着人们工作性质和社会生活的发展变化,社会保障体系逐步建立和不断完善,由以前的单位保障和家庭保障逐步向社会保障转变。

与此同时,我国劳动就业管理体制还面临着突出的矛盾和问题。总体来看,就业管理体制还相对滞后,与社会主义经济体制不相适应,还没有建立起适应现代社会流动(特别是劳动力的高流动)、充分激发社会自身(主要是市场主体)发展动力和活力、具有中国特色的现代化的劳动就业管理体制。主要表现在:一是政府在劳动就业管理工作中缺位、错位、越位的情况突出,社会组织发育不足,导致市场主体发展缺乏动力和活力。二是中国社会还处于大变动、大转型的过程之中,还没有形成比较稳定、成熟的社会结构,特别是收入差距过大,社会利益格局面临不少矛盾,正处在社会矛盾的凸显期。三是工业化、城镇化快速发展造成大量的社会流动,突出表现为中国存在世界上十分罕见的庞大的农民工群体,对于一个处在高度流动中的劳动就业管理还缺乏经验。四是由传统的农业社会和农村社会急剧转变为工业社会和城市社会,还没有建立起一套社会普遍遵守的社会规则体系,表现为比较严重的社会失范和无序状态。

自 2003 年以来,我国进入了人均 GDP 从 1 000 美元向 3 000 美元的过渡时期。该时期往往被国际社会称为"矛盾多发期",其原因在于,这一时期的一个重要特征就是个人维权开始弱化，同时，社会上出现各种利益集团，谋求以集体的力量进行维权的现象增多，进而导致集体劳动争议事件的频发。

伴随改革开放和经济社会飞速发展，我国劳动关系逐步完成了市场化转型，劳动争议开始日益成为一种普遍的社会现象。1995 年，我国劳动争议仲裁委员会受理的劳动争议案件只有 3.3 万件，其中集体争议事件为 2 588 件，涉及劳动者人数 12.25 万人，而到 2009 年年末，我国各级劳动争议仲裁机构共立案受理的劳动争议案件总数已攀升至 68.44 万件，涉及劳动者人数 101.69 万人，其中集体劳动争议案件为 1.38 万件，涉及劳动者人数接近 30 万人。特别是最近两年，由于工资和福利、劳动条件、工作时间、企业改制等原因，引发了一系列大规模的劳动者群体性事件（其中更不乏一些性质恶劣的暴力事件），比如，2008 年重庆出租车司机"罢运"事件、2008 年东方航空公司"集体返航"事件、2009 年 7 月吉林"通钢事件"和 8 月河南"林钢事件"、2009 年以来富士康"十三连跳"事件、2010 年广东南海本田"停工"事件等。

2010 年 3 月，温家宝总理在十一届全国人大三次会议上所作的政府工作报告明确提出："我们所做的一切都是为了让人民生活得更加幸福、更有尊严，让社会更加公正、更加和谐。"同年 4 月，胡锦涛总书记在全国劳动模范和先进工作者表彰大会上指出，"我们一定要适应改革开放和发展社会主义市场经济的新形势，从政治、经济、社会、法律、行政等各方面采取有力措施，保障广大劳动群众权益，促进社会公平正义"，同时他还特别强调，"要切实实施积极的就业政策，创造更多就业岗位，促进充分就业，改善就业环境，提高就业质量，不断增加劳动者特别是一线劳动者劳动报酬。要切实发展和谐劳动关系，建立健全劳动关系协调机制，完善劳动保护机制，让广大劳动群众实现体面劳动。"胡锦涛总书记的"体面劳动"和温家宝总理的"与民尊严"，不仅是对我国现阶段新形势下劳动权益保障领域机遇和挑战的庄严回应，更是对维护劳动者权益、化解劳资矛盾、实现尊严生活的庄重承诺。

那么，我国劳动关系的演变因循了怎样的历史路径？劳动关系的模式是怎样的？对于 20 世纪 90 年代以来我国劳动关系所发生的变化，有哪些角度和方面可以做出解释？哪些因素显著导致了劳资矛盾冲突数量的增加？未来还可能有哪些因素将深刻影响劳动关系的状况？随着《劳动合同法》《就业促进法》等的颁布实施，劳动者是否已经被劳动法律制度"过度保护"？劳动关系未来的发展趋势是什么？面对近年来复杂多变的国际政治经济环境和国内经济运行的新情况、新问题，如何从把握国外劳动关系发展的基本规律以及中国劳动关系发展的特殊性两条线索出发，思考和设计我国劳动关系协调治理的体制机制，以推动劳动关系形成"斗而不破"的和谐发展局面？对于以上问题的探究与解答，将是我国推动社会体制改革和实现社会服务管理创新的一项战略性课题。

二、研究的意义

自从2007年美国次贷危机爆发，世界经济格局和形势发生了巨大变动。我国宏观经济受此危机影响，也出现了诸如经济增长率的一定程度下滑、国内失业率上升等问题。随着国际环境变化以及国内经济体制改革加速，我国劳动力市场运行当中的一些有待解决的问题被逐步凸显出来，比如，就业的短期化和非正规化、群体劳动争议增加、收入差距扩大等。2008年，我国先后颁布实施了《中华人民共和国劳动合同法》《中华人民共和国就业促进法》和《中华人民共和国劳动争议调解仲裁法》，进一步健全和完善了既有的劳动就业法律制度体系。这些法律的共同特点是，强调劳动者的劳动就业、劳动保护、劳动报酬等多项权利，同时规范和约束用人单位原本可能偏于灵活的市场雇佣行为。

当前，我国正处于经济转轨、社会转型和社会矛盾多发的特殊历史时期，因劳资矛盾引发的群体性事件已成为这一时期群体性事件的一个显著特征，并且劳动者群体性事件所表现出的激烈程度、涉及的劳动者人数、冲突的表现形式以及所引发的社会效应等，都远远超出了以往的类似事件。同时，由于深刻的社会原因和经济根源，现阶段劳动关系问题的集中爆发现象，实际上也是我国多年来经济结构和就业结构积聚的内疾外发的体现，是长期以来低成本、粗放型经济发展模式的必然产物，它已经远远超出了劳动关系双方的领域，预示着劳动关系发展到了需要面对和破解深层次问题的时候了。

2012年，我国经济发展中长期矛盾与短期问题相互交织，结构性因素与周期性因素相互作用，外部挑战与国内困难相互叠加，增加了宏观调控的难度，也使企业、特别是中小企业的发展面临了更多的不确定性。以珠江三角洲等沿海地区为代表，在改革开放以后凭借区位优势率先利用外资，凭借劳动力成本低廉的"比较优势"参与国际分工，凭借"三来一补"劳动密集型产业使得经济得到了飞速发展，同时也形成了与粗放型产业结构相对应的特殊的劳动关系。然而，随着中西部地区承接东部地区产业的转移和集聚，东部沿海地区的这一劳动关系模式也正在被"转移"。应该说，今天在我国珠三角、长三角等地区出现的劳动关系问题，尽管具有一定的地域特殊性，但是如果结合产业结构调整与区域生产力布局的宏观经济改革背景，那么，前述的这种简单的模式"复制"将很可能为劳动关系问题的进一步激化和升级埋下隐患。因此，当前对于中国劳动关系演变及其趋向的分析具有重要的现实意义和警示作用。

当然，放眼长远，可以预见，在"保增长、调结构、转方式、促发展"的政策目标引领之下，随着我国经济总量增长和经济转型需求加大，劳动者权利包括利益分配和工作条件等面临的挑战还将与日俱增，而由此诱发的集体劳动争议案件以及劳动者群体性事件的数量可能也会大幅攀升。贯彻科学发展观和"以人为本"治国理念，从促进经济长期平稳较快发展和社会和谐稳定的高度，挖掘可能影响劳动关系状况的各种因素，并对这些因素的演变态势作一追踪和评判，进而分析、预估和展望未来我国劳动关系的发展趋势和走向，最后立足加快转变经济发展方式、保障和改善民生的国家战略，提出一些相关的政策建议，将成为一项具有前瞻性意义和政策实践价值的研究课题。

三、研究的思想渊源和理论基础

（一）亚当·斯密的经济自由思想

关于劳动关系问题的研究，最初总离不开对资本和劳动关系的思索。英国著名古典经济学家亚当·斯密在其经典著作《国民财富的性质和原因的研究》一书中，深刻揭示了劳动价值论的基本原理，认为商品价值由劳动决定；阐释了价值规律的作用，提出让资产阶级自由追逐个人利益、实现自由贸易等自由放任思想；研究了工人阶级、资产阶级和地主阶级的三种收入，即工资、利润和地租，指出利润和地租是劳动创造的价值的一种扣除。基于此，斯密触及了剩余价值的源泉问题，并在一定程度上揭露出资本主义社会阶级对立的经济根源。

此外，斯密还用大量笔墨探讨了劳动分工、社会道德、社会公正和商业伦理问题，认为劳动分工的发展促进了经济发展，分工提高了劳动生产率，提升了劳动者的判断力和技能熟练度，但也随之造成了社会不平等。市场是一只"看不见的手"，自由竞争和交易制度能够有效激活和释放经济动力，使劳资间的收入分配更为公平和公正，从而达到社会普遍富庶的目标。

对于"自由"的实质，斯密认为自由不是无条件的。自由市场经济的健康发展，离不开适合其运作的规范和制度，也离不开匹配其功能的体制结构和行为准则。所以，此时的政府并非"无所作为"，而应担当维持法制的责任，避免过量规制和干预市场。

（二）凯恩斯的政府干预思想

凯恩斯主义是20世纪30年代以来较有影响力的资产阶级经济理论和政策体系，其主要思想是肯定政府在经济社会中的地位和功能，认为只有政府干预经济，才能使现行的经济运行更为稳健，从而有效保护个人的动力。

《就业、利息和货币通论》是凯恩斯主义的理论基础。该书的基本观点是，社会就业量的高低取决于有效需求，而后者取决于三大基本心理因素。国民经济的调节需要政府发挥作用，因为如果政府增加投资，就可以引起成倍于投资量的国民收入的增加。此时，政府干预的中心就是管理有效需求，实行逆风向而动的宏观财政政策和货币政策，如通过提高私人投资，刺激私人消费、公共投资和赤字财政、对外经济扩张政策的"相机抉择行动"等，增加社会的有效需求，从而实现充分就业。

凯恩斯主义在第二次世界大战后被西方资本主义国家广为接受。凯恩斯的影响遍及西方经济理论界，并导致西方很多宏观经济、社会政策及管理思想的形成。欧洲传统的"社会模式"及以国家为主导的社会治理结构，就深受凯恩斯思想的影响。

（三）韦伯夫妇的产业民主思想

产业民主理论最早由韦伯夫妇提出。该理论的核心论题是，劳工运动既要有政治方向，也要有经济方向。其一，在政治上，要能将代议制民主原则扩大到产业范围中；其二，在经济上，要能使工人摆脱竞争，消除因自由劳动力市场和个体工人谈判权利不足所导致的产业工人处于仆从地位的问题。

韦伯夫妇认为，劳工运动的真实原因在于工人阶级要求提高其在工业社会中的经济和社会地位，而工会正好可以发挥一定的积极作用。工会是将民主引入产业中的主要机制，能够代表工人参与工资、劳动条件、解雇、惩戒等与自身权益息息相关的决定过程，也可以利用集体协商和工会运动等形式来解决劳工问题。

产业民主理论在大多数西方市场经济国家都产生了一定理论效应，特别是有关集体协商、私营与国有企业共存等理论，对西方国家建立集体谈判制度和形成混合经济有着重大影响。当前，源于产业民主思想的社会改良和整合思潮，正成为推动欧洲社会发展的一股精神力量。

（四）劳动关系理论

1. 劳资关系和劳工运动理论

马克思、恩格斯将劳资关系视为资本主义社会的基础，并以此为开端，系统论述了其经济学观点。马克思认为，在资本主义发展的初期是劳动对资本的形式从属，而在成熟时期则是劳动对资本的实际从属。马克思主义劳资关系理论是对当时英、法、德等主要资本主义国家早期劳资关系的抽象与概括。劳动和资本是两种主要的生产要素，资本的积聚和集中已经成为"经济人"首要追逐的目标。

马克思认为，劳资关系体现了一种阶级利益关系，因而决定了双方间的对立和对抗。马克思对资本主义社会劳资关系本质的揭露，不仅成为无产阶级反抗资产阶级的理论依据，也成为推动欧洲各国完善社会政策体系的思想源泉。随着以英、法两国为代表的一些欧洲国家实施让步性社会改革政策，一系列有利于工人阶级的政策措施（比如，充分就业政策、调节国民收入的税收政策、社会保障和福利制度等）相继出台，劳动者的工作条件得到了一定程度的改善，生活质量也有所提高，欧洲国家的社会发展正逐步实现与经济发展的协调与平衡。

2. 产业关系系统理论

产业关系系统理论是美国学者约翰·邓洛普（Dunlop John）首先提出的。1958年，他出版了《产业关系系统》（Industrial Relations Systems）一书，并构建了一个产业关系的分析框架，用来解释影响产业关系系统中多个组成部分的相互影响。这个系统理论的目的是为产业关系的研究提供一个全面的理论框架，"提供一个分析工具去尽可能地解释和理解产业关系的事实和实践"[①]。这一理论开创了产业关系研究的一种新的途径，为产业关系学理论的发展提供了新的平台。

邓洛普认为，产业关系系统是社会经济系统的一个组成部分，同时又是社会经济系统中一个独立的子系统，它与互动的经济和政治决策系统有重叠的部分。他认为产业关系"像经济体系一样，是工业化社会这架飞机的另一翼"[②]。如图1—1所示，邓洛普设计的产业关系系统包括三个主体（actors），即政府、雇员与雇员组织、雇主与雇主组织。这些主体被一种共同的理念（common ideology）或者共识连接在一起。主体之间的互动形成了产业关系系统中工作地和社会的"规则网络"（web of rules）。产业关系的主体又受到技术、市场、权力等外部环境的影响，这些环境是"规则网络"的决定因素，不同的环境可能影响这个网络中的一组规则，例如，劳动力市场环境对工资水平和工资制度具有重要影响。邓洛普将这个系统总结为："一个产业关系系统在它发展的任何阶段，都可以被认为包括一些特定的主体，一些特定的环境，一种维系产业关系系统的理念和一套用来规范主体在工作地点和工作群体之行为的规则。"[③]

立足多元化的视角，产生了对产业关系的投入—产出的研究方式。该研究方式将产业关系问题剖解为三个主要内容：一是雇佣双方的利益差异和冲突（投入）；二是矛盾的表现形式与协调处理矛盾的机制（转换机制）；三是规范产业关系主体各方行为的规则（产出）。投入产出法是将产业关系视为一个由利益分歧开始，经过一系列制度转化为劳资双方行为规范的过程。产业关系系统论及其所应用的系统研究方法（即投入产出法）是在国际劳动关系研究中被广泛采用的基本理论和方法，由于其与劳动关系研究的动态性相契合，因而有助于全面、系统地分析劳动关系的有关问题（李琪，2008）。

[①] Dunlop, John. Industrial Relations Systems. New York: Henry Holt, 1958.6.
[②] Dunlop, John. Industrial Relations Systems. New York: Henry Holt, 1958.5, 7.
[③] Dunlop, John. Industrial Relations Systems. New York: Henry Holt, 1958.5, 7.

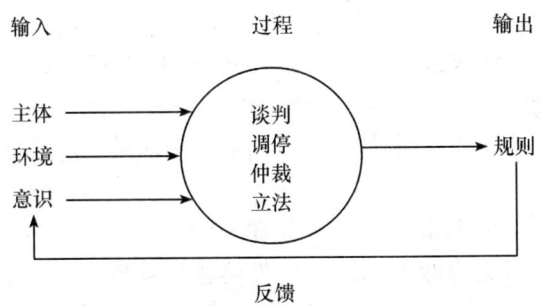

图1—1 产业关系系统

资料来源：Dunlop, John. Industrial Relations Systems. New York：Henry Holt, 1958. 7.

3. 集体行动理论

19世纪末20世纪初，美国垄断资本的发展导致了严重的贫富分化，国内阶级矛盾尖锐，罢工运动此起彼伏。为维护资本主义制度，制度学派应运而生。约翰·R. 康芒斯是该学派的早期代表人物之一，其学说也被称为制度的"社会法律学派"。他主要采用制度分析的方法来描述社会经济现象及其发展趋势，主张社会改良，宣扬主张包括国家干预在内的"集体行动"，强调政府在管理和调节经济中的作用。

康芒斯认为，制度的实质就是以"集体行动"控制"个体行动"，而控制主要通过道德、经济和法律三种制裁方式实现，其中最主要的是法律制度。法律的制裁需要"国家"机构的实施。在康芒斯看来，社会关系包括冲突、依存和秩序三个层次，虽然人们存在"利益冲突"，但也彼此依赖和维系。冲突与依存相互制约，从而建立起一种社会秩序，国家要以法制对此秩序进行调节和维持，其中的关键环节是法院裁决。康芒斯特别强调法律制度是决定社会经济发展的主要力量，主张依法管理经济，即所谓的法制先于经济。

针对资本主义社会中的阶级冲突问题，康芒斯指出，由于资本主义社会并非仅有资产阶级和工人阶级，"而是在利益相同之中有多少不同就有多少经济上的阶级"[①]，所以为协调和缓和阶级间的利益矛盾，应建立相应的社会规则和制度，而劳工运动只是阶级斗争的一个方面。康芒斯还从制度角度研究了工会，并将其视为一项经济制度。当工会就工资、雇佣关系等问题与雇主谈判时，就可界定为"双边集体行动"，即集体谈判。

4. 工业资本主义理论

1892年和1908年，德国经济学家、社会学家马克思·韦伯分别发表了《易

---

① [美]康芒斯. 制度经济学（上册）[M]. 北京：商务印书馆，1983：134.

北河以东德国的农业工人状况》和《关于工业劳动的心理物质原理》等著作，对工人的社会出身、生活状态、职业构成等同劳动生产率和组织发展的关系作了深入研究。他从文化的角度对资本主义的产生与发展进行了解释，并在《经济与社会》(1922)一书中强调科层制是进行工业生产活动最合理的劳动组织形式。

工业资本主义理论是资本主义理论和工业主义理论的某种融合，其为理解整个20世纪劳动关系的发展提供了一个理论支撑。尽管产业冲突反映的是投资者与劳动者之间更为广泛的冲突，但却以劳动者与管理方之间的冲突作为表现形式，并按照一种既定的规则和过程来进行，且劳动者享有较高的工作保障和拥有较多的晋升机会。从这一角度看，工业资本主义理论肯定了劳动关系系统中经济因素的核心和主流地位，也说明组织内部的安全性可在一定程度上平衡由灵活性引发的利益冲突。

同时，工业资本主义理论也指出，因为受到大型官僚组织的雇主、工会和政府机构的统治，劳动者的个人力量被不断削弱，找不到生活的意义。官僚制并非没有效率，其最大的缺点在于忽视人的主动性。现代观点认为，在一个高度变化和不确定的环境中，个人的主体意识和积极性是组织发展的动力，因而官僚制也将被其他可接受的形式所取代。

（五）劳动就业理论

1. 工会的社会效用理论

该理论认为，工会存在的一个直接目标是以某种方式提高会员的福利水平，实现对工人的就业保护。具体而言，一些属于程序性的福利如增加工人在企业管理中的发言权和参与权等，可能不会提高雇主成本；但工会"争取获得更多"的愿望，往往会使其要求提高会员的劳动报酬水平以及包括了养老金、健康保险和休假等在内的一系列福利项目，刺激雇主选择"用资本替代劳动"，甚至当雇主的生产成本被推高到一定程度后，还可能导致其压缩经营规模。显然，工会与雇主间的集体协议，必须能同时保证工人最大限度地获得权益，并且雇主也可以在产品及服务市场上取得成功。实现工人就业保护与社会保护之间的平衡是工会社会效用理论的基本思想。

从理论角度讲，劳动关系的发展演变及其状况实际上是建立在工会社会效用函数（trade-unionist social utility function），或"就业保护—社会保护"无差异曲线基础之上的。尽管就业保护与社会保护在保护内容及方式上不尽相同，但"保护工人"的共同目标，则使得两者间存在较强的可替代关系。如图1—2所示，无差异曲线 U_1、U_2 和 U_3 分别代表保护的不同社会效用水平（$U_3 > U_1 > U_2$）；在同一社会效用曲线上，每一点的斜率代表着就业保护和社会保护间不同的替代水平；直线 XY 是保护方式的成本约束线，其与 U_1 的切点也即平衡点 N

表明，E_1水平的就业保护和S_1水平的社会保护是在社会成本约束线XY下的最优"就业保护—社会保护"组合，此时也是劳动力市场上就业安全性在效益与成本间达到的平衡态。

目前，学界针对就业保护与社会保护是否存在效用对等性的问题还存在争议。按照Wilthagen和Tros（2004）的观点，合作型（cooperation-oriented）劳动关系是一种多赢战略或正和博弈（positive sum game），雇主所希望的较低就业保护和较高劳动力市场灵活性，能够通过增加对工人的社会保护来实现，而此时工人也不会失掉工作安全感。Origo和Pagani（2008）也认为，只要社会保护充分，那么即使工人从事短期性工作也未必会感到其福利受损或就业不安全。但工会却指出，就业保护立法的放松（即减少就业保护）不可能完全由增加的社会福利所补偿，这是将工人的福利责任由雇主转嫁给了国家，无益于保护工人。因为一旦国家出现政治变革或经济衰退，以至于难以支撑社会保障开支时，工人的工作安全性和收入稳定性就将受到影响，但相比就业保护，则没有因外部环境变化而带来的影响。

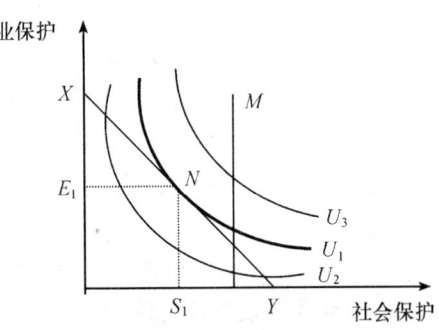

图1—2 工会保护的决策约束
资料来源：孔德威. 劳动就业政策的国际比较［D］长春：东北师范大学，2007（笔者作了修改）。

针对就业保护与社会保护间效用对等关系的争论，也就形成了图1—2中不同效用水平的无差异曲线U_1、U_2和U_3。直线M的意义在于，说明当社会处于某一就业水平时，雇员将不愿以社会保护来"交换"就业保护，即对就业保护的需求存在刚性，也即工会所指的"两种保护的社会效用存在差异"，此时即使社会保护再强，雇员也不愿意以降低就业保护为代价。

2. 二元劳动力市场模型

二元劳动力市场理论最早是由经济学家穆勒提出，而完整的劳动力市场理论则是由庇奥尔在1970年提出。二元劳动力市场模型是将劳动力市场划分为第一劳动力市场和第二劳动力市场。前者是技能性劳动力市场，表现为劳动者收入较高、工作稳定、劳动条件好、培训机会多、有良好的晋升机制和较好的职业前景；而后者则与前者相反，后者是贫困的和低技能劳动力市场，表现为劳动者收入较低、工作不稳定、工作条件差、培训机会少、缺乏晋升机制，具有不稳定性和暂时性的特点。

这两个劳动力市场之间存在某种壁垒，劳动者很难相互流动。一般而言，在第一劳动力市场的劳动者不愿意进入第二劳动力市场，而第二劳动力市场的劳动者几乎永远不可能进入第一劳动力市场。二元劳动力市场模型的另一重要结论是失业既具有自愿性质，也具有非自愿性质。也就是说，对于第一劳动力市场的就业失败者，失业是非自愿的，而其在第二劳动力市场下愿接受低工资和较差劳动条件的失业又是自愿的。

二元劳动力市场模型还可以解释自愿失业现象和结构性失业现象。前者意味着在第一劳动力市场的失业者不愿在第二劳动力市场就业；后者意味着在第二劳动力市场的求职者无法进入有岗位空缺的第一劳动力市场。

3. 新制度学派的就业理论

该学派的主要代表人物加尔布雷斯用制度结构分析方法对现代资本主义失业进行了分析。他认为，现代经济是由大企业体系和小企业体系组成的一个二元结构，前者是有组织的经济，在大工业、交通运输业、金融业中占主导地位，普遍成立了工会组织，工人的技术水平高，工资福利较好，国家的政策对他们有利，企业能够控制产量和价格，就业比较稳定；后者是分散的经济，在农业、服务业、住宅建筑业、零售业中占主导地位，就业者中不少人是非熟练工人、临时工，没有工会，收入较低，工作条件较差，劳动时间较长，小企业在价格、销售与信贷等方面受大公司的压制。小企业为了维持生存，只有在非常必要的情况下才雇佣工人，而大企业的就业机会有限，从而使资本主义就业问题越来越严重。加尔布雷斯指出，只有二元结构处于协调状态才能解决失业问题，并主张政府应调节小企业的产品价格和产量，鼓励组织工会，在国际贸易中采取有利于小企业的保护措施，在教育、资本、技术、社会福利等方面支持小企业的发展。

4. 积极的劳动力市场政策理论

理论上认为，劳动力市场往往存在一些功能性不足，主要表现在：其一，信息不对称。劳动力市场是典型的"双向选择"市场，无论雇主还是求职者都不会面对一个完整、同质的劳动力市场，而只会是由不同岗位类别组成的、"支离破碎"的市场。其二，匹配错位，劳动力市场时常会有市场错位（失业与职位空缺并存）、技术错位（企业所需技术与失业者技能不相符）、行业或地区错位（行业间、地区间的失业率和剩余劳动力情况差异大）等问题。其三，风险规避。出于成本考虑，劳动力市场主体会选择各种逃避风险的渠道，如小企业为避免培训损失而不愿进行人力资本投资；失业者为避免就业不稳定造成的损失，而不愿参加职业培训或自我能力开发。其四，劳动力市场歧视。有研究表明，劳动力市场中的弱势群体如青年人、妇女、残疾人等，更容易被雇主视为能力低下者，从而被排除在劳动力市场之外。其五，失业回滞，即劳动者一旦失业可能很难再重回劳动力市场。造成这种状况的原因比较复杂，外部原因有雇主对失业者的歧视等，内部原因则可能是失业打击了劳动者的自信心，削弱其继续寻找工作的勇气，而且随着失业时间增加，劳动者的人力资本进一步降低，其劳动意愿和能力也将会受到影响。

积极的劳动力市场政策的提出是对劳动力市场前述功能性不足的一种弥补，也是在提升劳动力市场活力的同时，为劳动者提供更多保护的政府宏观管理手段之一。首先，积极的劳动力市场政策能提供雇佣双方所需的信息咨询服务，推动建立职业服务中心；其次，提供职业培训资助，补贴劳动者的创业和自我就业项目；再次，为就业弱势群体提供工资补贴等；最后，解决失业回滞现象，降低长期失业率。

（六）劳动保障理论

西方社会思想对现代社会保障制度影响较为深远的是空想社会论。现代社会保障制度的建立和完善，可以在一定程度上被认为是空想社会论中某些政策主张的现实写照。空想社会思想的渊源要追溯到古希腊学者柏拉图的经典著作《理想国》。该书严厉抨击了当时社会的不平等现象，强调公平、正义、平等、互助的理念；反对私有制，主张消除贫富对立，实现财产的公有与共享；倡导建立一个没有对立和压迫、秩序和谐、人人享有自尊并生活幸福的理想社会。空想社会思想不仅是后来空想社会主义的重要理论基础，更被后世诸多进步思想家所继承和发扬。19世纪，圣西门、傅立叶、欧文等人进一步讨论了国民福利与收入分配的问题，提出公平原则及实现按"劳"、按"需"分配的理念，客观上为保障劳动者安全奠定了理论和思想基础。

目前，劳动保障理论主要有三个流派。其一，国家干预主义，即强调自由市场机制存在缺陷，必须以国家干预加以弥补。国家应加强社会政策力度，担负起"稳定社会，保障安全"的职责。其二，经济自由主义，即包括古典自由主义和新自由主义。前者代表人物有哈耶克、弗里德曼等，古典自由主义崇尚自由，认为任何缩小贫富差距（即分配正义）的主张都是对个人自由的最大侵害。该理论反对社会公平，强调个人和市场作用的激发，倡导政府有选择地实施社会保护，反对过度干预。新自由主义视社会福利为造成"滞胀"的主要原因，主张减少社会福利。对于劳动者的保护，该理论支持国家在社会保障方面的必要功能，但强调应受到制约。其三，中间道路学派，即国家干预主义与经济自由主义之间的一种"中介"理论。该理论诞生于20世纪20年代，强调要在市场自由与政府干预之间，以及经济政策与社会政策之间实现"双平衡"。中间道路者认为，稳定和秩序是社会生活的基础，贫困、不平等和歧视等对国家发展和社会稳定不利，因此，国家有必要给予高度关注，并发挥在社会保障、劳动者保护领域的主要职责，推动在政府参与下社会保护和福利项目的多样化。

总之，劳动关系的状况及其演变需要一系列非市场制度，以发挥监管市场、维护稳定和令行为合法化的职能，而围绕"劳动关系发展"问题的探索和研究，将不仅需要融合"自由放任"与"政府干预"的两方思维定式，更应该注重体现能"协调"和"发展"市场与国家关系的相关理论精髓。限于篇幅，本研究只从劳动关系、就业和劳动保障三个领域概述了一些相对重要的理论影响，但实际上，社会福利思想、效率工资理论和内部劳动力市场理论等也在研究的"架筑"和"成形"过程中发挥了必不可少的导引作用。

四、研究的设计

（一）研究的目的

与国外发达国家相比较，中国还处在现代化的过程之中，处在一个快速发展与转型的过程中，还没有建立起一个高度发达和成熟的社会。与建立和完善社会主义市场经济体制相适应，必须加快建立中国特色的社会管理体制，其中包括劳动就业管理体制①这一重要部分。

经济体制改革所要解决的基本问题是政府与市场的关系，主要表现为政府与企业的关系，采取的措施是政府不断减少、直至最终不再干预企业的自主经营活动，致力于创造公平竞争的市场环境，加强政府的经济调节和市场监管职能，建立起政府加强宏观调控与充分发挥市场机制作用相结合的良性运行机制。而社会体制改革所要解决的基本问题是政府与社会的关系，主要表现为政府与组织的关系，采取的措施应该是为各类社会组织的发展创造良好的社会环境，政府不断减少直至最终不再干预社会组织的活动，致力于建立依法管理、自主发展、自我约束的社会机制。

基于此背景，我国劳动就业管理体制改革的目标，应该是建立与社会主义市场经济体制相适应、适应现代化要求的中国特色社会主义劳动就业管理体制。为此，本研究的总体目标是，立足"十二五"乃至更长一段时期，围绕加快转变经济发展方式、深化社会领域改革的主线，洞悉和把握中国劳动关系发展的特点、现状和趋势，以推动和谐劳动关系形成，建设统一规范灵活的劳动力市场，加强劳动法律制度创新和政策优化，构建更有助于保障劳动者权益的法律和工作机制，实现经济与社会的平衡发展。

研究的具体目标是：第一，了解和认识西方国家劳动关系发展的经验，特别是制度建设、模式特征以及发展的源泉；第二，系统把握中国劳动关系发展研究

---

① 一个大口径的概念，包含劳动关系管理、职业培训管理等。

现状和主要观点；第三，梳理和明晰中国劳动关系发展的制度脉络以及面临的新情况、新问题；第四，讨论劳动法律制度与劳动者获得就业保护的关系，以及劳动争议变动与经济发展、劳动力市场状况等的关系，掌握影响劳动关系状况的制度因素与市场因素及两者的作用；第五，展望中国劳动关系发展趋势，探讨建立与社会主义市场经济体制相适应，适应现代化要求的中国劳动关系调整机制。

（二）研究的思路

中国经济体制改革成功的一条重要经验就是"放开搞活"，即放开体制外的发展，实行农村家庭经营，发展个体、私营、外资等非公有制经济，反过来推动体制内的改革和发展，形成一种平等竞争关系，带来整个经济的发展繁荣。而社会体制改革也可以借鉴经济体制改革的成功经验，选择一条循序渐进的路径：放开体制外的发展，反过来推动体制内的改革发展，最终建立起一个充满动力和活力的社会体制和运行机制。

因此，本研究将以这一"体制倒推"的思路为指引，以更开阔的视角和更全面的思维，将劳动关系问题寓于我国经济社会发展的宏观大背景之下进行研究，从劳动关系发展所依托的"国情"出发来反观和分析其未来变化趋向。研究的总体设想是，站在我国推进经济社会协调发展的新的历史起点上，结合国际国内环境变化的阶段性特点，以劳动关系理论、劳动就业理论、劳动力市场灵活安全性理论等为研究基础，借由对当前大量集体劳动争议案件以及众多劳动者群体性事件的诱因和本质的深入剖析与反思，考察劳动关系发展依托的制度框架，把握劳动关系模式分类及其特征，掌握影响劳动关系变动的宏、中、微观因素，各因素的作用以及各因素彼此间的互动机制，辩证科学地分析和洞悉上述因素可能的促动条件和演变路径，进而深入讨论中国劳动关系的发展历程、现状、模式特征、规制状况、主体发育等主题，客观理性地预期和判断短期和中长期我国劳动关系的发展趋势，最后为能从容应对劳动关系的发展变化，有目标性、针对性和操作性地提出完善劳动关系调整机制的对策建议。

具体而言，第一，借由对西方国家劳动关系发展历程的经验观察，以制度性研究的思路，把握劳动关系发展的制度环境、制度效用、国家模式、市场环境等，洞识影响劳动关系发展变化的外部经济社会环境和内在人文、社会、历史、文化、制度等条件。第二，对中国劳动关系发展问题的研究作一梳理和总结，全面、清晰掌握研究现状和主要观点。第三，对中国劳动关系发展的环境、动力、历程、当前特征、新情况等作一分析讨论，以"经验观察"的视角梳理劳动关系发展脉络，并尝试提出中国劳动关系治理的方向。第四，聚焦三个重点问题的解答，即劳动关系法制状况、劳动关系状况的影响因素及作用，以及中国的劳动关系模式。第五，依托相关理论和研究文献，透过对短、中、长期国际国内环境和形势的宏观认识,以近期劳动关系领域的新现象、典型事件和案例等为支撑,运用"逻辑反推"和"条件耦合"的方法,研判和预估中国劳动关系未来发展的几种或然性趋势,并综合经济发展方式转变和社会政策效用提升两个视角,提出完善我国劳动关系运行机制,特别是能够引导劳资冲突(包括显性冲突和隐性冲突)良性化发展的对策建议。

（三）研究的框架

从分析和研究问题的角度看,相对于比较成熟的发达市场经济体制国家,作为一个正在建立完善的社会主义市场经济体制的转轨国家和正处于工业化进程中的发展中大国,我国的劳动关系状况必然是不断变化的。通过横向与纵向的比较发现,我国劳动关系的发展既具有一定的客观规律性,也与我国自身的体制机制基础和发展路径选择密切相关。为此,本研究将以客观规律性为依托,结合我国经济社会发展特点,对劳动关系发展问题展开分析。

统观本书的各个章节以及各章节中涉及的研究主题,综合设计一个研究的逻辑路线图,如图1—3所示。

根据图1—3的描述,本研究的整体框架将围绕逻辑线路的几层循环逐个、逐层、逐步展开。基本的逻辑以及各章节承担的内容如下:

第一,立足产业关系系统论等理论框架,对西方国家劳动关系发展的相关问题进行分析,提出劳动关系运行的制度体系、劳动关系的主要模式和劳动关系发展的基础和动力(第二章)。

第二,结合我国经济社会发展环境,分析和判断主要影响因素的发展变化,并以此作为预期我国劳动关系运行状况和发展趋势的依据(第三章、第四章)。

第三,劳动关系的法律、机制和程序既是协调劳资矛盾的重要中介变量,也是应对劳动关系发展变化的重要结果变量,因此也将其视为一个主要因素,以讨论合规合法性问题(法制程度),分析其对劳动关系发展的影响(第四章、第五章)。

第四,劳资矛盾在劳动力市场存在隐性和显性两种表现。避免隐性矛盾转变(激化)为显性冲突,是劳动关系法制化路径的内推力。分析劳动力市场中显性的劳资矛盾状况(即劳动争议数量及其地区差异),以洞悉劳动关系演变的方向和把握劳动关系治理的总体和区域性思路(第六章)。

第五,借鉴国外产业关系研究的思路和成果,在洞悉欧洲主要国家产业关系模式及其核心表现的基础上,分析和把握我国劳动关系模式及其主要特征(第七章)。

第六,发展和谐劳动关系是我国劳动关系工作的指导思想和目标要求,也为应对劳动关系发展变化指明了方向。依托影响劳动关系的主要因素的变动趋向及

第一章 绪论

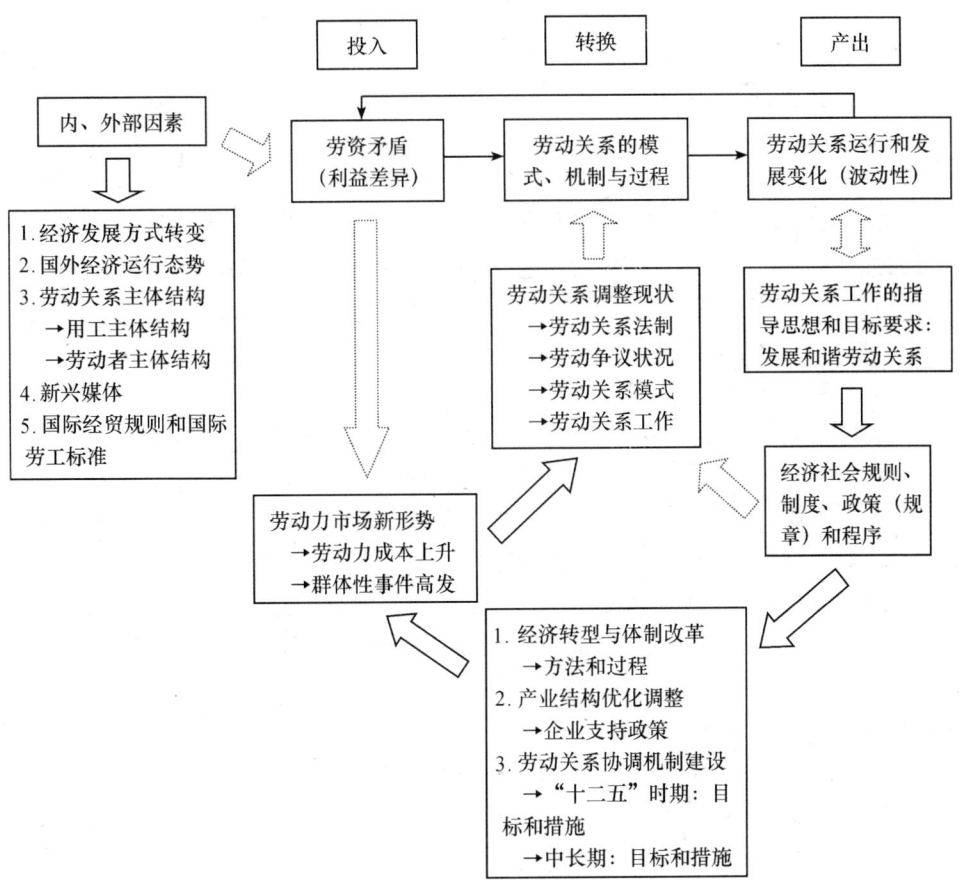

图1—3 研究的逻辑路线图

作用,以实现"劳动关系和谐"为目标,对短期和中长期中国劳动关系的发展变化进行预判,并提出应对措施和建议(第八章)。

(四)研究的方法

总体来看,本书属于一项经验研究,一方面在掌握一定国内外相关研究成果的基础上,借助经济学理论成果及分析框架进行规范的理论分析;另一方面在收集宏观层面相关经济、社会数据等实际资料基础上,通过计量经济学模型测算、论证理论假设,以实证分析论证理论判断。

研究方法的选取上,主要采用归纳与演绎、比较与综合、历史与逻辑、抽象与具体等辩证思维方法,以及回归分析、计量经济学模型(最大似然估计方法)、等实证研究方法;同时,也结合了主流经济学中的经济人假设、理性选择模型和均衡分析方法等,进行理论推演和实证检验。

15

各章节具体运用的研究方法是，第二章主要采用归纳与演绎、比较与综合、抽象与具体、历史与逻辑的研究方法；第三章主要采用归纳与演绎、比较与综合、历史与逻辑的研究方法；第四章主要采用归纳与演绎、历史与逻辑、抽象与具体的研究方法；第五章主要采用归纳与演绎、比较与综合、历史与逻辑、抽象与具体的思辨研究方法，以及回归分析方法；第六章主要采用归纳与演绎、比较与综合、历史与逻辑、抽象与具体的思辨研究方法，以及计量经济学研究方法（最大似然估计方法）；第七章主要采用归纳与演绎、比较与综合、历史与逻辑、抽象与具体等思辨研究方法；第八章主要采用归纳与演绎、比较与综合、历史与逻辑、抽象与具体等思辨研究方法。

（五）研究的重点

对我国劳动关系发展问题进行综合的分析、特别是对劳动关系发展趋势的客观判断，是当前及今后调处劳资矛盾纠纷、构建和谐劳动关系的基本依据，而客观判断地作出则在很大程度上有赖于对劳动关系一般性发展规律的理性把握，以及对我国经济社会环境、劳动力市场供求关系以及劳动力结构等影响劳动关系发展和走向程度的深入分析与透彻理解。为此，本书将重点讨论以下五个问题：一是影响劳动关系变化的各主要因素的现状及发展趋向（含西方国家的经验观察）；二是劳动关系模式的特征表现及劳动者"被保护"的差异状况；三是各主要因素影响劳动关系变化的作用程度与机理；四是在各主要因素的影响下劳动关系的发展趋势；五是应对劳动关系发展变化的措施建议。

第二章　西方国家劳动关系发展的经验观察
——一个制度分析的框架

引言

劳动关系①是劳动力所有者（即劳动者）与劳动力使用者在劳动过程中形成的经济利益关系。② 作为生产关系构成中相对独立的一部分，劳动关系在各种社会关系中占有举足轻重的地位。劳动关系的起源可以追溯到18—19世纪发生的三场革命，即工业革命、民主革命和资本主义革命，以及由这三场革命所引发的劳资矛盾与社会问题。传统观点认为，劳动关系的演进过程实际就是协调劳动力所有者和使用者利益的共同性的过程。然而，由于劳动关系主体深受政治、经济和社会环境的影响，会不断调整自身的位置、功能以及与其他主体的关系，而作用于劳动关系的体制机制也在适应不同的外部环境和劳动关系主体的需求中，不断有所调整和优化，因此，分析劳动关系的发展问题就应把握住劳动关系的两个重要特点——时空性与动态化。一方面，劳动关系的核心是发生在工作场所中的雇佣关系，组织的性质深刻影响着劳动关系的状况（Allan，1974），进而扩展影响至经济社会发展的微观领域；另一方面，劳动关系不可能同外部环境相隔绝（Salamon，1992），产业结构、劳动力构成、政府承担公共服务责任的程度等宏观领域的诸项活动因素，都会直接影响劳动关系的走向。

以往的研究大都秉持劳动关系双方之间是一种不对等的、甚至是相互冲突的关系，劳动者追求就业、工作和收入的安全性，但是这会导致企业方用工灵活性和效率的下降，而企业方为保持竞争力而采用的就业模式，却可能损害劳动者的

---

① 从现有研究文献看，劳动关系的概念称谓稍显零乱。除了大部分学者所使用的"劳动关系"之外，还有一些学者使用了"产业关系""劳资关系""雇佣关系""劳使关系"等表述。但从总体上看，上述几种称谓只是在使用的时期、地域和背景上略有差异，基本可以被视为是同一概念和同一范畴（郭军、李雪维，2008）。由于"劳动关系"是我国使用较多的概念，因而本研究采用这一表述。

② 还有研究（比如，孙祖芳，2007；刘秦洪、杨焕城，2009）在界定劳动关系概念时，认为劳动关系还是"劳动关系双方在劳动过程中形成的权利义务关系"，以至于体现出了"……双方之间的力量对比"。

利益,这种情况特别突出地体现在就业弱势群体(如低技能劳动者)身上(Tangian,2007)的观点。然而,如果将这种观点进行一定程度的发展和延伸,就会发现劳动力市场的制度效应深刻作用于劳动关系双方的行为选择。因此,应运用制度分析的研究思路,探索性使用"对等交易关系"(treat-off)理论的研究方法来把握劳动关系发展的外部环境和影响劳动关系双方博弈力量的社会机制。

劳动力市场制度主要有工资集体谈判、工会、就业保护立法、失业保险、积极的劳动力市场政策等。各国在制度架构及其功能发挥上的差异,则是导致形成不同产业关系(即劳动关系)模式的深层根源,而观察这些模式的特征,也就为更全面、准确地把握劳动关系走向奠定了基础。比如,丹麦产业关系模式的突出特点是,集合了数量灵活性(宽松的就业保护立法)、社会保障(丰厚的失业保险待遇)和积极的劳动力市场政策(关注积极工作寻找和技能培训等项目)三个要素。该模式的主要思想理念在于,要实现从工作安全性向就业安全性的转变,令劳动者拥有终生的就业机会和稳定的劳动关系。

一、劳动关系运行的制度环境及其政策影响

劳动力市场的制度安排及其功能发挥是影响劳动关系状况及劳动力市场绩效的重要因素之一。无论是学者们针对各种制度效能的理论研究,还是世界各国在制度设计和政策取向上的实践探索,都可以在某种程度上被视为是对劳动力市场制度与实现"体面劳动"之间关系的"检验"。20世纪90年代中期以来,经合组织各成员国为改善劳动力市场绩效,先后实施了"工作战略"(Job Strategy)改革,带动了有关劳动力市场制度与市场绩效之间相关性的探索和研究,从而为解答"如何平衡劳动力市场效率与劳动者的就业安全性"这一难题构筑了理论平台。同时,丰富的国家实践又为搭设高效而不失安全的劳动力市场制度框架铺平了道路。经合组织各成员国的劳动力市场改革历程及其经验表明,政府在实施一系列政策创新与制度优化之后,可用于改善劳动力市场绩效和就业质量的工具和手段将日趋多样和有效,政策的"组合拳"也将更落在实处。

考虑到制度架构与功能发挥同一国经济、社会、文化、历史等因素紧密相关,笔者权衡性地参阅了经济学和产业关系学有关劳动力市场制度的理论观点和研究成果。经济学文献侧重于以一系列制度性指标描述劳动力市场的运行状态及结构特征,而产业关系学文献则侧重强调制度安排的合理性和科学性。所以,综合以上两种思路来甄选劳动力市场制度,一方面考虑制度与动态性劳动力市场的作用关系,另一方面能够在一定程度上找到可识别、可量化的措施或工具来"表达"制度。

(一) 工资决定机制与松动工资管制

1. 对劳动力市场的作用机理

私人经济部门的就业吸纳量是劳动力市场高绩效的重要表现之一。为保持高水平的劳动力需求，除了实施必要的宏观经济政策（如有关金融、财政、经济结构调整等宏观政策），劳动力市场制度中的工资生成和增长机制的设计也同样重要。工资水平是协商确定还是统一规定、在什么层次上协商或规定，体现着各国在工资和劳动力成本变动上的市场灵活性。为提高这种灵活性，经合组织在1994年的"工作战略"中提出了四条政策性原则：其一，关注产业层次的集体谈判，在确定工资协议的具体条款时给企业更多自由，以调整至适应当地情况的工资水平；其二，设置开放性的条款，允许各地的谈判当事方再行商议协定细节；其三，逐步取消那些涉及干预工资协议的行政职能；其四，重估最低工资制度，优化其再分配的功能，减少由最低工资导致在不同年龄或区域间出现的新的不平等，降低该制度对就业的负面影响。

实际上，工资决定机制可以在一定程度上被简化为集合了集体谈判制度、工会制度和最低工资制度的一个"制度系统"。为推动劳动力成本灵活化改革，欧洲很多国家的政府都下放了工资谈判权，明显扩大了集体谈判在公司层面的适用范围（OECD，2006：168），但这也使得在西班牙、荷兰、葡萄牙等国出现了因技能水平和生产效率差异所引发的收入差别化（Brandt et al.，2005：3）。政府在集体谈判制度上的改革得到了社会伙伴的支持。比如，丹麦政府将工资谈判权下放后，工会和雇主都能依据经济环境的变动来调整谈判策略，从而促进了社会和谐。

谈判权的下放还推动了产业协议中有关就业条款的调整，比如雇主和雇员可以自行确定"自愿退出"条款等。当然，也有一些传统的规定没有被改变，比如工会同雇主谈判确定的有关劳动合同条款上的内容，仍然适用于非工会会员。在很多经合组织国家（特别是欧洲国家），大部分的工人都不是工会会员，但其劳动合同中的就业条款则一直由集体谈判来确定（OECD，2006：213）。

在最低工资方面，除了波兰以外，大多数经合组织国家都降低了最低工资标准（Brandt et al.，2005）。由于最低工资与正常的年工资增长之间存在迟滞性，所以各国减少最低工资水平的做法可能更容易拉大收入分配差距，但为缓解该制度对就业可能造成的负面影响，各国政府仍然选择逐步降低最低工资同工资中位值比重的策略。

2. 政策影响的经验性证明

从政策评价的角度看，工资决定机制可能会压制市场的力量，从而有损于就业，所以政府应避免过度干预，积极释放市场的力量。对于集体谈判制度如何导致了高失业率，经济学理论揭示出了两个主要的方式：其一，工会希望确定的总体工资水平同社会生产率相比，前者超出后者的程度越大，则一国失业率越高；其二，为实现社会平等，工会希望政府控制工资差距，但当工资谈判机制是高度集中化或协调化时，调整底层劳动者收入的政策努力就会演变成对社会工资的压缩，而当工资被压缩到一定程度时，大批低技能工人就会面临失业。这在生产力水平较低的区域可能会表现得更加突出。

工资决定机制对劳动力市场绩效的负面影响程度一直是劳动力市场制度研究的热点问题。工会密度的降低和工资谈判权的下放至少表明了一点，要确定工资结构和水平应该在一定程度上更尊重市场的力量。以跨国面板数据为基础、以工会密度和谈判覆盖范围为指标，很多学者评估了工会谈判力量对劳动力市场绩效的影响。有研究表明，工会密度或谈判覆盖面与失业水平存在显著的正向关系（International Monetary Fund，2003；Nickell，Nunziata and Ochel，2005；Baker，Glyn，Howell and Schmitt，2005）；也有研究发现，工会密度只会增加特定群体（如老年工人、妇女和长期失业者）的失业（Bertola，Blau and Kahn，2007）。然而，Bassanini 和 Duval（2006）则提出，工会密度对失业没有显著影响。在计量研究的设计上，大部分文献都将失业率作为衡量劳动力市场绩效的参考指标，但也有学者使用了工资率（Morgan and Mourougane，2001）、劳动力参与率（Daveri and Tabellini，2000）或就业率（Nickell，1997，1998）。无论理论模型如何建立，学界针对工会谈判力量的影响分析都还未取得一致性结论。

从理论上讲，高度集权或高度协调的谈判系统应该都有助于增加就业，因为谈判各方会从宏观经济的高度去化解由过高工资压力给就业造成的负面影响。当政府将部分工资谈判权下放至产业和公司层面时，实际上是工资谈判机制由集权型（centralisation）向协调型（coordination）的转变，三层次谈判如何更好地协调就成为影响就业状况的重要因素之一（Baker et al.，2005）。合作主义（corporatism）是对"集权—协调"组合理论的概念诠释，其反映出集体谈判实施模式的一种"中间状态"。Bassanini 和 Duval（2006）指出，高度合作主义型（即高度集权或高度协调）工资谈判制度有助于减少失业，即使受到负的经济冲击也不例外；但 Bertola et al.（2002）以事实说明，高协调型谈判制度只会增加来自宏观经济逆向冲击而给失业造成的消极影响。此外，Di Tella 和 MacCulloch（2005）还补充论证了谈判集权化同失业之间存在正向关系。

总之，高合作主义的谈判机制较其他制度设计，更可能实现高就业。然而，值得注意的是，在一系列有关集体谈判结构对总体失业影响的经验研究中，尚缺乏确切和统一的研究结论；并且，针对该主题的一些跨国研究也没有在这两个变量之间找到稳定的相关关系。所以，这些情况至少可以在一定程度上表明，要衡量工资谈判制度的结构和实践的困难程度,何况,同样的制度框架在不同国家不同的经济和政治环境下又会产生不同的效果呢。当然,目前能够肯定的是,高集权型或高协调型谈判可以有效降低工资差别(wage dispersion)(OECD,2004:347)。但是,对于是否通过合作主义谈判简化了工资结构就会导致低技能工人失业,却仍还存有不少争议。

最后,利用简单的经济学推理就能得到有关最低工资制度同失业的关系判断,即如果将劳动力成本设定在较高水平,那么可能阻碍低劳动生产率工人的就业,减少国家的产出,从而无益于实现经济发展的总体目标。但是,就业规模的缩减到底有多少是与最低工资有关,这个数量还较难衡量,因为有很多不确定的因素在左右着最低工资设定同工作岗位丧失之间的关系。综合已有的一些经验研究来看,最低工资制度对就业的负面影响尚不能确定;其中,有研究认为作用显著,尤其是不利于青年人就业(比如,Neumark and Wascher,1999;OECD,2006),也有研究并未发现不利影响(比如,Elmeskov et al.,1998;Bassanini and Duval,2006)。不管最低工资制度同就业的关系如何,学界围绕该制度市场效应的深度讨论都至少说明了以下两个问题:其一,作为一种制度工具,最低工资对劳动力市场绩效的影响是复杂的;其二,如果政府将最低工资制度纳入其促进就业、消除贫困的社会政策体系中,那么就有必要注意其使用范围和实施力度。

(二)就业保护立法与实现就业安全性

1. 对劳动力市场的作用机理

传统观念普遍认为,就业保护立法(employment protection legislation,EPL)旨在通过一系列的法律规定约束雇主的雇佣和解雇行为。但实际上,就业保护立法一方面增强了劳动者的工作安全性,另一方面也增加了雇主调整其劳动力的成本,从而成为雇佣的"障碍"。此外,用于实施就业保护立法的行政及司法程序往往需要拖延较长的时间,这也会带来大量不可预见的成本。如果雇主想以低工资的方式将各类成本"转嫁"给劳动者,那么显然也并不容易。所以,就业保护立法需要有一个"度",过于严格的就业保护立法不仅会直接影响到雇主的雇佣决策,也会间接影响到雇员利益。

就业保护立法的合理定位是,要将雇主在雇佣和解雇灵活性上的需要,同雇员在就业安全性上的要求协调好。立足这一目标,经合组织在1994年的"工作战略"中提出了针对就业保护立法进行改革的两个方向:第一,重新审视有关长期合同的法律规定,为经济性裁员提供便利,但同时制裁不公正或歧视性裁员;第二,方便短期合同的使用,但同时避免雇主对这一雇佣形式的滥用。为评估就业保护立法的严格程度,经合组织还于2004年设计了相关的指标系统。通过对成员国家就业保护立法的初步评估，发现挪威、瑞士、墨西哥、土耳其等国家的就业保护更加严格，而英语系国家的就业保护则相对宽松。

近年来，在全球化及经济合作趋势的推动下，经合组织各成员国的就业保护立法也在调整和发展，除了依旧保持一定的国别差异外，还呈现了出了趋同现象（OECD，2006：185）。首先，大多数就业保护立法比较严格的国家（比如奥地利、芬兰、西班牙、韩国等）开始逐步放松对部分领域的法律限制，改革的重点就是让短期雇佣更为便利。其次，原来就业保护立法不太严格的国家（比如澳大利亚、爱尔兰、英国、新西兰等）则开始适度加强就业和工作保护力度，采取的措施诸如设立集体谈判制度、规范短期合同的使用等。

2. 政策影响的经验性证明

有大量的经验研究评估了就业保护立法对总体劳动力市场绩效，特别是对失业率的影响。一个关键的发现是，就业保护立法对总失业水平的影响可能比较小（Belot and van Ours，2001；Nunziata，2003），即使有研究利用跨国面板数据进行了回归分析，也没能得到就业保护立法与失业水平显著正相关的结论（Bassanini and Duval，2006）。但有研究指出，就业保护立法可能通过与宏观经济冲击（如通货膨胀、青年人口比例、真实利率等）发生交互作用，而间接影响到劳动力市场的产出水平（Blanchard and Wolfers，2000）或失业水平（Bertola et al.，2001）。

就业保护立法能否达到其预定目标呢？一些经验研究也给出了肯定的答复，认为该做法能有效保护现有的工作（OECD，2006：97），缩小工资差距（Koeniger，Leonardi and Nunziata，2007：5），维护社会公平；但是，由于其同时抑制了新工作的产生，并导致长期失业人口的增加，所以要判断就业保护立法在实践中影响就业量的程度仍会有些模棱两可（Baker et al.，2005：124-125）。此外，严格的就业保护立法还减少了劳动者的流动率和就业率，从而令就业困难群体，特别是年轻人、妇女和长期失业人员降低了就业预期（Gangl，2003：445）。

如果政府为增加就业岗位而实施就业保护立法改革，一方面放松对短期雇佣的限制，另一方面严格保护一般性雇佣关系（即长期劳动合同关系），那么很可能会对经济发展产生长期不利影响（OECD，2004：35-37）。比如，雇主会更乐于使用短期劳动合同，忽视人力资本投资；劳动力流动率提高，劳动者的工作不安全感增加；频繁的失业还会造成劳动者收入的起伏和来源的不稳定等。

（三）失业保险制度与刺激就业

1. 对劳动力市场的作用机理

按常理来讲，政府有责任为失业者和适龄非就业群体提供必要的收入支持，但如何确保这种支持能够转化为刺激人们寻找工作的动力，就成为各国政府都在面临的挑战。高水平的失业保险以及较长时间的持续期无益于劳动力市场绩效。因为这种设计模式很可能通过两种机制冲击现有劳动关系，导致失业增加：其一，降低求职者寻找工作的迫切程度及对新工作报酬的满意度，从而诱发长期失业甚至劳动者主动退出劳动力市场；其二，降低不工作的机会成本，增加雇主的增薪压力，最终造成劳动力市场需求的萎缩①。当然，失业保险确实能让求职者有更多的时间寻找匹配的岗位，从而增加工作稳定性和生产效率，而且一定数量的收入补偿也能缓解因失业给劳动者带来的生活质量下降等问题。

到底失业保险的水平和持续期是多少最合适，从目前看尚无定论。但各国政府调整失业保险制度的大体思路是：评估保险待遇是否过于慷慨或者有被削减的必要；依据劳动者工作的可获取性和积极寻找工作的程度，设置失业保险的享受条件；规定雇主要依据其解雇行为给社会造成的成本向社会进行部分补偿，比如采取灵活性保险（flexinsurance）的方案。灵活性保险的理论基础在于，雇主对社会保障的贡献应该同其劳动合同的灵活程度成比例（Tangian，2007：561）。美国失业保险制度就采取"经历评级"（experience-rating）方式，利用累进的保险费限制雇主的解雇行为（Graser，2002：391）。"经历评级"制度将雇主的解雇记录同其需要缴纳的失业保险费挂钩，规定解雇频率决定雇主对失业保险的贡献额，即解雇越频繁，缴费越多。总体上看，美国这一政策实践有两个重要特性：其一，从财政的角度立足"风险—补偿"的公平基础；其二，限制雇主过于自由的解雇行为。但美国"经历评级"制度的不足之处也凸显出来。失业风险仅与单纯的解雇行为相关，缺乏对保险持续期间以及其他与劳动合同有关的特征的考虑与权衡。

2. 政策影响的经验性证明

尽管一些经合组织国家特别是欧洲大陆国家，已经在近年来逐步削减了失业保险待遇的开支，但这些国家总体的失业保险替代率与其他经合组织国家的平均情况相比，却仍处于较高水平（OECD，2006：97）。净替代率（net replacement rates，NRR）是一个能较为准确衡量收入安全性和工作积极性的指标，但该指标的历史数据往往难以获取，特别是在跨国比较研究中保证各国数据的完整性是一个挑战。有研究表明，对失业者进行收入保护等政治考虑是制约各国大幅降低失业保险待遇的一个主要因素。但这其实从另一个侧面反映出，针对失业保险制度的功能评估（即保证收入安全性的功能），以及针对降低保险待遇政策的效应分析是极为必要的。

---

① 进一步而言，失业保险需要财政转移支付，而财政收入源于税收。依此逻辑，高水平失业保险要求高额税费，从而也对就业产生了负面效应。

近年来，一些基于跨国面板回归模型的计量经济研究，论证了失业保险待遇同失业水平之间的正向关系，即待遇越高、享受期限越长，则失业率越高（Elmeskov，Martin and Scarpetta，1998；Daveri and Tabellini，2000；Nickell，Nunziata and Ochel，2005；Bassanini and Duval，2006）。在大部分考察市场绩效的研究中，失业保险待遇对就业的影响都比较显著；较长的待遇期限同高替代率相比，对就业的负面影响更大。尽管 Bertola et al.（2002）没有发现能显著影响总体就业状况的因素，但其回归分析揭示出，相比青壮年男性就业者，高保险待遇明显降低了妇女、青年人和老年人的就业率。Bassanini 和 Duval（2006）则完全验证了失业率同保险待遇替代率之间存在着极为显著的正向关系。另外，有学者（如，Grubb，2005）利用美国及欧洲一些国家的微观数据进行了相关的计量研究也得到了相似的结论，也就是说，高失业保险待遇会大大增加失业的时间。

当然，如果政府通过实施财政性制裁措施比如削减失业保险待遇，来刺激失业者积极就业，那么失业保险制度的负面效应就可能被部分性地抵消（Hasselpflug，2005：7）。为此，政府有必要增加针对积极的就业政策的财政投入（Bassanini and Duval，2006：16）。

（四）积极的劳动力市场政策与"激活"失业者

1. 对劳动力市场的作用机理

经合组织提出"工作战略"的最初设想是，推动各国政府一方面增加对积极的劳动力市场政策（active labour market programmes，ALMPs）的关注和投入，另一方面提升积极性措施的有效性。然而，实际上自1994年起，经合组织并未特别强调考察各国从"消极"到"积极"劳动力市场政策的"转移"程度（比如，对失业者的政策取向从单纯地提供失业保险金，转变为直接帮助其寻找工作或提升职业技能），反而是在更多地关注基于不同财政投入的积极的劳动力市场政策的实施效果。

经合组合政策管理的核心点是，实现积极的劳动力市场政策同失业保险制度、"让就业有利可图"（make work pay）政策[①]等的相互协调，从而保证就业刺激方案对不同类型失业者保持政策间的一致性和连续性。为此，各成员国结合本国实际，先后开展了围绕提升积极的劳动力市场政策实施效果的改革。改革涉及的领域主要有以下五个：其一，通过就业咨询、培训等个性化服务，积极帮助

---

① 该政策希望通过协调税收与福利制度，增加失业者再就业的"财政性动机"，从而增加就业产出。由于政策将社会保护待遇与针对劳动力供给的税收制度结合运用，强调"以就业为条件获得福利"，故而也被概之以"让就业有利可图"（make work pay）政策。

求职者寻找工作；其二，更严格地监控失业者的求职意愿和行为，强调对空缺岗位的实时管理；其三，建立积极的劳动力市场政策的早期介入机制，提升劳动者的可雇佣性，规定在职者参加积极的劳动力市场政策的法定义务，保险金享受资格同项目参与时间挂钩；其四，更有效地管理公共就业服务（public employment service）工作，优化、协调不同就业安置机构间的工作配合，提高服务质量和机构运行效率；其五，推动就业服务的准市场化，在就业安置活动中引入市场机制，如就业安置服务的竞争性或部分积极的劳动力市场政策项目的外包等。据由经合组织编写的《就业展望（2006）》中公布的数据显示，1994年积极的劳动力市场政策对每一名失业者的资金投入占人均GDP的25%，而到了2002年，这一比重已增加至33%。

2. 政策影响的经验性证明

考察积极的劳动力市场政策对劳动力市场绩效影响的实证研究，大致可分为宏观和微观两个视角。宏观计量经济研究的核心论题是，用于解决总体失业问题的积极的劳动力市场政策投入是否有效。大部分的研究得到了肯定的结论，认为积极的劳动力市场政策投入能显著降低失业率，促使失业者尽快实现再就业。然而，Baker et al.（2005）却提出，这种将积极的劳动力市场政策投入作为跨国面板模型中一个自变量的研究方式，很可能在估计参数时发生同步偏差（simultaneity bias）[①] 的问题，从而不能得出积极的劳动力市场政策有助于降低失业率的一般性结论。

由于目前尚未找到能较好衡量积极的劳动力市场政策功能的计量研究分析工具，所以大量基于宏观视角的研究都还主要集中在探讨积极的劳动力市场政策投入同其他政策或与经济波动之间的交互影响上。Bassanini和Duval（2006）曾试图利用国际先进水平的计量经济研究工具矫正同步偏差，但也只是部分地证明了积极的劳动力市场政策的市场功能，即对于劳动力市场的培训支出能够降低失业率，而对于积极的劳动力市场政策在其他方面的投入则与失业率不存在比较稳定的关系。这与之前Boone和van Ours（2004）的研究结论相一致。Bassanini和Duval（2006）还在研究中获得了两个比较有价值的发现。第一，较高的积极的劳动力市场政策支出水平能够显著改善因高失业保险金所引发的高失业率。所以，如果能有效整合积极的劳动力市场政策与失业保险制度，那么就能抵消失业保险金的一些负面作用。第二，当积极的劳动力市场政策的支出水平较高时，即使宏观经济形势不好，总体失业率也不会增长过快。

[①] "积极的劳动力市场政策投入"这一指标具有较强的内生性。经济低迷期失业率较高，针对每一失业者的积极的劳动力市场政策投入减少，但这二者之间可能没有直接的因果联系。

近年来，从微观角度研究积极的劳动力市场政策功能的文献大量涌现，扩展了宏观研究的主题和思路。微观研究的主要关注点是，积极的劳动力市场政策中各个政策如何运作以及目标群体是谁。比较有力的研究结论是不同的政策会有不同的影响，即使两个政策非常相似，也可能导致极其不同的结果，因而有必要关注政策制定的具体细节（Kluve and Schmidt，2001；Betcherman et al.，2004）。此外，比较不同政策间的政策效果也能为积极的劳动力市场政策改革提供一些趋势性建议。比如，与提供公共性就业岗位相比，帮助失业者寻找工作的成本更低且更容易促使其从事无须财政资助的工作（Martin and Grubb，2001；Kluve，2006）。

二、劳动关系模式的形成与比较：以欧洲国家为经验样本

（一）劳动力市场制度的角色

1. 劳动力市场制度对劳动关系的影响

在劳动关系的持续与发展过程中，正式的和非正式的劳动力市场制度都起到了重要的作用。正式的制度包括对雇佣和解雇行为的管控（如就业保护立法）、有关保留或解雇的讨价还价式集体谈判，以及诸如失业保险制度等的社会保护政策，都会影响雇主和工人的"去留"决定。此外，大量的非正式制度通常也会影响雇佣双方的决策。例如，有的社会在传统上就保留着一种鼓励雇主和工人维持长期劳动关系的风俗或习惯，那么组织很可能就与资深年长的员工存在有关持续留任的隐含合同（implicit contracts）。Doeringer 和 Piore（1971）通过研究内部劳动力市场问题，发现习俗性规则在塑造企业雇佣实践中扮演着重要角色，并且将工作场所中的习俗界定为"主要源于既往的实践或流程，且并未形成书面形式的规则"（p.23）。

传统的社会价值观和行为规范对劳动关系的影响是相对稳定的。如果规制劳动力市场的力量是源于内生，或者有赖于劳动力市场自身运行过程，或者劳动力市场根本没有受到正式制度的"干扰"，那么非正式制度对劳动关系状况的影响将会是最重要的（Auer，Berg and Coulibaly，2004：25-26）。非正式制度使劳动力市场"天然"存在一种灵活安全的劳动关系模式，而各种正式制度的作用就是在一定的目标或战略的指导下，基于"固有模式"的一种制度性（或称政策性）"强化"（方向可能为正，也可能为负）或"修复"。而且，即使一些制度（特别是非正式制度）发生了改变，那么机制之间的相互作用也会导致制度产生某种程度的惯性（inertia），从而使其政策效应的消失存在滞后期间（Rodgers，1994：78）。

第二章 西方国家劳动关系发展的经验观察——一个制度分析的框架

总之,劳动关系模式的形成与劳动关系自身的演变,一方面始终离不开其嵌入的社会传统、历史文明、思想文化等"制度根本",另一方面也会迎合时代的特点,在与经济发展和社会进步的需要相适应中呈现螺旋式的上升,即劳动关系的状况会在劳动关系双方的博弈磨合中不断完成着"从冲突走向合作,再到出现新的矛盾甚至是冲突,继而又走向合作"的循环过程。

2. 劳动力市场制度的作用路径

力求实现更高水平的人均国内生产总值(以下简称人均 GDP),一直是世界很多国家的主要经济政策目标之一。高水平的人均 GDP 能带来高水平的生活标准和消费需要,同时也为各国改善国民生活质量,加强在健康、教育和环境等方面的投资,创造了更多的空间和条件。

在现代经济发展进程中,人均 GDP 的增长一般被分解为两个部分,即劳动力使用(labour utilisation)的增长和劳动生产率(labour productivity)的增长(OECD,2007),而后者往往在推动人均 GDP 增长方面发挥着尤为重要的作用(OECD,2003)。20 世纪 90 年代,多数 OECD 国家的劳动生产率增长对本国人均 GDP 增长的贡献率都超过了 50%,在一些国家,这个比率还相当高(OECD,2007)。

无论是劳动力使用,还是劳动生产率,都会在一定程度上受到劳动力市场制度的影响。目前,劳动力市场制度对劳动力使用的影响已经得到了很好的证明。2006 年,OECD 在其"工作战略"(Restated OECD Jobs Strategy)中,围绕降低失业和扩大就业(即提高就业安全性)的目标设计了一揽子的劳动政策,以期通过增加劳动力使用量来潜在提升各成员国的人均 GDP 水平。

然而,相比之下,劳动力市场制度对劳动生产率的影响却一直存有争议。因为有些旨在改善劳动关系状况的劳动力市场改革却可能同时抑制了劳动生产率的提高,从而令劳动政策对人均 GDP 的总体影响变得模棱两可。支持改善劳动关系状况的研究者大都认为,即使劳动力市场的灵活程度比较高,也不能证明其劳动生产率水平也比较高。比如,Auer et al.(2004)研究了就业稳定性(即劳动关系存续)对欧洲 13 个国家劳动生产率的影响,研究者使用了"工作期限"(job tenure)作为就业稳定性的代理变量,发现灵活性[①]与劳动生产率之间是一种"倒 U"形关系,而非人们一般想象中的(正向)线性关系。以较长平均任职年限为标志的"严格"劳动力市场,只是在应对经济结构变动时表现出了有限的调整能力,但不会对劳动生产率状况产生特别大的破坏性作用。基于经验数据和

---

① 灵活性是就业稳定性的一个相对概念,灵活性越高,则工作期间越短,表明就业越不稳定。

研究总结，Auer et al. (2004) 还提出了一个最有利于欧洲国家劳动生产率提高的劳动者平均任职期限——14年，即只要劳动者在某个岗位上的平均任职时间不超过14年，那么提高劳动力市场的就业稳定性（即高质量劳动关系的重要表现）就会提高劳动生产率。而对改善劳动关系状况持否定态度的研究者则认为，此举会导致企业倾向于雇佣受教育程度较低的劳动者以减少其劳动成本，从而使受雇者的平均技能水平和劳动生产率降低（Lecat and Maury, 2006；Dew-Becker and Gordon, 2006）。Saint-Paul (2002) 的一项研究发现，尽管就业保护立法延长了劳动者在某个岗位上的任职年限，但却以降低任职者的生活标准、破坏其创造力的培育为代价，这显然并不利于一国经济的发展。

近年来，围绕结构性政策（如税收制度、产品市场规制等）对劳动生产率的直接影响情况，国外不乏相关的经验研究（比如，Nicoletti and Scarpetta, 2003；Aghion et al., 2006），但是探讨劳动力市场政策影响的文献却十分有限（Bassanini and Venn, 2007: 1）。由于大量的劳动政策都将目标锁定在"调控"失业率或劳动力参与率等指标上，因此，一方面难免会带来劳动关系的变动，另一方面也必然会对劳动生产率产生积极或消极的影响。OECD 在《就业展望(2007)》中指出，必要的劳动力市场机构和政策安排会推动一国的人力资本积累和深化，增强劳动力市场应对技术革新、外部冲击等的变通力，提高劳动力资源配置效率，从而扭转劳动力市场上供求双方博弈力量失衡的格局（trap of imbalance），有利于一国潜在劳动生产率的改善。而实际上，即使有些旨在改善劳动关系状况的劳动力市场政策，在短期看来是抑制了劳动生产率增长，但如果以国家发展和社会福利提升的长期目标来衡量，则是一条刺激劳动生产率提高的关键路径（王阳，2011）。

一般而言，劳动力市场政策可以通过很多渠道作用于劳动关系进而影响到劳动生产率，比如刺激劳动者和企业进行培训或教育投资、缓和劳资冲突、加强协商对话、优化工作匹配度或保持高质量的工作匹配性、增减劳动力成本、鼓励劳动力流动等。表2—1总结了以劳动关系状况为中间路径的、不同劳动政策对劳动生产率可能产生的或积极或消极的影响。受到数据可获取性的限制，一些劳动政策的市场效应，或者其中的劳动关系状况的中介效应尚未得到实证检验。基于既有研究成果，从表2—1中可以发现，多数劳动政策对劳动生产率都同时存在正面与负面两个方向的影响。出现这一现象的原因在于，一项劳动政策可能对就业数量的作用效果更加显著，但对就业质量（涵盖劳动关系）的影响却是在"折合"了不同就业群体、不同工作方式等的情况后的"叠加效应"。因此，要考察劳动力市场政策对于劳动关系模式形成以及其经济效益（以劳动生产率的增长率为衡量指标）的影响，就需要把握住影响劳资双方矛盾冲突演变的关键性劳动力市场政策。

第二章 西方国家劳动关系发展的经验观察——一个制度分析的框架

表 2—1　　劳动力市场政策对劳动生产率的可能影响

积极影响	消极影响
严格保护正规就业 ● 以合同形式确认企业对劳动者的雇佣承诺，提高劳动者的工作积极性；刺激企业投资特殊人力资本，支持可提高劳动生产率和推动技术革新的工作实践	● 增加解雇成本及快速适应新技术的成本（特别是在新技术推广期或容易出现规模收缩的低技术行业） ● 阻碍灵活性，制约劳动力资源向新的、高劳动生产率领域流动 ● 令裁减低绩效员工更为困难，诱发雇主削减雇佣数量
限制短期用工 ● 降低利用短期用工形式取代正规就业的可能性，鼓励短期用工企业增加培训，刺激劳动者投资特殊人力资本	● 制约劳动力资源向新兴的、高劳动生产率领域流动，降低企业快速适应技术变革和产品需求的能力 ● 短期就业减少，劳动者降低了由工作不安全性导致的人力资本投资动力
失业培训计划 ● 帮助失业者获得更高技能要求（高生产率）但却相对稳定的工作 ● 直接增加人力资本存量	● 施加其他培训项目，降低劳动者和企业在技能方面的投资积极性
就业安置计划和公共就业服务 ● 提升失业者与空缺岗位的匹配度，提高劳动力资源的配置效率	
高额失业津贴 ● 增加工作搜寻时间，优化人岗匹配性，提升资源配置效率 ● 鼓励劳动者在波动较大行业寻找高劳动生产率工作，同时鼓励企业创造此类工作	● 减少失业成本，诱使企业收缩雇佣规模，导致劳动生产率降低 ● 延长失业时间，导致人力资本贬值
高水平最低工资 ● 压缩工资相关性，减少违法行为，鼓励雇主加强培训 ● 高劳动生产率工作取代低劳动生产率工作，提高劳动力市场的总体劳动生产率水平 ● 减少低技能工作的市场需求，鼓励雇员提高技能	● 导致向下的工资刚性，增加就业歧视，降低企业的培训投资热情 ● 工资相关性压缩，降低学习深造与技能开发的动力 ● 增加劳动力的影子价格，导致企业过度投资于劳动力节约型创新项目，而忽略对劳动生产率提高型项目的开发

资料来源：OECD，2007.

(二) 产业关系模式及其演变

1. 欧洲国家主要的产业关系模式

各个国家的劳动力市场制度都具有某些显著的特点，即使是在体现了一定同质性的欧盟国家之间也会存在很多制度差异，因此也造就了欧洲国家多样化的产业关系模式。

大量的社会经济学文献从宏观经济的层面对劳动力市场制度与产业关系模式的关系作了丰富、严谨而系统的阐释和探讨（比如，Nicoletti et al.，2000；Muffels and Luijkx，2005）。根据 Visser（2001）的研究，欧洲国家的产业关系模式主要有四种，分别为北方合作主义（Northern Corporatism）模式、中央社会伙伴关系（Central Social Partnership）模式、盎格鲁—撒克逊多元主义（Anglo-Saxon Pluralism）模式和拉丁对抗（Latin Confrontation）模式，并且研究者强调，这些模式的最大差异在于合作与对抗的程度、国家的角色及社会伙伴间的关系。从表2—2中可知，在北方合作主义模式和中央社会伙伴关系模式中，集体谈判主要在部门层面进行，国家的作用是推动和服务；而在盎格鲁—撒克逊多元主义模式中，集体谈判权被下放至公司层面，国家不予干涉。国家和社会伙伴的不同角色还造成了针对劳动力市场政策及其执行上的财政开支的差异。例如，在更加合作的体系中，工作培训经过政府和社会伙伴的协调后，经常被作为一种教育系统和企业间的"联合投资"；而在拉丁对抗型国家，初始的工作岗位培训大体都由公共职业培训学校来组织，典型的例子是法国。在北方合作主义型国家和中央社会伙伴关系型国家，国家在产业关系中的角色越突出，越意味着国家将成为提供就业岗位的最后雇主，也因此导致了高比例的政府性岗位。但这种方式比较有助于女性劳动者进入教育、社会服务等领域工作，同时，退出市场的年长和低技能劳动者也能得到综合性收入支持计划的帮助。

表2—2　　　　　　　　欧洲各国的产业关系模式

产业关系模式	北方合作主义	中央社会伙伴关系	盎格鲁—撒克逊多元主义	拉丁对抗
工会与雇主之间的关系	黏合的	分割的	分立的	对抗的
合作程度	相当大	相当大	不存在	多变的
工资谈判的主导层次	部门	部门	企业	交替的
冲突程度	中等到低等；高度组织化	低等；高度组织化	中等到高等；分散的	高等；间歇性的

第二章 西方国家劳动关系发展的经验观察——一个制度分析的框架

续表

产业关系模式	北方合作主义	中央社会伙伴关系	盎格鲁—撒克逊多元主义	拉丁对抗
国家的角色	支持	支持和规制	规避	干涉
代表国家	瑞典、芬兰、丹麦、挪威	奥地利、德国、比利时、荷兰	英国、爱尔兰	法国、意大利、西班牙、葡萄牙、希腊

资料来源：Visser，2001，笔者作了整理。

2006年，欧洲委员会（European Commission）依照一组指标变量将经合组织国家的产业关系模式进行了量化表达，将"灵活性"与"安全性"作为衡量四种模式特征的两个级次，指标体系涵盖了劳动力市场核心制度的主要变量，其目的在于，从"工会与雇主之间的关系""劳资之间的合作程度""工资集体谈判的主导层次""劳资之间的冲突程度"以及"国家在产业关系中的角色"等几个具体维度来比较和观察产业关系模式的表现，从而以"灵活—安全"组合的两级关系来反映产业关系内在的制度实质。[①] 这些度量的指标包括：就业保护立法的严格程度（衡量企业用工数量和方式的灵活性）、劳动力市场政策（包括积极的和消极的两种劳动力市场政策）的支出占国内生产总值（GDP）的比重、参与终身培训项目的劳动者人数比例，以及平均的税收楔子[②]（tax-wedge）（衡量税收体系对劳动力市场的"扭曲"程度）。经过主成分分析结果显示，欧盟国家的产业关系模式同样可以被划归为四大类，具体的特征如下：

（1）盎格鲁—撒克逊（Anglo-Saxon）国家（如英国和爱尔兰），其产业关系模式的特征是高灵活性（即就业保护立法的严格程度最低），以及中到低水平的安全性（以劳动力市场政策支出占GDP的比重为主要衡量指标，发现占比值处于中低位次）。

（2）大陆国家（如德国、比利时、奥地利和法国），其产业关系模式的特征是中到低水平的灵活性（即就业保护立法的严格程度处于中低位次），以及中到高水平的安全性（即劳动力市场政策支出占GDP的比重值处于中高位次）。

[①] 从本质上看，"灵活—安全"组合的两极关系是从更深的层面反映出了一个劳动关系研究的核心议题，也就是传统意义上的资本与劳动的关系。只是劳资双方的诉求不再是"单向性"的二元分立，而是对灵活性和安全性的共同需要，也就是说，就业和劳动力市场的进一步灵活化提高了经济绩效、竞争力和产出水平，而社会保障和社会政策则加强了社会群体间的凝聚力，这两点对于劳资双方具有同样重要的意义（Seifert and Tangian，2007：27-28）。

[②] 税收楔子是因税收制度存在而导致的价格与数量间均衡关系的偏离（deviation）。税收楔子的存在导致了消费者支付的更多，但供给方却获得的更少。（资料来源：http：//www.answers.com/topic/tax-wedge）

(3) 地中海国家（如西班牙、葡萄牙和希腊），其产业关系模式的特征是低灵活性（即就业保护立法的严格程度最高），以及低安全性（即劳动力市场政策支出占 GDP 的比重值处于较低水平）。

(4) 北欧国家（如丹麦、瑞典、芬兰等）及荷兰，其产业关系模式的特征是中到高水平的灵活性（即就业保护立法的严格程度较高），以及高安全性（即劳动力市场政策支出占 GDP 的比重值处于高位次）。

从方法论和变量所使用的概念来看，这一聚类分析是十分有效的，并且与之前 Nicoletti et al. （2000）以及 Muffels 和 Luijkx（2005）的研究结论十分类似。只是欧盟委员会（2006）对欧洲比较普遍的福利制度的主要特征进行了更理论化的思考，而 Nicoletti et al. （2000）以及 Muffels 和 Luijkx（2005）则笼统地对"就业保护立法的严格程度"（strictness of employment protection legislation）作了进一步的细化，将"就业"分为"一般工作"（regular employment）和"短期工作"（temporary employment），再分别针对两者衡量就业保护立法的严格程度。由于衡量指标的具体化，Nicoletti et al. （2000）在研究结论上较之其他还存在一个主要的不同，即法国在聚类分析时被归入了地中海国家，而非大陆国家。

于是，一个值得注意的现象是，经过科学计量和测算得到的研究结论，却恰恰与欧洲国家在地理、历史、文化、风俗等"自然"因素上所表现出的特质存在空间上的一致性和关联性，即"自然"因素趋同的国家，在产业关系模式上也保持了本质相同、只是表象略有差异的特点；反之，"自然"因素差别明显的国家，则在产业关系模式上同样呈现显著的区别。更广泛和深入地考察这种"潜在"的关系还会获得另一个重要的发现，也就是，欧洲国家的产业关系模式正在欧盟提出的"灵活安全性战略"（strategy of flexicurity）的推动下，实现着从传统模式向劳动力市场新型模式的转变和提升。

2. 欧洲国家产业关系模式的演变：走向灵活安全性模式

从理论上看，由于企业和劳动者都有动力追求灵活性和安全性的实现，所以，要在实践中达成两方意愿的平衡应该比较乐观。为此，欧洲委员会于 2000 年倡议其成员国"采取积极的就业和职业培训政策，以推进劳动力市场灵活化建设。考虑采用各种现代化的治理手段，各国都可能找到平衡本国劳动力市场灵活性与安全性的办法，比如各类社会组织可签订针对社区兼职工作的框架协议"（European Commission, 2000：83）。在《增长与就业总指导原则（2005—2008 年）》（Integrated Guidelines for Growth and Employment for the period 2005—2008）第 21 款，欧洲委员会又建议各成员国"……促进就业安全性与灵活性的协同发展，减少劳动力市场的分割"。2006 年 1 月，非正式就业、社会政策、健

第二章 西方国家劳动关系发展的经验观察——一个制度分析的框架

康和消费者事务委员会将灵活安全性（flexicurity）①列为欧盟议事日程的核心之一（European Commission, 2006:91）。

2006年,欧盟首脑会议之后,有关劳动力市场灵活安全性政策战略的基本准则的研究在欧洲展开。同年,非政府组织（NGOs）在奥地利菲拉赫（Villach）召开了就业与社会事务非正式会议（Informal Meeting on Employment and Social Affairs）,提出了劳动力市场灵活安全性的十项准则：一是旨在创造更多、更好的工作岗位,增强社会凝聚力,反对贫困和社会排斥;二是应建立在民主协商制度的基础之上;三是既要实现雇主的灵活与安全,也是实现雇员的灵活与安全;四是成为一个社会融合机制;五是必须建立在机会均等、男女平等的基础上;六是应在现有劳动立法的框架下进行;七是应当确保灵活就业人员能享受到充分的养老金权利;八是要依赖各种积极性政策的支撑;九是充分保证劳动者的收入安全性;十是持续进行教育投资,倡导终生学习的理念。

随后,欧盟在《联合就业报告（2005—2006）》（Joint Employment Report）中,又将劳动力市场灵活安全性的准则概括为四点：一是和约安排要同时满足雇主和雇员对灵活性的需要;二是在劳动力市场转换过程中,即在劳动者转换工作,或从失业和非生产性活动向就业转换的过程中,应当充分发挥积极的劳动力市场政策的作用;三是建立和完善终生学习制度,致力于提高劳动者的就业能力,改善劳动关系状况,从而帮助其快速适应经济社会的变革,以及来自劳动力市场的各种风险（如失业威胁、工作转换等）;四是健全和完善社会保障制度,向失业者提供必要和充足的收入保障,以促进劳动力市场的流动性。只有实现了安全性,才能进一步实现灵活化。

尽管受到传统的"欧洲社会模式"观念②的影响,一些学者仍旧质疑"灵活—安全"组合的价值,比如As Ozaki（1999:116）通过对一定量样本国家进行的跨年度比较研究,认为劳动力市场灵活化不会给当前的经济和社会政策范式

---

① 从字面结构看,灵活安全性（flexicurity）实际上是灵活性（flexibility）与安全性（security）两个英文单词的"拟合词",旨在描述两者之间的某种组合关系状态。《欧洲就业准则》（European Employment Guideline）（2001）第13款有关适应能力支柱（Adaptability Pillar）部分,将灵活化和安全性目标作了明确阐述,即促使社会各方在适当的层次上开展协商和谈判,推动包括灵活工作安排在内的工作组织现代化,以提高事业发展的劳动生产率和竞争力,实现灵活性与安全性的平衡,提升工作质量。而后,在准则修订版（2003）中再次进行了明确,指出恰当处理好灵活性与安全性之间的平衡,将有助于提升企业竞争力,增加工作质量和劳动生产率,增强企业和工人抵御经济波动的适应能力。

② 这是一种保守主义的思维逻辑,认为传统的"欧洲社会模式"是一种体现"公正""平等""团结""和谐"等共有价值理念的理想型社会形态;欧洲只有保持这种模式,才能促使其成为世界上最具竞争力和活力的知识经济体,维持经济发展的可持续性,创造更多的就业机会,保持欧洲社会强大的凝聚力。

带来多少改变,反而会极大地侵害工人的就业、收入、工作(相对)稳定性等重要权益,但实际上,灵活安全性政策战略还是在欧洲取得了一定的积极效果,比如丹麦模式就是成功实现产业关系模式转型、系统诠释灵活安全性的典型,不仅创造了高就业率,融洽了雇佣双方的合作氛围,还使丹麦在世界上的综合国力和市场竞争力获得了明显提升。

欧洲国家劳动力市场的灵活安全性模式同传统的产业关系模式表现出了极大程度的相似性。图 2—1 展示了两种模式之间的契合关系。首先,不同产业关系模式下的欧洲各国表现出了差异化的灵活安全性特征。比如,根据 Visser(2001)的计算,拉丁对抗型国家的劳动者平均任职期限最长(11.7 年),而盎格鲁—撒克逊多元主义型国家最短(9.0 年),表明后者的劳动力市场可能更具有灵活性。这一判断正好与欧洲委员会(2006)的分析相一致(见图 2—1)。其次,由于制度系统是包括政府在内的社会各方的博弈产物,是在不断变化和发展的,这也决定了基于制度特征的产业关系分类很难被固化,于是,就使得社会伙伴间的对话与合作机制变得十分重要。它同劳动立法的数量与质量一样,都会影响到一个国家的经济绩效,特别是劳动生产率。最后,在劳动力市场改革的国

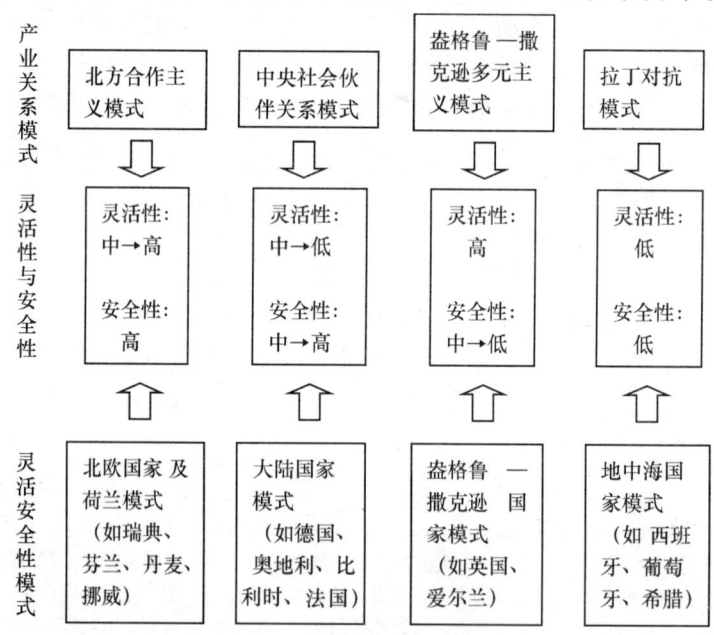

图 2—1 从产业关系模式到灵活安全性模式

注意:在模式比较分析中,只有法国是例外,其在产业关系模式中被认为属于拉丁对抗型,而在灵活安全性模式中被认为是大陆国家型。

资料来源:笔者依据 Visser(2001)和 European Commission(2006)整理绘制。

家，一个积极作为的政府不仅要是制度的缔造者，更应该是社会力量的整合者与调动者。只有引导社会伙伴的共同参与、鼓励工会的更多担当，才能切实提升劳动者的就业安全感。当"就业保护"与多渠道、广覆盖的"社会保护"实现平衡的时候，也才能说明政府已经建立了一定程度的劳动力市场"保险"来应对全球化的威胁。

从对产业关系模式的分析到对灵活安全性模式的探索，一个重要的指导理念是，在一国的劳动力市场制度体系中，劳动关系和社会保护系统是影响"灵活—安全"组合状态不可忽视的重要因素；一个重要的政策导向是，在打造灵活安全性模式的过程中，政府不再仅仅关注劳动力市场的制度建设（即市场中的刚性部分），还应更多考虑市场主体的主观意愿和感受（即市场中的柔性部分）。这也是实现模式跨越的关键点。

3. 工会的立场和态度

本研究对于工会的关注，源于相关研究结果中对于该组织具有"截然不同的两面性"的研究发现：一个是垄断的一面（the monopoly face），与其争取提高工资的垄断力量有关；另一个是代言人/应答人的一面（the collective voice/institutional response），与其代表了企业里组织化的工人有关。这种两面性导致了关于工会组织的不同观点。

首先，绝大多数工会具有垄断力量，以争取比竞争状态下更高的工资，只是当工会要求提高工资时，雇主将被迫减少员工，这实际上又限制了工会的讨价还价能力。总的来说，从垄断的角度来看，工会更有可能在新企业很难进入和/或一部分企业比竞争对手更具成本优势的行业中生存。其次，以代言人/应答人的角色出现，正如赫希曼（Hirschman）在他的著作《退出、发言和忠诚》中指出的那样，社会有两个基本机制来处理社会、经济问题。① 一个是经典的市场进入—退出机制。此时工会这样的机构就总被视为经济实现最优的障碍。另一个是调整手段，即被赫希曼称为"商议"的政治性机制。在政治范畴里，"商议"就是指通过投票、讨论、交易等手段参与到民主化进程中。在就业市场上，商议手段指对一个雇主的应当改变的条件进行讨论，而不是辞掉工作。在现代工业经济中，尤其是在大型企业中，工会是集体商议的工具，即为工人群体提供与管理层对话的工具。在现代经济中，工人倾向于与企业保持许多年的附属关系，所以在一定条件下，通过考虑所有工人以及所有关于工作条件的总偏好，工会合同会比没有工会时的合同在经济上更加有效。最后，通过代言人的一面，工会也从根本

---

① 资料来源：Albet O. Hirschman, Exit, Voice and Loyalty (Cambridge, Mass: Harvard University Press, 1971).

上改变了工厂内部的社会关系。正如卡尔·马克思、赫伯特·西蒙、罗纳德·科斯等人所强调的,在资本主义社会,雇佣关系的本质是雇主通过向员工支付工资获得对工人一定数量的劳动力支配权,雇主的目的是在企业利润最大化的要求下占有员工的劳动时间。即使在实行计件工资率的情况下,雇主也要对员工行为进行监控,保证生产质量,防止浪费材料和保护企业成本。因此,在被雇佣的时间内员工的使用方式必须由他与雇主双方协议决定。

表2—3总结了工会的垄断面孔和代言人/应答人面孔对经济产出的三个主要方面造成的不同影响,这三个方面是:国民产出的水平和构成(效率)、收入分配以及经济平等和政治自由的程度。针对每一个方面,工会的垄断面暗含着社会

表2—3 工会的两面性

	工会对经济效益的影响	工会对收入分配的影响	工会组织的社会性质
垄断作用	●工会提高薪水至竞争水平之上,导致在有工会的企业中相对于资本而言使用太少劳工 ●工会的工作规则降低生产力	●通过提高高技能工作者的薪水,工会扩大了劳工收入的不平等 ●工会使能力相当的工人之间发生分化,从而带来了横向的收入不平等	●在工会能提高劳工收入和公司只能吸收有限员工的前提下,工会可帮助选出更有能力的员工进入公司 ●工会(在个人或者集体的层面上)为他们自己在政界的利益而斗争 ●工会的垄断力量产生种种的腐败和非民主的元素
代言人/应答人作用	●工会对提高生产力有一正面作用——减少辞职率,导致管理层改进生产方法和采取更加高效率的策略,并且促进士气和工人之间的合作 ●工会收集关于所有工作者需要的信息,使企业能选择更好的职工报酬组合和更好的认识政策	●工会的标准化政策减少在一家公司或一特定产业的工会里面的工人之间的不平等 ●工会的政策能限制任意对工人的晋升、解雇和召回的范围 ●工会化从根本上改变了边缘的(通常是低级的)和相对长久的(通常是高级的)雇员之间的权利分布,导致在有工会的企业能使用与没有工会的企业不同的职工报酬组合和人事政策	●工会是代表其成员意愿的政治团体 ●工会是代表低收入和贫困人员的政治利益的

资料来源:R. B. Freeman and J. L. Medoff, "The Two Faces of Unionism", The Public Interest 57 (Fall 1979):75,笔者作了整理。

损失，而代言人/应答人一面则提供了潜在的社会收益。在这三个方面中，正如下文提到的每一个方面的引用语所说，对于工会的两面性中究竟哪一面起决定作用还存在很大的争议。

有了上面对工会两面性的基本认知，就可以发现，欧洲国家要进行灵活化改革及建设灵活安全性国家模式，就必须要得到包括工会在内的各个社会成员的支持。但针对改革中就业保护立法与社会安全性相互"交易"（trade-off）的问题，欧洲工会特别是法国和德国的工会组织并不十分赞同。它们认为，为了社会利益而放弃劳工权益是不妥当的。即使交易条款可能是公平的，但工人的社会地位也会受到影响。何况，要获得更多的社会保护就意味着面临更高的失业风险，二者之间的"补偿"很难对等。相比之下，就业保护能够切实提供工作保证并维持稳定的收入，即使是在经济衰退和政治性危机发生时，这种保护也是可信的（Bewley，1999）。灵活安全性不能被视为是一种"商品"（劳工权益）同另一种"商品"（社会安全性）的交换结果。尽管工人的社会健康（即能在岗位上持续工作的一种权利）能够通过"交易"换来更多的社会关注（即社会保障待遇的增加），但不能"因为能获得假肢，就放弃原本健全的双手"（Tangian，2007：559）。

此外，灵活安全性的社会公平程度也受到了工会的质疑。面向灵活安全性的劳动力市场制度改革可能更多的是满足了雇主对灵活性的要求，特别是在财政上雇主能获得很多好处，比如摆脱了法律的严格限制，能以轮换岗位、压缩人员规模等方式换取高利润。灵活化改革还会使企业获得政府的"间接补贴"，但补贴的大部分资金却是由普通劳动者提供的。对于高额的改革成本及额外的社会保障开支，则是由政府来"埋单"。有研究指出，经过立法、社会保障和税收系统后，原本简单的"雇主—雇员—政府"三方协作的产业关系模式，发展成了一个复杂的"雇主—雇员—政府—雇主"的资金循环（money loop）。

综合工会的观点，工会倾向于将灵活安全性作为保护弱势劳动力的手段之一，而非损害普通劳动者利益的政策工具。这种立场和态度还可从工会对灵活安全性概念的界定中进一步加以把握。灵活安全性是"对灵活的劳动人员的社会保护，是对'单纯灵活化'（Keller and Seifert，2004：226）及'单一反制度政策'（Klammer，2004：283）的另一种选择"（Wilthagen and Tros，2004：170）。只有不断改进雇员生活和工作的灵活化改革才是一种可持续性的发展。如果一个劳动者的安康没有通过"可持续性的发展"获得提升，那么再高的劳动力市场绩效也是以未来的发展前景和信心为代价的，那所谓的可持续性的发展也要受到怀疑。换言之，社会的健康不能被经济的富足所取代。

（三）产业关系模式的典型样例分析

实现劳动力市场灵活性、社会保护和社会凝聚力之间的协调，被概之以"灵活安全性"。在欧洲各国实现产业关系模式向劳动力市场灵活安全性模式演变过程中，力求实现"劳动力市场灵活性与社会保护之间交互作用的最优化"已经成为了一种政治性战略，也就是说，"灵活安全性"是当前时期欧洲各国政府整合灵活劳动力市场优势和高水平福利标准的"第三条道路"。

近年来，一些学者围绕国家的实践，展开了基于产业关系模式（或者灵活安全性模式）的国别差异探讨（比如，Auer and Cases, 2003；Wilthagen and Tros, 2004；Madsen, 2006）。根据就业稳定性、灵活化进程、对社会利益的考量以及对后二者相互补偿关系的平衡策略，典型的产业关系呈现出了一"静"一"动"两种比较明显的模式。

1. 静态模式：丹麦的"金三角"模式

从一般性理论分析到特殊性政策研究，欧洲福利国家已开始注意到产业关系实现灵活性与安全性平衡的重要性，并在各自业已存在的产业关系运行状态（即灵活性程度）的基础上，逐步融入或优化对劳动者的社会保护机制，其中尤以丹麦的"金三角"模式最为典型。

丹麦实现了将高度的劳动力市场动态性，与相对高水平的社会保护相结合的目标，具体表现为：工人在企业间具有高流动性（即高外部数量灵活性，这得益于低水平的就业保护立法严格程度），失业者能获得发达的收入保护系统（即一个慷慨的失业保险体系）和丰富的再就业帮助计划（即积极的劳动力市场政策）的支持，以及社会保持了高程度的凝聚力。可以说，丹麦是欧洲北部福利国家同自由政体相结合的最佳诠释，其产业关系模式也因此被视为成功实践了"第三条道路"的国家典范。

图2—2所呈现的丹麦模式，被人们形象地冠以"金三角"。粗箭头的方向指代人们在工作、福利计划和积极的劳动力市场政策间的位置流动。位于灵活安全模式主轴区域的双箭头联系着灵活的劳动力市场和慷慨的福利计划，其意味着每年有大量的劳动者遭受失业影响，但他们中的大部分人能够经短期失业后重返工作岗位。而灵活劳动力市场、慷慨的福利计划同外部积极的劳动力市场政策的联系，则说明那些不能马上实现再就业的劳动者能得到积极的劳动力市场政策的及时帮助。

表2—4提供了七个欧洲国家有关"灵活安全性三角"的核心描述指标及其基本数据信息。所选七国的考虑是，能够在一定程度上代表欧洲不同的产业关系模式。如表2—4所示，丹麦的灵活安全性表现出了"交叉"特征：首先在平均任职期限和就业保护指数上，丹麦与英国的情况相接近；而在失业保险待遇的净替代率和积极劳动力市场政策的开支上，丹麦则类似于瑞典或芬兰。法国和德国在四个指标上的情况都比较接近，可部分说明两国的灵活安全性模式基本相同。

第二章 西方国家劳动关系发展的经验观察——一个制度分析的框架

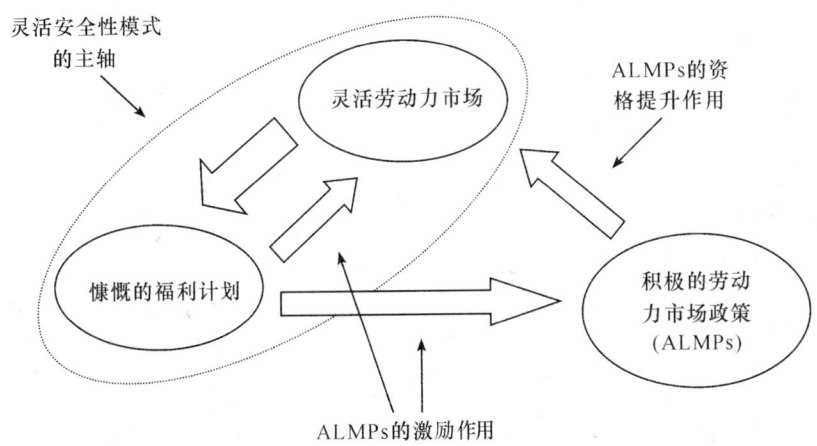

图 2—2 丹麦灵活安全性的"金三角"模式
资料来源：Madsen，2006.

意大利的情况比较复杂，根据高水平的平均任职期限和就业保护指数，可说明该国劳动力市场的灵活性较低，但低水平的净替代率和积极的劳动力市场政策开支又显示出劳动者在收入和就业上的高不安全性。

表 2—4　　　　　　七国"灵活安全性三角"的基本数据

	平均任职期限（Average tenure）	就业保护立法严格程度的总指数（Strictness of EPL, overall index）	净替代率（Net replacement retes, NRR）	积极劳动力市场政策的开支（ALMP 占 GDP 的比重）
年份	2010	2008	2008	2009
单位	年	指数（0~6）	百分比	百分比
丹麦	8.3	1.91	94.5	1.62
芬兰	11.0	2.29	64.8	0.92
法国	11.8	3.00	60.8	0.98
德国	11.4	2.63	58.4	1
意大利	12.7	2.58	76.2	0.44
瑞典	10.8	2.06	53.3	1.13
英国	9.3	1.09	48.0	0.33

说明：EPL（employment protection legislation）指数越高，代表 EPL 越严格，则劳动力市场灵活程度越低；"净替代率"指标是一般性生产工人在处于长期失业（即 60 个月以上）的情况下，其失业保险实际净替代率（AW 数据缺失，代之以 APW，average production worker）的平均水平（综合了家庭情况）。

资料来源："平均任职期限""就业保护指数"和"ALMP 开支"，Online OECD Employment databases，http：//stats. oecd. org/Index. aspx；"净替代率"，OECD（2011），*Pensions at a Glance* 2011：*Retirement-Income Systems in OECD and G20 Countries*，http：//www. oecd. org/els/social/pensions/PAG.

丹麦就业部（Danish Ministry of Employment）曾以报告的形式最早提出丹麦模式具有混合性特点，而后也经过了各种学术及政策类文章的探讨和归纳。2004 年，经合组织正式将丹麦模式作为值得重点关注的研究主题。近年来，因与"灵活安全性"研究的结合，丹麦成为探索产业关系模式向灵活安全性模式转型的现实例证（Andersen and Svarer，2007：394）。概括丹麦产业关系/灵活安全性模式的基本特征，较为公认的有以下三点：其一，高度的外部数量灵活性（即以劳动者的高市场流动性为标志），以及较低程度的就业保护（即较宽松的就业保护立法）；其二，针对失业者的慷慨的经济支持系统（即失业救济制度）；其三，积极的劳动力市场政策，以帮助难以快速实现再就业的失业者提升工作技能。

回顾丹麦模式的形成与发展历程，其劳动力市场的高灵活性要追溯到 1899 年的"共同协定"（General Agreement），即旨在赋予雇主更多自由雇佣和解雇劳动者的权利。尽管丹麦劳动力市场的就业保护程度较低、外部数量灵活性较高，但得益于其较高程度的社会保护及慷慨的失业保险，该国劳动者的工作不安全感（包含在劳动者工作满意度调查中）在欧洲国家中却是较低的。有研究指出，相对于就业保护立法，慷慨的失业救济（Clark and Postel-Vinay，2005）和积极的劳动力市场政策支出（Auer，2006）都能提高工人的工作安全感。在丹麦，低收入者的失业保险实际净替代率比较高。对于一般性生产工人，依据其家庭情况，收入的净替代率在 63%～78%之间变动；而对低收入群体（其收入相当于生产工人的 2/3）的实际净替代率则会在 89%～96%之间变动（OECD，2004：137）。失业保险金在应对劳动力市场风险方面，也显示出了比就业保护立法更理想的效果。

再从劳动力市场政策上看，丹麦将积极性政策同消极性政策相结合，并同时加大了对两者的投入。以积极的劳动力市场政策中"针对失业者和潜在失业者的培训计划"（Training for the Unemployed）这一重要的预算项目为例。据经合组织统计，2009 年丹麦将 GDP 的 0.3%用于培训项目投入，尽管低于芬兰（0.43%）、法国（0.36%）和德国（0.35%），但是却明显高于意大利（0.16%）、瑞典（0.06%）、美国（0.05%）和英国（0.02%），比亚洲的韩国（0.07%）和日本（0.05%）也高出很多[①]。可见，提高职业技能和就业能力是丹麦改善劳资关系、增强劳动力市场灵活性的一项重要政策手段。

2. 动态模式：荷兰的"政策丛"模式

丹麦模式的特点在于，通过确保就业保护立法的严格程度与失业保险制度、

[①] 数据来源：OECD. Stat Extracts, http://stats.oecd.org/Index.aspx?themetreeid=-200#.

第二章 西方国家劳动关系发展的经验观察——一个制度分析的框架

积极的劳动力市场政策之间的紧密衔接和有效协调，来实现雇主对高灵活性的雇佣关系与工人对高经济安全性的就业岗位这两种愿望的相互契合。此时，灵活的产业关系和劳动力市场是丹麦长期历史发展的结果，故而可谓之（产业关系或劳动力市场的相对）静态模式。而荷兰模式的形成，与20世纪90年代以来该国政府对劳动力市场制度所作出的一系列调整不无关系。作为一种政治策略，荷兰政府更关注如何构架一套相对严密且符合本国国情的产业关系政策体系。由于推行劳动力市场的灵活化改革，与提高劳动力市场内、外部弱势群体的就业安全性相同步，因而可谓之（产业关系或劳动力市场的相对）动态模式。

此外，荷兰模式与丹麦模式的不同之处还在于，后者是建筑在整体劳动力市场基础之上的"灵活—安全"协同模式，涵盖的劳动政策已经远远超出产业关系的范畴，并且各种制度和政策覆盖劳动者群体的范围超过80%以上。但是，荷兰的劳动力市场由于具有二元性结构的特点，劳动者群体被划分为正规就业群体和非正规就业群体两类，因此由于就业身份的差异，不同劳动者群体在享受劳动法律权利和社会保障权利等方面存在较大的不同。

20世纪70年代，荷兰的部分时间工作逐渐走向正规化，灵活安全性理念渗入到劳动就业政策之中。80年代初，荷兰放松了对市场特别是劳动力市场的管制，为追求社会各方的"共赢"，政府、社会伙伴等发起了面向"灵活安全性"的劳动力市场政策改革。"灵活安全性"对荷兰而言，从表面上看，意味着从"工作安全"向"就业安全"的转变，而从深层次意义上看，则意味着传统二元化产业关系模式的转型，社会保障制度的逐步灵活化，甚至是国家经济和家庭单元的功能的变迁。1999年，《灵活就业与保障法》正式实施，标志着荷兰灵活安全性的产业关系政策体系的初步形成。

荷兰模式的基本背景是，在针对正规、核心就业劳动者给予严格保护，对非正规就业群体缺乏必要保护，且劳动力市场二元分割问题严重等的情况下，推进灵活安全性的政策变革。该模式的核心是，在保障非正规就业劳动者的合法权益的基础上，保持劳动力市场和产业关系的活力，即提高非正规就业形式的安全性。因此，荷兰劳动力市场的灵活化改革是边缘性进行的，一方面为非正规就业群体提供更多社会保护，改善就业状况，使其享有同正规就业群体平等的待遇；另一方面部分性放松对正规就业的严格保护，打破僵化、低效的劳动关系。近年来，随着非正规就业特别是部分时间工作的发展，荷兰已渐渐形成了部分时间的经济模式。

围绕"灵活安全性"的一系列相关政策，可被概之以"政策丛"（如图2—3所示）。归纳荷兰的实践，其"政策丛"可以被大致概括为正规就业的解雇制度和非正规就业的正规化政策两个主要部分。荷兰的解雇制度具有"二元性"特点,对正规就业劳动者的解雇限制极为严格,如果雇主要终止劳动合同,就必须提前得到地方就业机构的许可,且解雇程序相当复杂,解雇成本高昂。自20世纪80年代开始,荷兰的解雇许可制度就备受争议,并被指为是经济发展的"负担",导致了劳动力市场和劳动关系的僵化。当然,也有研究并不支持这种批评(比如,Bertola,1990;Mayes and Soteri,1994)。

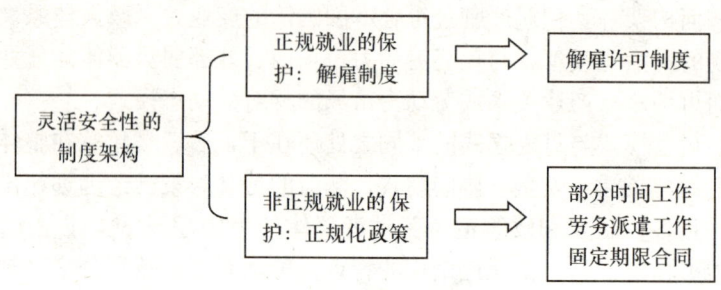

图2—3 荷兰的灵活安全性"政策丛"

资料来源:王阳,2011:64.

经过工会组织、雇主组织等社会各方的持久争论之后,荷兰的《灵活就业与保障法》于1999年颁布实施。新法在灵活性及安全性的各种措施上作出了一定的权衡和配合。比如,在灵活性方面,略微降低对标准劳动关系的解雇保护,规定临时性工作的市场自由化程度等;在安全性方面,主要针对弱势群体,一个是提高如临时工、派遣工及其他非标准工作劳动者的就业能力和就业安全性,另一个是继续沿用解雇许可制度,以在一定程度上对残疾就业者、女性就业者等给予工作保护。可以说,此次制度改革是积极和有效的,新法的颁布和实施也是社会伙伴与荷兰各级政府共同努力的结果,但该法如何保持与劳动力市场灵活安全性改革的持续适应性,则成为荷兰政府和社会伙伴需要关注的一个关键因素。

20世纪80年代中期,荷兰废除了《社会保障法》中有关工作时间和工资水平的限制性规定,推动了非正规就业的迅速发展。1996年,《劳动法》提出了部分时间工作工人的平等待遇原则;当年出台的《工作时间法》又进一步增加了劳资双方达成工作时间协议的可能性;2000年实施的《工作时间调节法》,规定给予(10人以上公司)雇员调整工作时间的权利。从总体上看,荷兰针对部分时间工作的基本政策思路是,在推动部分时间工作增加的同时,逐渐实现部分时间工作的工人在社会保障、劳动关系、劳动法和集体合同等方面享有与全职工人同等的待遇。目前,荷兰部分时间工作工人的权利已经超过了国际劳工组织及欧盟的有关规定。荷兰的部分时间工作正在实现从非正规就业向正规就业的转变。

20世纪50年代,劳务派遣开始在荷兰出现,1965年的《劳动仲裁法》旨在对其进行严格管制，工会起初也对其持怀疑态度。自20世纪70年代末出现的就业危机，成为荷兰全国性劳资关系、社会保障及劳动力市场政策变化的重要转折点。1982年11月，政府和社会伙伴签署了旨在控制工资、改革福利制度、激活劳动力市场等的《瓦森纳协议》，提出只要灵活就业人员能得到必要的社会保护，这种劳动关系就能被接受。该协议同1993年恢复集体谈判的报告（报告表明雇佣双方都需要更灵活的工作模式），及1999年的《灵活就业与保障法》一起，成为社会伙伴进行建设性对话的制度基础。此外，荷兰政府也开始鼓励私有劳务派遣机构的活动。1998年《劳动力中介安置法》（WAADI）出台，取消了劳务派遣机构的许可制度。劳务派遣工作的正规化发展主要源于雇主组织和工会间达成的1999—2003年和2004—2009年两个集体协议。协议的总目标是，依据劳务派遣工人的工作时间，给予其更多的权利，特别是2004—2009年的集体协议还对带薪休假、就业安全、养老金、培训等方面做了规定（见表2—5）。

表2—5 荷兰集体协议有关劳务派遣工作的三阶段模式（2004—2009年）

阶段	时间	劳务派遣工人的权利
A	工作78周	客户公司终止合同，工人没有工作和工资；如果工人生病，合同将自动终止；工作3个月以后，客户公司解雇工人必须提前通知，提前的时间根据就业时间增加；工作1年以后，提前通知期最长增加到2周。如果工人终止劳动合同，须提前1天通知
B	工作2年或者8个固定期限合同（两个合同之间最多间隔3个月）	如果客户公司终止合同，劳务派遣机构必须为工人提供其他适合的工作，或者一定比例的工资；工人和派遣机构都可以终止劳动合同，提前通知期比阶段A更长；从这一阶段开始为劳务派遣工人提供养老金
C	工作大约3.5年后进入阶段C，获得长期合同	工人在派遣机构获得了无固定期限劳动合同；对工人和派遣机构的解雇提前通知期都是1个月，但派遣机构解雇工人须获得行政许可；客户公司终止合同，派遣机构须为工人提供其他适合的工作，或继续支付工资，如果工人拒绝其他工作，派遣机构可不再为其支付工资或提供工作

资料来源：Tijdens, Klaveren, Houwing et al., 2006（笔者作了整理）。

荷兰对固定期限合同工作的规制，主要依据《灵活就业与保障法》和欧盟相关指令。前者的目的是实现雇主所需的灵活性与雇员要求的安全性之间的有效平衡，该法适用于所有非正规就业的工人。根据欧盟指令要求，荷兰于2001年修改了《灵活就业与保障法》，提出固定期限合同工人与永久就业工人应享有平等的待遇，并要求雇主告知固定期限合同工人有关岗位空缺的信息。除非合同在中止时缺乏法定的必要条件,固定期限合同工人与永久合同工人应具有同样的权利。

经过十几年的努力,荷兰面向"灵活性与安全性平衡"的劳动力市场制度设计与政策创新取得了不少可喜的成绩,不仅打破了该国传统的劳动关系二元格局,更成功为本国经济和社会的持续发展注入了动力。荷兰模式已经成为值得其他国家借鉴的灵活安全性产业关系和劳动力市场的"制度范本"。据经合组织的相关统计,自 2004 年起,荷兰人均 GDP 就以年均超过 1 500 美元的速度稳步递增,2010 年已经达到 42 478 美元,位于世界前列;同期,该国的总体就业率也在逐年提高,2004 年全国总体就业率为 73.12%,到了 2011 年已经达到 74.88%。伴随荷兰劳动力市场的灵活化改革,从事部分时间工作的劳动者数量也在显著增加,2000 年部分时间工作劳动者占总体就业人员的比重①约为 32.14%,2004 年开始超过 35%,到 2010 年已达到 37.15%。② 荷兰模式的启示是,通过适当的机制设计和制度安排,能够实现劳动力市场在数量及功能上的灵活化改革,进而推动产业关系的转型,让劳动者获得更多的就业和工作安全感。

三、劳动关系发展的基础与动力:从劳动力市场到劳动关系本身

(一) 劳动关系形成的市场特征

要分析劳动关系发展问题,离不开对劳动力市场若干内生性因素的综合把握和系统认知,而后者的顺利进行,则要直接取决于对劳动力市场本质特征的理性剖析。

1. 劳动力市场的不完全竞争性

在竞争性的劳动力市场上,工资是由劳动力供给和需求共同决定的,劳动力短缺会引起工资上涨,劳动力过剩会引起工资下降,因此,供求力量的相互作用不仅决定了工资和收入的结构,也决定了均衡的就业量。如果工资偏离了均衡状态,就将引起劳动力的流动,劳动力从低工资到高工资的流动会促使工资的调整并最终达到均衡水平,从而使得劳动力资源实现有效配置。但是在现实世界中,由于劳动力市场信息的不完全和不确定性,劳动力的供求失衡往往成为常态,这在发展中国家不仅表现为如刘易斯所说的"劳动力无限供给"的数量上的失衡,

---

① 在经合组织进行的统计中,"部分时间工作劳动者占总体就业人员的比重"(incidence of part-time employment) 存在两个统计口径,一个是参照国际惯例以一般性界定为准则,另一个以各国的界定为依据,此处引用的数据为一般性界定的统计口径。

② 数据来源:OECD. Stat Extracts, http://stats.oecd.org/Index.aspx?themetreeid=-200#.

即劳动力供大于求，而且表现为结构上的失衡，即空缺和过剩的同时存在。

劳动力市场是典型的"双向选择"的市场。在获取信息方面，不确定性笼罩着双方。劳动者来自不同行业，拥有不同技能和个人能力。从雇主这一方来说，他们为自己的产品和服务而寻找不同类型技能的劳动力。因此，每一个人面对的不是一个完整的、同类的市场，而是一个由不同类别组成的、支离破碎的市场。而且在市场经济制度下这种倾向将越发明显，这无疑增加了劳动者寻找工作的成本。此外，市场错位也是劳动力市场不完全竞争的一个表现。一方面是大量存在的失业现象，而另一方面则是工作岗位的结构性空缺，或者人员补充速度相对岗位空缺速度的过慢。由于劳动者对劳动力市场缺乏全面了解而造成的信息不足，就使得就业岗位的所在地与失业者的所在地出现了空间隔离，进而形成了"地区错位"。而如果"地区错位"的症结根源是在于企业所寻求的技术程度与劳动者所能掌握的技术水平不相一致，那么"地区错位"还可被进一步概称为"技术错位"。这些情况经常在地区间千差万别的失业率统计数字中有所体现。

2. 劳动力市场供求双方力量的非对称性

劳动力市场表面上看是平等的，新古典经济学理论将其描绘为两种均衡力量相遇的中性场所，即互相对称的需求和供给曲线。但马克思认为，劳动者和资本家之间在自由和平等的契约表象背后，存在着实际上的不平等，而这却被法律上的平等所掩盖了。同时，法律上的平等还挡住了自由经济学家的视野。劳动力市场上的不平等，首先来自于劳动者和资本家力量的不对称。对于一个一贫如洗的劳动者，其只有不断出卖仅有的劳动力，才能维持生存的基本需要；但那些拥有巨额存款的资本家，却可以脱离劳动力市场，买卖双方供给和需求弹性的差异使得劳动力市场价格明显不利于劳动者。此外，技术因素也在促使工人越来越成为资本的附属物，受到资本的控制和摆布，处于弱势地位。

劳动力市场的不平等直接导致了"强资本、弱劳工的社会格局"的形成。特别是随着经济全球化趋势的到来，资本的流动性越发增强，而政府对社会经济的干预却在逐渐减弱，劳工的组织化程度也在逐渐降低，这就使得资本有可能获得更大的权利，并形成强资本、弱劳工的局面。雇佣双方事实上的不平等，正在使不断灵活化的劳动力市场面临自身安全性发展不足或乏力的难题。在不同灵活化程度的就业岗位工作的劳动者，也在为彼此之间存在的、明显的就业与工作安全性差异"埋单"。最鲜明的例子来自于灵活就业者群体。因就业机会的稀缺，灵活就业者长期处于受支配的弱势地位，在同雇主的谈判中回旋余地很小，劳动合同的签约率很低，导致其各种劳动权益难以得到充分保障，拖欠薪金或克扣工资、工伤事故和职业病得不到及时治疗、长期超时工作不支付报酬、违法解除合同不支付补偿等现象时有发生。同时，由于灵活就业大都是单个行为，且劳动时间短而分散,这导致没有行业性组织或工会作为组织层面和社会层面的代表对其进行保护,于是,灵活就业者的弱势地位愈加突出,其合法的劳动权益不仅很难得到保障,甚至一些劳动者连最起码的人格尊严也得不到保障。①

劳动力市场不平等的另一个表现来自于劳动力市场的歧视问题。劳动力市场对特定劳动者群体的歧视(比如妇女、残疾人,甚至长相欠佳的人员)并不罕见,其原因大都在于此类劳动者在竞争中所表现出的某些"禀赋性"弱势。当然,也不能排除雇主受到了难以改变的偏见的影响。在面对更多选择的时候,企业经常会认为那些特定劳动者群体的能力较为低下,因而将其排除在可雇佣人员的范围之外。即使特定劳动者被雇佣了,也很可能出现企业用工过程中的不规范操作,比如不签订劳动合同,致使劳动者签订劳动合同权利的被剥夺,抑或签订了工作期限不确定的劳动合同,导致劳动关系的不稳定,从而影响特定劳动者群体的工作安全性和组合安全性。

3. 劳动力市场运行结果的多重性

劳动力市场是一个特殊的市场,这种特殊性导致了劳动力市场运行结果的多重性。劳动力市场的特殊性在于,劳动力不仅仅是一种生产要素,而且还有自身的能动性。劳动力的所有者是人,作为人,他们会关心自身的劳动报酬、福利、工作环境和劳动条件,也会需要一个公正、安全和自由的发展环境。所以,劳动力市场具有社会和市场两个方面的特征(Solow,1990),并且能够体现人与人之间的信任和合作关系(Granovetter,1985)。劳动力市场的特殊性必然产生对劳动力市场政策和制度的需要,从而体现劳动力市场上各种复杂的社会关系,并且对劳动力市场的运行提供必要的信息和激励,满足劳动力作为人的需要。

为纠正劳动力市场失灵,政府有必要干预和调节劳动力市场的运行。因此,OECD在1961年设立了人力和社会事务委员会,尽管其目的是鼓励成员国实施积极的劳动力市场政策,而且规划的重点也在随时间的发展而不断变化,但是,至少有三个持续性的工作目标。第一,发展人力资源和调整人力资源以适应市场的结构性变化,从而达到促进经济增长的目的;第二,提高劳动力市场弱势群体的可雇佣性和就业机会,从而促进社会的公平;第三,在经济萧条时期注重稳定就业,在经济上升时期注重消除劳动力市场瓶颈,从而改善通货膨胀和失业之间的均衡。只有政府担当起责任,并采取一系列的政策手段和制度方法,如教育、培训、就业服务等,才能为促使整个经济的持续增长,积累充分的人力资本,造就高素质的人力资源队伍,以及储备大量的熟练工人和企业家。

---

① 姚裕群. 走向市场的中国就业 [M]. 北京:中国人民大学出版社,2005:194-196.

（二）劳动关系状况的调节因素

根据欧洲国家的经验，劳动力市场的灵活化改革在促进就业和降低失业率的方面会起到非常重要的作用。但是，如果单纯地放松劳动力市场管制和实施社会福利制度改革，也会带来相当大的负面效应，比如损害劳动者的权益、增加就业的不稳定性、扩大收入差距和贫富差距、诱发劳动者的边缘化，甚至加剧社会排斥现象等，而这些问题都与劳动关系状况紧密相关，并且直接威胁到劳动力市场的安全性。[①] 因此，从探究劳动关系状况的角度出发，可以将相关研究建立在如下的前提之上，一是劳动者只有实现了安全、体面的就业和取得劳动报酬，才是获得了基本的社会保护；二是劳动者只有享有基本的社会保护，才可能有意愿追求更灵活的就业形式或工作条件。那么，能够调节劳动关系的因素，既包括来自劳动者自身的某些禀赋和特质，也包括国家和社会层面的"外部"条件和基础。

1. 人力资本

人力资本是通过人力投资形成的资本，这种投资包括教育支出、保健支出、劳动力流动支出等。市场机制使人力资本在劳动力市场上的作用变得越来越重要，在决定个人的社会流动和社会地位的因素中，人力资本起着显著的决定性作用，并呈现出提高的趋势。如果一国的劳动力市场存在分割现象（比如城乡分割），那么就可能导致人力资本存量偏低的劳动者难以进入所谓的正规部门就业。以灵活就业者为例，由于劳动力市场分割，使得灵活就业者（比如我国的进城务工人员）进入城市正规部门就业的可能性很小，于是只能被迫放弃这种就业选择，并失去了积累经验和提高技能的机会。灵活就业者的流动范围一般限于农村和城市的非正规就业部门，这些部门对劳动者的知识和技能要求偏低，劳动者无须进行太多的人力资本投资。也就是说，正是因为劳动力市场的分割，灵活就业者要进入城市正规部门就业，就必须跨过各种"制度壁垒"，加之其人力资本存量较低，最终只能放弃这种努力。一旦劳动者形成了"人力资本投资无益于其就业选择的扩大"这一认识，那么发生在"较低的人力资本存量"与"较低的人力资本收益率"之间的相互影响机制就会陷入恶性循环之中，而低劳动者的工作安全性和就业安全性也就无从得到保障。

2. 社会资本

社会资本是指个人通过社会网络和联系获取到的稀缺资源，并由此获益，这些稀缺资源包括权力、地位、财富、资金、学识、机会和信息等。社会资本区别于经济资本和文化资本，社会资本的规模与水平将直接影响到处在这一网络中的

[①] 从理论上看，劳动力市场的安全性是实施灵活化改革的前提条件，其不仅包含着工作和就业的安全性，而且也包括收入、家庭及社会等方面的安全性。

个体获得和运用资源的社会地位水平。布迪厄曾经从场域的视角切入,对社会资本进行了分析。他认为,所谓场域是以各种社会关系连接起来的形式表现多样的社会场合或领域,场域的本质是社会关系网络。① 人在社会网络中所处的不同位置是社会关系形成的前提。场域不能离开人的活动而存在,而且,它是一个动态变化的过程,变化的动力是社会资本。社会资本不仅是资源,更重要的是权利,行动者凭借这种权利占据场域中的某些位置,进而支配场域中的资源。如果一些劳动者是属于社会资源中的弱势群体,那么其所处的场域就可能主要基于传统的地缘、亲缘关系网络,虽然这类关系网络能在一定程度上节约劳动者的流动成本和交易成本,并有助于他们获得更高的经济收入和经济地位,但这类关系网络的负面效应也是十分明显的,即由于社会网络的高度同质性,与其他社会关系网又几乎处于隔绝状态,因而使得通过这些关系网所获得的信息、机会以及其他资源会出现重复性高、价值性低的问题,从而在很大程度上阻滞了劳动者的职业生涯发展和工作晋升。

科尔曼曾指出,在现代社会中,家庭和社区所提供的"原始性社会资本"有逐渐衰减的趋势,因此,需要通过人工创建的社会组织等其他方式来替代之。② 如果劳动者在进入新的组织中工作时,中断了此前建立起来的人际关系网络,加之与其他合作者缺乏交流的机会,尤其是缺乏有关工作岗位的就业信息等,那么受其固有的价值观、经济和社会地位、思维模式等的影响,这些劳动者就可能会逐渐形成有别于其他人的偏差行为、生活方式和价值观念,这种差异导致他们在进入新的岗位后所建立的新型社会资本的价值无法超越其原始社会资本的价值。比如,灵活就业者就可能因为与正规就业者的身份差别而造成社会资本的贫乏,以至于对其工作和就业安全性构成威胁。

3. 政策惯性

政策惯性旨在动态考察劳动关系发展过程中的制度演变轨迹和革新效果,也即分析与劳动力市场规制相关的重要制度和政策的适应性调整情况。具体而言,在一国劳动力市场渐趋灵活化的背景下:

第一,有必要考察其有关劳动的法律条文中是否增加了涉及就业和工作安全性的条款。如果该国整个的劳动法律制度设计和政策取向基本上仍是以传统的正规就业为依据,较少或基本没有涉及灵活就业、弹性工作等条款,那么一旦劳动力市场运行出现问题,就很难套用现行的法律和规定加以解决。

---

① 卜长莉. 社会资本与社会和谐 [M]. 北京:社会科学出版社,2005:126.
② [美]詹姆斯·科尔曼著. 社会理论的基础 [M]. 邓方译. 北京:社会科学文献出版社,1990:35-38.

第二章 西方国家劳动关系发展的经验观察——一个制度分析的框架

第二，有必要考察劳动力市场政策是否及时、有效地关注到了新生的就业和工作形式。随着劳动力市场的灵活化发展，必然会出现一些新兴的就业方式和职业形态（比如灵活就业），此时劳动力市场政策就有必要给予一定的扶持和激励。如果劳动者选择自主创业就会受到资金、场地等方面的一系列困扰，容纳灵活就业者最多的中小企业很难得到足够的政策支持，以及临时就业又往往难以和地下经济明确区分而经常受查处和清理……那么，这些新兴的事物将难免成为劳动力市场上最脆弱的主体，甚至成为市场竞争的牺牲者。

第三，有必要考察既有的社会制度体系是否对劳动力市场的发展存在阻滞。劳动力市场灵活化的重要体现来自于就业的灵活化，即劳动力能够跨区域实现自由流动，但如果一国的劳动力市场存在某些制度性障碍（比如户籍制度），导致了劳动力流动难以相应缩小城乡差距，甚至造成迁移者与本地居民相比的歧视性待遇，那么流动的劳动者将在经济上和社会上出现边缘化趋势，并可能因此陷入收入贫困和人文贫困，而当贫困源发生代际转移时，对歧视的忍受和感情孤独等心理问题，就将成为诱发社会不稳定的一种可能因素。

第四，有必要考察劳动力市场制度是否在维护就业和工作安全性方面存在疏漏。社会保障制度和劳动合同制度是体现一国劳动力市场安全性程度（比如，就业质量、劳动关系等）的两个重要维度。如果一国的社会保障制度并非对所有就业形式的劳动者开放，使得部分劳动者（如大多数的非正规就业者）难以进入制度的覆盖范围之内，或者某种劳动就业形式的雇佣双方缺乏劳动合同的制约、劳动关系多为松散而不规范的形态，那么这些劳动者就会因为没有得到劳动力市场制度的必要保护或享受到有关的福利待遇，而削弱了自身的就业安全性和收入安全性。

以上四种情况虽然原因和表现有所差异，但导致的后果却基本相同，即都可能造成"不体面的"劳动力市场灵活化。

4. 社会服务

社会服务是指向个人提供的，连接个人、用工单位和社会的公共服务系统。用工单位和劳动者对劳动力市场灵活性的需求，要求政府将社会服务系统建设作为公民权益保障的新内容。社会服务作为劳动力市场上公共产品的一种新形式，其直接目标在于支持市场的灵活化发展，而间接目标则在于促进就业、维护劳动力市场的公平和安全。如果一国的社会服务系统无论是在观念、服务对象，还是在管理措施上，都只是面向全职、全日的用工方式，而对其他类型的用工（比如灵活化的就业和弹性工作等）存在较强的排斥性，那么这种社会服务系统将无疑会严重阻碍不同就业形式群体的劳动关系在灵活性与安全性之间的协调、平衡。

社会服务应体现公共性和平等性。具体而言表现如下：

第一,在生产要素和资源配置上,社会服务不能在正规部门与非正规部门之间进行"区别待遇",即相比正规部门,非正规部门既不应该存在贷款难、担保难、征地难、发展难等一系列发展性问题,也不应该存在政策透明度不高,政府乱收费、乱摊派、乱罚款等各种管理性问题。如果一国的非正规部门在其劳动力市场上总是遭遇"服务即收费"的局面,那么该国社会服务系统的公平性将无从谈起。

第二,劳动力市场的公共就业服务体系不能是碎片化的和低效率的,即诸如灵活就业服务系统等应该是健全和完善的,以保证劳动力市场上的供求双方能够得到真实、可靠的信息,有效的培训和相应的就业、咨询等服务,从而避免劳动力市场的二元结构以及体制性或行政性的分割。

第三,劳动力市场应能够提供连续的、安全的和准确的劳动者就业记录,切实保护各种就业形式劳动者的职业资格和相应的劳动权益,维护劳动者特别是就业弱势群体、非正规就业者的职业和工作安全。

(三) 劳动关系演变的评判角度

1. 劳动关系形成的历史审视

在共同理念的推动下,丹麦与荷兰却实践了两种完全不同的产业关系模式(也即劳动力市场灵活安全性模式),可以说,此时单凭几个衡量指标来分析和评估产生差异的原因,可能很难得到一种合理、可信的解释,甚至还会造成"误判"。参看有关资本主义制度类型的研究文献就会发现,丹麦的政治体制一直被认为是"一个有趣的多样形态",因为其既非自由市场经济模式(liberal market economy),也非协调市场经济模式(coordinated market economy)。若按照传统观点来看,这种多元交叉的制度形态是不稳定的,其终将归于某一种"模式端"。然而,丹麦的机制架构却始终稳定运行。反观该国的产业关系模式(也即劳动力市场灵活安全性模式),同样也是一个看似矛盾的"多样形态"(灵活性有如英国,而安全性又如瑞典),但也获得了成功,甚至还是其他国家效仿的典范。

可见,制度效应对市场的影响已不足以充分解释一种劳动关系类型形成的真正原因,而需要进一步考察制度嵌入的国家根基——历史。因为拥有就业保护的自由体制,丹麦的劳动力市场就有了高度的外部数量灵活性;又因为政府历来大力支持失业保险制度的发展,并积极出台各种劳动力市场政策,才使得工会逐步接受了市场的高灵活性,从而最终形成了丹麦特色的灵活安全性"金三角"。

西方发达国家建设福利制度已经有一个世纪,但两极分化的问题却仍然在各国继续存在,它反映出西方现有的社会保障和社会福利制度是有致命缺陷的,因而必须从深层次上研究社会发展的规律和特点,并进行全新的制度和机制创新。日本福祉大学教授二木立曾指出,中国目前提出的构建和谐社会和转变发展方式

第二章 西方国家劳动关系发展的经验观察——一个制度分析的框架

等思路可能是一种"新型经济模式"的探索，应给予高度的评价。尽管这一论断能从侧面反映出我国的确在走本国特色的发展道路，但也说明我国要在经济社会建设的道路上有所创新，还需要进行历史维度的更多、更深刻的理论和实践探索。

社会关系的形成是一个长期发展的结果，受到了相对稳定的社会机制的作用，在社会各阶层的利益碰撞、磨合与妥协中被不断"雕琢"。劳动关系模式的形成正是如此。因为属于社会民主主义的北欧国家，丹麦慷慨的福利制度为劳动力市场的灵活化提供了有力的支撑，丰富、高效的公共服务又成为协调经济与社会发展的重要力量，这是丹麦诠释的灵活安全性的"国家产业关系"模式。相比之下，荷兰属于保守主义的大陆福利国家，素有严格保护正规就业的传统，因此要推动劳动力市场的灵活化，比较权宜的方式是尊重和允许非正规就业的发展，这是荷兰对产业关系的灵活安全性的另一种诠释。

各国的社会和政治历史是难以被复制，也是很难被精准量化的，因而由其决定的产业关系模式也是难以脱离国家土壤来理解，或是通过"简略"的指标体系加以描绘或衡量的。尽管各国在优化劳动力市场运行模式、完善社会福利制度等的过程中，能够借鉴丹麦与荷兰的成功经验，但这种参考可能更多的是一种政策理念的提升，即始终秉持"保护人，而非工作"的发展哲学，而模式的最终形态仍需要在本国的历史背景和传统规则的基础上进行探索和实践。日本社会事业大学教授大桥谦策认为，20世纪"福利国家"的发展模式是以就业者的收入保障为主体，以社会保险为主轴为特征的。一些发达国家依此建立起来的"福利国家"模式，由于诸多原因，目前已经或正在面临许多挑战。

对于发展中国家而言，发达国家建立"福利国家"模式有许多经验和教训值得借鉴。一方面，发展中国家没有充足的时间去建构一个发达国家曾经建立的政治结构和社会结构，这是发达国家"福利体制"的基础；另一方面，发展中国家在当今面临频频发生的短期和长期劳动力的国际转移，金融和贸易全球化，在国家的产业结构和就业形势受国际因素影响严重的条件下，如何建立国家的福利模式没有经验可循。

2. 劳动关系运行的文化动力

社会稳定与社会和谐是现代国家的根本政策目标，市场与经济发展则是实现这一根本政策目标的手段。显然，没有生产力和竞争力的提高，就不可能实现社会稳定和谐的目标。经济目标与社会目标的协调推动了国家的发展与进步。一国除了要在经济增长和社会和谐之间实现平衡之外，社会公平、合理的收入分配、安全的就业、妥当的工作保护等并无统一的"客观"标准，而社会心理、历史变迁、主观感受、传统文化等成为影响这些判断的结论的重要因素。即使是像欧盟成员国这样对此问题经过多年对话和讨论的成熟工业化社会，一般民众对社会公平和劳动力市场安全性状况仍然具有很大的偏见。正如 OECD（2007）报告所指出的那样，"关于居民收入分配问题的认识是带有一定价值观和意识形态取向的，不同人群对此问题都存在一定的偏见，并不能根据数据及其分析得出相应的判断。"因此，收集、整理和发布劳动力市场相关数据，提高市场和社会状况的透明度，对于任何希望实现经济增长和社会稳定的国家而言，都是必须重视和认真对待的工作。只有在信息充分的基础上推动形成主流民意，才能尽量消除偏见对认识劳动力市场运行状况和解决灵活安全性问题的负面影响。

历史形塑了一国的产业关系模式，但若要实现模式的流畅运行，则需要来自于传统文化与公民素质的支撑。社会公德（public-spiritedness）也即公民素质，是社会成员凭借其公民身份，参与社会经济和政治生活时所表现出的共同品性及素养。不同的社会公德文化影响着灵活安全性模式的效能。经济发展与社会进步固然有赖于一套完备的制度框架作为保障，但良好的社会公德也同样重要。市场及其制度是决定灵活安全性模式发展的关键力量，但是社会公德是推动模式运作、实现制度自我完善的不可或缺的重要人文环境。丹麦与荷兰正是因为拥有了良好的社会公德文化传统，才成就了政府与社会伙伴间积极的合作模式，也才避免了由慷慨的福利计划所衍生出的道德风险难题。公民的社会道德根植于国家历史和文化传统之中，具有历史传承性，也因此体现着巨大的历史推动力。Algan 和 Cahuc（2006：80-81）就指出，如果一个国家的公民缺乏良好的社会公德心和历史责任感，那么即使该国有良好的制度设计，恐怕也很难形成灵活安全的劳动力市场和体面的就业状况。

3. 劳动关系平衡的社会机制

社会伙伴间的协商与信任是实现雇佣双方之间力量平衡的重要机制。劳动关系的状况以及模式的形成，究其根本，还是雇主与雇员之间利益冲突与妥协的结果。无论建立哪一种劳动关系模式，都需要协调好雇主与雇员之间的利益关系。随着时代进步和社会发展，雇佣双方间的冲突和妥协也在发生改变，其已不再表现为彼此利益诉求的"单边化"，即雇主看重灵活性、雇员需要安全性，而是更多地表现为了一种"多边化"，即雇主和雇员同时需要灵活性与安全性。鉴于市场主体需求的复杂化趋向，政府以"第三方立场"实施的利益裁断也难以获得"实质性平衡"，故而需要鼓励社会伙伴的参与，建立一种社会对话与协商机制。荷兰与丹麦之所以能获得高水平的灵活安全性，这在很大程度上要归功于两国高度协商的灵活性与广泛的协商议程（Anxo and O'Reilly, 2000）。丹麦也因此被喻为"协商型经济体的样本"（Madsen, 2006: 147）。

当然，要实现顺畅的沟通与协商，就离不开社会伙伴之间、社会伙伴与政府

第二章 西方国家劳动关系发展的经验观察——一个制度分析的框架

之间的相互信任。信任能促使双方加深对彼此利益诉求的理解和认同，从而推动合作的持续开展——雇主会从更长远的角度出发，为工人提供必要且合理的安全性，而工人及其代表也会在一定程度上重新认识安全性的含义，比如"增加工人的安全性并不威胁雇主的管理""工人所需的安全性绝非简单的工作安全而更应该是就业安全"等。

随着集体协商范围的扩大及程度的深入，劳动力市场上雇主与雇员之间相互博弈或磨合的领域也在逐渐增加，劳动关系中的灵活部分与保障部分的"分割"也会更加个体化。比如，雇主可以将灵活化战略同增加雇员安全性一并作为谈判议程，从而使雇员更乐于接受劳动力市场的灵活化。这是以"积极协调""综合谈判"及"正和博弈"等方式成就灵活安全性劳动力市场的最佳途径，也是最大限度维护劳资双方利益的制度选择。

4. 劳动关系发展的政府职责

灵活安全性是劳动力市场在制度和政策影响下实现的一种动态平衡。从欧洲国家产业关系模式向灵活安全性模式的演变轨迹就可以看出，劳动力市场制度在劳动关系发展的过程中已经发挥着越来越重要的作用。一国劳动关系（或谓劳动力市场灵活安全性）模式的特征表现，会因为政府在某个时期的某种政策选择而发生改变，也即国家模式的（相对）变动性。20世纪90年代，丹麦政府出台了宏大的积极的劳动力市场政策（ALMP），其在就业与失业两方面同时发挥出了强大的鼓励与限制作用，从而刺激了工人的流动。此时，积极的劳动力市场政策放大了丹麦劳动力市场中的就业安全性因素，而弱化了之前针对个别劳动者的就业保护。

劳动力市场治理权力的下放是政府推动灵活安全性模式持续发展的积极作为。国家层次的立法和协议不必过于具体和详尽，更多的应是宏观上的控制、引导和促进，而地区、产业及企业层次的集体协商将获得更大的空间。这种战略称为"反射性治理"（reflexive governance），相比与之对应的"适应性治理"（adaptive governance），将更有利于实现政策公平性（Van der Meer et al., 2003）。分权协调模式在小型国家比较容易实现。例如，荷兰与丹麦两国的政府都下放了中央对劳动力市场的政策权，使得集体谈判的各参与方、地方性组织、企业、劳动者等在协调各自灵活性与安全性的需要上，获得了更大的自由度。自主协商的程序还为两国带来了更好的经济绩效。当然，需要注意的是，劳动力市场治理权的下放必须同中央政府强有力的协调能力相结合。

国际市场和政治环境的不断变化影响着各国产业关系状况及其模式的效能（主要表现为劳动力市场的灵活安全性），也考验着政府进行劳动力市场服务管理的智慧和能力。"有利的"经济和劳动力市场状况会使工人及其代表获得更多的谈判权，不利的地位和境况会被暂时弱化。而在经济低迷期，劳动力市场的灵活性"占优"，不平等的地位会妨碍社会伙伴间的对话与协商，此时政府出台的旨在提升安全性的社会政策会十分必要和有效，但政策的设计与实施可能不太容易。各个国家由于历史条件、政治发展、经济特征等的不同，劳动法律制度的立法历史和实践也不尽相同。但至少有三点已经达成了共识，值得我国思考和借鉴。

其一，在公共服务供给制度设计上避免出现"逆功能"，这种"逆功能"的直接表现就是社会问题。为此，政府一方面应尽可能地提供公共服务来满足居民对于物质和文化的需求，另一方面，要尽可能地通过确保公共服务供给的公平性来减少社会问题的产生。公共服务和社会管理相互关联，不可分割。根据发达国家包括日本和韩国的经验，设计社会福利体制的关键就在于避免两极分化。过去一百多年发达国家两极分化的历史表明，所有国家目前的社会福利体制建设都没有从根本上解决避免两极分化问题，而该问题已经超出了社会福利体制本身。

其二，在福利体制和机制建设上要避免财政负担过大，保持民生事业的可持续发展。当前，我国考虑民生问题，包括医疗卫生、收入分配、就业、养老保险、住房、最低生活保障等，既要从当前人民群众最关心、最迫切、最现实的问题出发，又要借鉴国际经验，从国家的长远利益和可持续发展出发，通过与规划、财政、人力资源和劳动保障、民政等相关部门通力合作，公众的积极参与，不同学术背景学者的努力，来设计合理、合情、可持续发展的民生事业发展方式，避免重复现行国家的老路。

其三，不同形式的产业关系表现为就业的不同程度的灵活性与安全性状况，这需要差异化的社会协商机制作为支撑。政府应该具有问题预见能力，在进行产业关系模式（或灵活安全性模式）的调整或完善之前，就可以富有远见地为实现灵活性与安全性的新平衡，而创设新的制度安排和组织条件，或为旧机制植入新的角色。比如，战略性地推进社会保障事业的全面协调可持续发展，突破体制障碍，创新社保事务的经办与服务机制，实现政策衔接、制度融合和体制整合，维护社会的公平、正义、稳定与和谐。

第三章　中国劳动关系发展问题的研究述评

引言

劳动关系是生产关系的重要组成部分，是人类社会最基本、最重要的社会关系之一。劳动关系的起源可以追溯到18—19世纪发生的三场革命，即工业革命、民主革命和资本主义革命，以及由这三场革命所引发的劳资矛盾与社会问题。自此之后，各国对劳动关系的关注和研究就从未停止过，并且伴随着实践的逐步演化，人们对劳动关系的内涵、性质特征、影响因素、变动规律和发展趋势等的认识也在不断地系统和深入。

观察西方国家劳动关系的发展，可以发现冲突和劳动之间始终存在着密不可分的联系。无论从英国还是世界范围看来，目前是劳资冲突普遍显著处于低潮的一个历史时期。但是即使如此，雇主和雇员间冲突关系的重大意义都丝毫未减（William Brown，2009：112）。于是，大多数研究者都将研究的切入点定位在如下的认识上，即劳动关系的演进过程实际上就是协调劳动力所有者和使用者利益的共同性的过程。基于对这一点的认识，传统的围绕劳动关系发展问题的研究大都聚焦于两个方面，一是对劳动关系主体及其功能的探讨，二是对劳动关系调整制度的思考。由于前者在受到政治、经济和社会环境的影响之后，会不断调整自身的位置、功能以及与其他主体的关系，而后者则要为适应不同的外部环境和劳动关系主体的需求而不断优化与更新，因此，劳动关系的研究也呈现出了时空性与动态化的特点。一方面，劳动关系的核心是发生在工作场所中的雇佣关系[①]，研究的起点始于对组织的性质的探讨，进而可延伸至劳动关系如何作用于经济社会发展的微观领域；另一方面，劳动关系不可能也不应该与外部环境相隔绝（Salamon，1992），研究的过程紧密地同经济、社会和政治等的状况相联系，使得产业结构的调整，劳动力构成的变化，政府承担教育、健康、社会保障和其他

[①] 根据 Allan（1974）的观点，雇佣关系是由两类关系组合而成的，一种是市场关系，另一种是管理关系；前者包括工资、工作时间、休假、退休金等与劳动力市场价格有关的事项，后者则决定了在劳动过程中，劳动者必须按照雇主的安排运用他们的体力和脑力。

社会服务的责任的程度等,都成为直接影响劳动关系走向的宏观领域的活动因素。20世纪90年代以来,以"反全球化运动"的爆发为标志,劳动关系的演变特别是经济全球化背景下劳动关系的发展趋向及可能出现的问题和应对措施成为国内外理论和政策研究领域的一个关注重点。

总体来看,国内外围绕劳动关系变动与发展的研究主要依循三条线索展开:一是考察劳动关系主体[①]的转变及其对劳动关系运行的影响;二是考察劳工标准[②]的实施及其与劳动关系发展的关系;三是考察劳动关系协调与矛盾处理[③]的状况及其在应对劳动关系变化过程中的得失与挑战。考虑到上述三条线索在实质上都与劳动关系运行过程中各种内、外部因素的变化和作用不无关系,因而,按照这一逻辑起点,本研究拟从四个方面建立研究综述的主线,对相关主题文献的观点和结论作一梳理和概括。第一,总结劳动关系发展问题的研究依据;第二,归纳影响我国劳动关系运行的因素及其作用结果;第三,综述针对我国劳动关系发展现状与趋势的分析展望;第四,讨论破解我国劳动关系发展问题的主要政策建议。在本研究的最后,将对现有研究文献再作一简要评述,并说明进一步研究的方向和重点。

一、劳动关系发展问题的研究依据探讨

(一) 劳动关系发展问题研究的理论视角

几个世纪以来,为使劳动关系运行同经济社会发展目标相一致,发达国家在调整劳动关系方面进行了不懈的探索和改进,并在此基础上产生和发展了一系列的、现代的劳动关系理论。综合现有的研究文献,聚焦劳动关系发展问题的研究主要从以下四个理论角度展开:

一是以劳动关系理论学派的观点为支撑进行讨论。基于不同立场和对现象的差别认识,西方学者就劳动关系运行与调整问题得出了互不相同的结论,并形成了较具代表性的五个学派[④],即新保守派、管理主义学派、正统多元论学派、自由改革主义学派和激进派。程延园(2002)、钱箭星(2009)等指出,由于这些学派在看待员工与管理方之间目标和利益差异的重要程度、雇佣双方的力量分布

[①] 劳动关系主体包括劳动者、企业雇主、工会和政府。
[②] 劳工标准包括就业状况、工资和工时、社会保险、职业安全卫生、女职工和未成年工等内容。
[③] 劳动关系协调与矛盾处理包括劳动法制、集体合同、劳动合同、职工民主参与、个别劳动争议、集体劳动争议、集体行动等内容。
[④] 这是国际上较为普遍的划分方法。也有学者(比如,肖文韬,2010)提出,研究劳动关系问题主要有三个学派,即制度学派、人力资源管理学派和根植于马克思主义传统的批判劳资关系学派。

和冲突的作用，以及工会的作用等方面各执一词，使得其在对劳动关系走向的分析判断以及问题治理的思路上大相径庭。

二是以劳动过程的理论分析为依托进行讨论。通过对劳动过程的理论性探讨，研究者可以探寻到劳动关系形成和变化的原因。顾光青（2009）在总结前人关于劳动过程问题的理论观点的基础上，提出了五个比较有代表性的成果。其一，劳动价值论揭示了资本剥削劳动的奥秘；其二，资本掌握劳动过程控制权以至于资本与劳动的矛盾形成；其三，劳动抗争改变资本管理策略；其四，福利激励的使用缘于资本必须依赖劳动的能力和潜力；其五，引导劳动与资本的利益认同。顾光青（2009）认为，依据不同的理论成果，将在认识劳动关系变迁、劳资关系协调与劳资冲突治理等方面存在一定的差别。实际上，立足对劳动过程变迁的描述和解释，可以为判断劳动关系趋向提供三条探究的线索，即劳资利益协调的状况、劳资矛盾管控的程度和劳动制度建设的取向（游正林，2006）。

三是以劳工政策的理论框架为牵引进行讨论。劳工政策是社会政策之一，是由政府制定的、用以保障劳动者基本权益的各类法律、法规和条例等。分析劳工政策的理论框架可以为展望劳动关系的演变奠定一种理论思路（常凯，2005）。佟新（2008）将近年来劳工研究的理论发展归纳为四个方面，即公民权或公民社会视角、文化视角、阶级视角和后现代主义视角，并指出，由于这些理论是从国家与社会关系、文化和意义符号、利润和财产关系，以及性别、阶级和城乡关系的重叠等方面来理解劳工状况，使得对劳工政策具有不同的优先权取向，而这也将深刻影响着劳动关系的运行与发展。

四是以劳动关系协调理论为导向进行讨论。在劳动关系发展过程中，劳资冲突是难以避免的，但也可能存在一些共同的目标，这就为治理劳资冲突奠定了基础，还有助于预期劳动关系的走向（顾光青，2009）。肖文韬（2010）从理论上归纳了三种协调劳动关系的途径：其一，遵从制度学派的观点，强调工会和政府管制的积极作用，推动劳资之间的相互承认、妥协与合作；其二，因循劳动关系系统论和系统平衡理论，注重市场规则体系建设，力求使劳资把握冲突代价与收益的度；其三，应用人力资源管理、激励、利益相关者治理等理论，将劳动关系管理引入企业实践。

（二）中国劳动关系发展问题的研究依据

发轫于西方国家的劳动关系理论，伴随着这些国家经济社会发展的历史进程，以不断适应外部环境和劳动关系主体需要为目标，得到了动态的补充和丰富。然而，相比之下，我国聚焦劳动关系特别是劳动关系发展问题的研究尚处于起步阶段①，目前还难以概括出本土化的劳动关系理论和思想。从现有的研究文献看，我国研究者在劳动关系发展问题上的探索，主要以差别的理论基础和研究方式作为标志，而上述两个方面也成了研究者把握和诠释主题的重要依据。

首先，在理论基础方面可以大致划分为两个方向：一是借鉴马克思的阶级冲突理论，对当前及今后劳动关系状况作出新的理论性解释（比如，石秀印、许叶萍，2005；黑启明，2008；姚先国，2009）；二是立足西方经济学理论，对当前劳动关系发展态势进行评述（比如，刘涛，2007；孟令军，2007；韩金华、孙殿明，2008）。葛伶俊和张磊（2008）在评价我国劳动关系研究状况时认为，由于我国有关劳动关系发展的理论研究相对不足，仍处在引用、介绍西方劳资理论的阶段，这就导致对当下及今后劳动关系的判断乃至给出的政策建议都难免带有一定的"西学"色彩。

其次，在研究方式方面可以大致划分为三个工具：一是基于一元化观点，倡导通过人力资源管理化解劳资之间的利益矛盾（比如，郑凌燕，2006；曹超，2008）；二是基于多元化观点，运用系统研究方法②，全面剖解劳动关系主体间的利益差异和冲突、矛盾的表现形式与协调处理矛盾的机制，以及规范各方主体行为的规则等（比如，常凯，2009）；三是基于马克思主义观点，强调以劳动过程控制（或称为劳动过程设计）削弱雇员对管理的抵制（比如，常凯，2004；石秀印、许叶萍，2005）。通过比较上述三种研究方式，李琪（2008）指出，产业关系系统论及其所应用的系统研究方法是产业关系学理论体系中最富生命力，且在国际劳动关系研究中被广泛采用的基本理论和方法，由于其与劳动关系研究的动态性相契合，因而对于分析我国劳动关系问题具有较强的适用性。

二、中国劳动关系发展的相关主题研究

中国劳动关系研究发轫于 20 世纪 80 年代中期，并自 90 年代中期以后逐渐被学界所关注。2000 年以来，劳动关系问题已经成为社会热点问题之一。国内外研究者从不同学科和不同角度出发，对中国劳动关系发展过程中的相关问题进行了大量深入而细致的探讨。

（一）关于劳动关系主体的研究

劳动关系的直接主体，包括作为劳动力提供者的劳动者和作为劳动力使用者

---

① 常凯（2009）认为，我国劳动关系的研究开始于 20 世纪 80 年代中期，并于 90 年代中期以后开始被学界所关注。

② 根据李琪（2008）的观点，这种研究方法也称为产业关系的投入—产出研究方法。

的雇主。已有的研究文献除了涉及两个主体的形成及特征以外，还重点讨论了现阶段中国的劳方与资方的阶级性问题，也即劳资双方究竟分属于两个阶级①（class）还是阶层（stratum）。在中国，与雇主这一概念相近的还有"资本家""企业主""经营者""用人单位"等概念②，并且它们经常被研究者们混用。戴建中（2001：336-337）就曾指出，中国的雇主阶层是在改革开放中产生和发展起来的新的社会阶层，并且关于这个阶层的形成与特点，现有的研究文献大都从社会结构和分层的角度切入。比如，就私营雇主的性质而言，一种意见（比如，阎志民，2002：196）认为，私营雇主"具有二重性，既是劳动者，又是剥削者。大多数私营企业主亲自参加管理，同时，他们又有无偿占有工人剩余价值的一面"；而另一种意见（比如，黄如桐，2000：63）则认为，私营企业雇主"是为了追求利润，为了剥削，所以他也不是劳动者"。

与"雇主"相对应的概念是"劳动者"。在市场经济条件下，我国劳动者的最主要的特点就是他们并不占有任何生产资料，而是以自己的劳动力介入生产过程并由此获得生活来源，所以，被雇佣是市场经济条件下劳动者在经济上和法律上最基本的特点（常凯，2005：153-155）。在中国的改革进程中，劳动者已经由计划经济时期的"领导阶级"下降至社会结构的底层。③ 那么，在现今时代，中国的劳动者群体到底是一个"阶级"还是"阶层"呢？由于阶级概念具有政治色彩，现有的研究文献更多地选择使用了"阶层"这一概念（比如，李春玲，2005：536-542；沈原，2006）。实际上，对于这个问题的争论，症结点并不在于

---

① 列宁的定义是："所谓阶级，就是这样一些大的集团，这些集团在历史上一定的社会生产体系中所处的地位不同，对生产资料的占有关系（这种关系大部分是在法律上明文规定了的）不同，在社会劳动组织中所起的作用不同，因而领得自己所支配的那份社会财富的方式和多寡也不同。所谓阶级，就是这样一些集团，由于它们在一定社会经济结构中所处的地位不同，其中一个集团能够占有另一个集团的劳动。"（引自《列宁选集》，1985年版，第四卷，第10页）这一定义尽管带有十分明显的时代局限性，但是利用经济关系界定阶级的方法，仍然是关于阶级分析的最基本的方法。

② 在中国的劳动法律中，"用人单位"与"劳动者"是相互对应的一对概念。"用人单位"的概念是沿用了计划经济时期的称谓，因为在当时全部公有制的情况下，国家才是最终所有者也是最终的雇主，而所有的工作者，无论是管理者还是劳动者，是工人还是干部，都是被雇佣者。然而，用人单位是一个组织，而非是一个自然人，这就导致在法律意义上的劳动关系的构成，出现了"资方找不到自然人"的现象。在近年来的劳动关系立法中，已经有大量研究者建议应该在劳动法律中启用"雇主"的概念，但立法机构考虑到社会的接受程度及其他的因素，认为目前时机还不成熟。尽管如此，在目前中国国内的劳动法律教学研究以及实际生活中，"雇主"已经是一个被普通劳动者熟识且广泛使用的概念。

③ 《当代中国社会阶层研究报告》（陆学艺主编，社会科学文献出版社，2005年版，第9页）指出，对于当代中国社会十大社会阶层的划分，产业工人的社会经济地位明显下降，这一阶层的主体位居十大阶层中的第八阶层——产业工人阶层，这一阶层中的相当一部分，位居十大阶层中的第十阶层——城乡无业、失业、半失业者阶层。

概念本身而是在于对事实的判定，也就是说，在中国的社会结构中是否还有阶级和阶级冲突的存在（常凯，2009：11）。于是，当研究者们讨论中产阶级和私营业主阶级时，一个既定的前提就是已经承认了工人阶级的存在，而承认了剩余价值也即承认了阶级矛盾。许叶萍、石秀印（2006：27-39）指出，中国工人阶级是否形成与体制导向直接相关，"如果工人的行动被导向体制内，为现存体制所容纳，那么工人阶级就不会形成；否则工人阶级难免会形成"。但是，常凯（2004）则认为，工人阶级的形成和存在是一种客观经济现象，政府政策只会影响这一群体对政府及社会的认知和行动，并不能阻止其形成。

此外，工会组织也一直是中国劳动关系研究和争论的一大焦点，而工会争议的主要问题就是关于中华全国总工会的身份及其作用。常凯（2005：48）提出，法律规定了工会应该是劳动者的代表，但目前工会的实际状况还没有实现这一法律要求，工会领导基本上仍由上级或行政委派，主要向上级而不是工人负责，中国工会仍然是行政化组织。而张静（2001）则认为，中国工会不单独代表劳动者利益，而具有中介性，是"连接国家和自己所代表的社会成员的中介性组织"；冯同庆（2005）也提出，工会具有利益代表共同性，除了代表工人，还代表政府和企业利益。工会除了利益代表性，更具有社会功能性，是协调各社会利益群体的组织。对于自身的定位问题，全国总工会（2007）则提出"以职工为本，主动依法科学维权"的中国特色社会主义工会维权观，并且坚持"促进企业发展、维护职工权益"的企业工会工作原则，是在企业层面树立和落实中国特色社会主义工会维权观的具体要求。

（二）关于劳动关系性质的研究

常凯（1995）认为，转型过程中的中国劳动关系，是一种不规范的市场化的劳动关系，由同志式的合作关系到劳资利益分化的雇佣关系，是这种劳动关系的基本特点。冯同庆（2004）也指出，通常工业化过程中激烈的劳资对抗在中国的局部出现了，却没有波及全局。在今天的中国，劳动与资本之间不仅产生了更多的冲突，而且还在谋求更多的合作。另据劳动科学研究所《转型时期中国劳动关系问题研究》课题组（2004）的观点，中国市场化的劳动关系，即民营企业的劳动关系，在很大程度上属于原始积累市场经济的劳动关系，是典型的资本对劳动者控制和压榨的劳动关系类型。[①]

全国总工会课题组（2005：19-20）认为，构建"中国特色社会主义新型劳动关系"具有重要性和紧迫性。"中国特色社会主义新型劳动关系"具有利益关

[①] 郭悦. 转型时期中国劳动关系研究. 大军智库经济咨询有限公司网站，2004-01-09，http://www.dajunzk.com/laodongguanxi.htm.

系的一致性与合作性的特征，这主要体现在劳动关系的主体双方在根本利益一致的基础上，尊重和承认利益差别，追求合作共赢。这种"新型劳动关系"还具有运行机制法制化与规范化、协调方式自主性和市场化的特征。由于上述特征，使这种劳动关系成为区别于任何其他类型劳动关系的、适应中国社会主义初级阶段基本国情要求的一种劳动关系。乔健（2007：35）进一步指出，中国目前正在构建和谐劳动关系，除强调其性质具有一致性与合作性的特征外，具体做法是强化国家对劳动关系的积极干预，通过宏观层面上的法律建设，规范劳动关系双方的权利与义务，实现公平和正义。由于中国工会目前在集体劳权方面的缺失和组织结构的不适应，劳资双方自主协调劳动关系的格局尚未形成。

（三）关于劳动标准的研究

劳动标准是劳动关系研究争论的另一个重要主题。在 2006 年围绕《劳动合同法（草案）》的社会讨论中，争论的焦点就在于劳动标准的高低问题，具体内容涉及无固定期限合同、劳务派遣、解雇限制等法条。虽然参与讨论的研究者都是以"加强保护劳动者权利"为基本出发点，但是仍然可以将他们的观点区分为两方，即以常凯为代表的"劳方意见"和以董保华为代表的"资方意见"。[①]

董保华（2007）认为，目前的劳动合同法是"贵族劳动者"保护法，只有处于企业上层地位的劳动者可以获益。目前中国劳工标准太高，尤其草案中"部分标准世界罕见"，并主张降低劳动行政部门对用人单位的干预程度。另外，魏杰（2004）、韩国强（2006）等也指出，若以比较优势论为依据，经济学界所普遍主张的中国具有的最大的比较优势就应该是廉价的劳动力，因此，中国应该老老实实地做世界加工厂，劳动者也应老老实实地当国际打工仔。

对于前述学者所谓的中国劳动标准过高的观点，常凯（2006）则认为，判断劳动标准的高低，应该将国家的劳动标准看成一个系统，仅就个别项目、条款进行比较是没有意义的。如果把工资收入、职业稳定、社会保险水平、职业安全状况、职业培训等指标综合起来，那么我国的劳动标准不仅在国际上属于低水平，就是在国内经济和社会权利体系中也是处于比较低的状况。所以，中国应该逐步提高劳动标准。

（四）关于政府作用的研究

王一江（2004，2006）以西方经济学中适用于完全竞争市场的模型，分析了中国的劳动关系发展状况，认为强调"劳工参与"和"政府干预"将长期造成高失业，这实际上并不利于劳工。类似的论点还出现在作为中国"主流经济学派"

---

① 具体内容可以参阅：劳动合同法应"广覆盖"中下层劳动者. 中国青年报，2006-04-15；或者，劳动合同法（草案）二审：常凯、董保华再争锋. 中国经济时报，2007-01-15。

的新自由主义（Neo-liberalism）学术主张中，比如对于最低工资制度作用的判定。张五常（2004，2006）就先后撰文指出，最低工资"是一种价格管制"，其直接的不良效果屡见经传，更"阻碍了合约的选择"。①

然而，对于中国政府是否"过度干预"劳动关系的怀疑，另一种观点则认为，这种干预并非是对劳动关系的"过度"干预，而更应该说是对劳动者的"保护不力"。在我国，由于劳动力市场不规范、劳动关系双方主体的发育和组织程度均处在幼稚期，特别是还没有一个能够代表劳动者的工会组织，所以必须强调政府在劳动力市场和劳动关系运行中的主导作用（常凯，2004）。而围绕最低工资制度的争论，这一方的观点（比如，徐小洪，2005）也指出，这一制度在中国是行之有效的，因为中国规范部门工资高于均衡工资，更高于最低工资，而不规范部门实际上是雇主垄断型劳动力市场，尤其需要规制。

三、影响中国劳动关系发展的主要因素及其作用分析

（一）经济全球化的影响

20世纪70年代以来，经济全球化逐步成为冲击劳动关系的最主要的力量之一（余晓敏，2006；肖文韬，2010）。对于经济全球化给劳动关系发展带来的影响，现有的研究文献主要关注到以下三个方面：

一是劳动关系的发展方向与调整模式。陈诗达（2006a）指出，随着经济全球化步伐的加快和中国入世，外商进一步加紧了在华投资扩张的步伐，跨国公司的迅猛发展，将带动我国劳动关系的日益国际化。结合欧美国家劳动关系发展的实践，石秀印（2008）认为，经济全球化将改变劳动关系上已经建立起来的灵活性和安全性的平衡，在替代、竞争和波动等三个机制的作用下，推动各国的劳动关系朝着灵活性的方向调整。根据《管理@人》编辑部（2010）对韩智力的演讲整理，韩智力指出，经济全球化使我国劳动关系调整模式日益国际化，政府应对贸易规则和国际劳动标准做出承诺，并鼓励多元主体参与劳动关系的过程。

二是劳资力量的对比和政府公共政策的选择。陈诗达（2006a）认为，经济全球化的发展和我国加入WTO，要求我国劳动关系的运作必须符合国际通行规则和公认的国际劳工标准及惯例，这将必然改变原有制度条件下的劳资关系状况。钱箭星（2009）指出，经济全球化时代劳资双方都面临新的变数和挑战，生产要素流动性的不对称和诸种因素强化了资本愈强、劳动者愈弱的趋势；此外，

---

① 具体内容可以参阅：有没有必要实行最低工资制. 江南时报，2006-09-14；或者，最低工资种祸根，http://view.news.qq.com/a/20070422/000006.htm.

全球化使劳动力市场变得越来越灵活,劳动力市场政策不仅要顺应生产方式和生活方式的变化,而且要以更大的保障来换取劳动力的灵活性——"灵活保障",即加强对劳动力市场政策的投入以实现劳动力的"保护性流动"。

三是劳资关系格局改变与劳工运动的走向。岳经纶和庄文嘉(2010)对沿海地区三家企业进行了个案研究,发现全球化正在改变我国传统的由政府、企业和工人三方参与的劳资关系格局,并使之朝着网络化发展;并且,这种新的劳资关系格局,既非以国家为中心,更不是以劳工为中心,而是一种多元行动者构成的网络化关系。余晓敏(2006)认为,全球化使劳工权益呈现多元化,而20世纪90年代以来的"反血汗工厂/公司行为守则运动"作为关注劳工问题的新社会运动,代表着全球化背景下劳工维权和劳工赋权的第三条道路。

(二) 经济转型的影响

改革开放使我国进入了一个由计划经济向社会主义市场经济过渡的经济转型期。在经济转型发展进程中,一些体制性因素对劳动关系的变化和发展产生了重要而深远的影响。综合相关研究的观点,这些体制性因素主要有以下三个:其一,经济所有制结构的调整,特别是国有经济产权制度改革和现代企业制度建设;其二,劳动用工制度改革和劳动力市场的发育;其三,分配制度和保险福利制度的改革。对于上述体制性因素给劳动关系发展带来的影响,现有的研究文献主要探讨了以下两个方面问题:

一是劳动关系的形态与转型。常凯(2004)、陈诗达(2006a)等指出,改革开放以来,私营、外资等各种类型的非国有经济取得了很大发展,并成为吸纳城镇就业的主要力量,也使得劳动关系的形态呈现出了多样化和复杂化。除了依据不同企业类型而出现的各色劳动关系,乔健(2007)认为,经济结构调整和劳动用工制度改革也是灵活、松散、非正规和多重劳动关系等出现的重要始因。实际上,我国在向社会主义市场经济转型的过程中,劳动关系也在经历着由行政化的劳动关系向市场化的劳动关系的转变过程(陈诗达,2006a;乔健,2007;常凯,2005,2009)。

二是劳动关系主体的确立与利益分化。回顾浙江省劳动力市场的发育历程,陈诗达(2006a)认为,随着社会主义市场经济体制的确立,我国劳动者和用人单位已成为相对独立的经济主体,两者主要通过劳动力市场进行"双向选择",确立双方的劳动关系。乔健(2007)则更为明确地指出,经过劳动用工制度改革和劳动力市场建设,各类企业作为劳动力市场需求主体、劳动者作为供给主体的地位已基本确立,企业自主用人、劳动者自主就业的双向选择机制初步形成。当然,在政府、企业和劳动者的利益关系得到明确的同时,随着用工制度、分配制度和保险福利制度等改革的推进,劳动关系主体内部利益差别化的趋势也将不断扩大、利益冲突将更为直接和尖锐（姚先国、赖普青，2004；洪泸敏、章辉美，2009）。

（三）经济发展的影响

经济发展水平是影响劳动关系的重要因素，发达国家的经验表明，在经济处于不同发展阶段时，劳动关系具有不同的特征（郭金兴，2008）。对于经济发展给劳动关系发展带来的影响，现有的研究文献主要关注到了以下两个方面：

一是劳动关系的运行状况。郭金兴（2008）研究发现，在经济转型较快、经济发展水平较高的省区，劳动争议案件的数量较多且发生频率较高，因此，经济转型与经济发展的差异是形成劳动争议省际差异的主要原因；同时，该项研究也揭示，经济增长速度与劳动争议案件发生频率呈现负相关关系，这表明在经济增长较快的时期，劳动关系会趋于缓和，而如果经济增速放缓，那么劳动关系将会趋向紧张。张秋惠和于桂兰（2010）也认为，经济规模与劳动争议之间存在正相关关系，国内生产总值的增长率越快，则劳动争议数量的增长率也就越快。曹可安（2010）透过分析集体劳动争议明显上升的原因，指出国际金融危机对我国经济产生了较大影响，造成部分企业生产经营出现困难，导致劳动关系的不稳定性增加，劳资关系进一步恶化。

二是劳动关系的发展方向。张建武和李永杰（2003）立足深圳经济特区劳动关系的演变历程，指出生产力水平的较大发展是促使新型劳动关系产生的一个最终条件。一方面，经济发展推动产业结构变化，带来劳动关系的新变化；另一方面，信息技术的进步以及弹性就业、阶段性就业等就业形式的出现，为劳动者与多个企业发生劳动关系创造了条件，使劳动关系朝着多元化的趋势发展。结合浙江省经济发展的影响分析，陈诗达（2006a）认为，随着该省以第二、第三产业为主体的产业结构的形成，就业形式正日益多样化和灵活化，导致劳动关系呈现出非正规、动态和不稳定的特点，更有短期化的趋向。吴清军和许晓军（2010）则提出，信息技术和信息网络的发展和应用，增强了劳动者的维权意识和在维权过程中的学习能力，一旦矛盾酝酿到一定程度就容易爆发劳资冲突，未来我国劳动争议将呈现群体化、集中化、突发性、对抗性，甚至是暴力性的发展趋势。

（四）劳动关系主体的影响

劳动关系主体也即劳动关系的参与者。理论上，劳动关系主体由劳动者与工会、雇主与雇主组织、政府三方构成。有关劳动关系主体对劳动关系发展的影响问题，是当前我国劳动关系研究中一个重要的领域和方向。考虑到本项研究的主旨需要①，研究综述主要就劳动者、工会和政府的影响研究成果作一整理。

1. 劳动者的影响

在劳动者的影响研究方面，现有的研究文献主要关注由劳动者的人口统计特征（比如年龄、文化程度、来源地等）和价值观念，以及它们的变化等所带来的对劳动关系发展的影响。张建武和李永杰（2003）结合深圳劳动关系发展状况指出，不同来源及不同素质（包括文化、技术等）的劳动者与用人单位之间谈判的力量是不同的，外来劳动力与本地劳动力在劳动关系上体现的权利和义务也是不同的。姚先国和赖普清（2004）利用浙江省的企业调查和农村劳动力流动调查数据，考察了劳资关系的城乡户籍差距，发现人力资本水平差异、就业企业差异和农民工受到的户籍歧视，是导致城乡劳动者在劳资关系各方面存在较大差异的决定性因素。杨正喜（2008）以珠三角地区农民工为例，认为由于该群体的身份缺乏、文化素质低等，导致在就业中易受到雇主侵害，从而与雇主间的劳资冲突凸显。郭金兴（2008）测算了劳动力的教育水平对劳动争议发生频率的影响，结果显示前者的影响非常显著，以就业人口中非文盲的比例作为衡量指标，劳动者总体的教育水平在所有的计量模型中均具有显著的影响，这一比例每上升1个百分点，将使劳动争议发生的频率上升 $1.7\% \sim 2.2\%$，说明劳动者素质的提高是劳动争议案件增加的重要原因。

除了由劳动者基本特征差异带来的影响之外，因价值观念和意识形态的改变而带来的影响也在近几年备受研究者的关注。杨建华和张秀梅（2009）将浙江省农民工的劳动关系状况同其他社会群体的情况进行了对比，发现前者不容乐观，但同时，农民工的维权意识已经明显增强，而且维权方式倾向理性化。就近年来劳资群体性事件在我国频繁出现的问题，吴清军和许晓军（2010）认为，工人维权意识的增长是一个重要原因。与传统农民工相比，新生代农民工的文化和职业教育水平有很大提高，平等意识、维权意识和维权能力也明显强于前者，并且对维权态度的表达也由被动转为积极主张，一旦其利益诉求无法通过合法渠道得到解决，在外部因素的作用下就有可能导致极端行为的发生。

2. 工会的影响

在工会的影响研究方面，现有的研究文献普遍将讨论的重点放在了工会职能与作用发挥对劳动关系运行和发展的影响上。从总体来看，研究者对此问题的判断和结论却并不一致。对工会的影响持肯定（或部分肯定）态度的，比如，乔健（2008）通过对1 811名企业工会主席的问卷调查，发现维护工人权益已成为企

---

① 由于雇主与雇主组织的影响研究更多地是集中在组织管理和组织行为的微观领域，与本项研究拟设的研究目标和分析思路有一定的偏离，故而研究综述将重点放在考察其他两方主体的影响研究上。

业工会的基本职责，集体谈判、职工民主参与、劳动争议调解等适应市场经济要求的维权机制正在建立和完善，工会对会员的服务功能得到增强。吴亚平、乔健和李珂（2008）以第六次全国职工状况调查的情况为依据，指出建会单位和工会会员的权益保障要明显优于未建会单位及非会员职工，表明基层工会的维权工作具有一定的实效性，但该项研究也承认，基层工会在解决劳动关系问题上能真正发挥协商和谈判作用的渠道并不很多。此外，姚先国、李敏和韩军（2009）也认为，我国工会在改善劳动关系方面发挥了重要作用，从工资回报到各项福利，工会都在一定程度上提升了劳动者利益。

对工会的影响持否定（或部分否定）态度的，比如，夏小林（2004）调查了浙江省私营部门的工会情况，发现其目标和行为存在二元化结构偏差现象，没有或没有充分发挥维护职工合法权益的作用，以至于私营部门在劳资关系上不断发生种种严重的问题。王少波（2010）以通钢集团和林钢集团改制中出现的暴力事件为例，认为一些工会在企业层面是很难能够真正代表和维护劳动者合法权益的，在国企改制过程中，有些工会甚至连反映工人的意见和要求都做不到。吴清军和许晓军（2010）指出，从近期出现的一些劳资群体性事件可以发现，工人的组织性非常强，而工会并没有能够鼓励和帮助工人维权。李丽林等（2011）对2004—2010年我国典型停工事件进行了分析，也发现工会在协调劳资关系上的作用十分有限，极少数甚至还可能导致劳资双方矛盾的升级。

3. 政府的影响

在政府的影响研究方面，现有的研究文献主要探讨了我国劳动关系发展的理论指导与思想基础、劳动关系与利益调整的机制建设，以及政府处理劳动关系的行为等对劳动关系变化和发展产生的影响。陈诗达（2006b）认为，党的十六届四中全会提出的构建社会主义和谐社会的理论，为我国解决新时期劳动关系矛盾，发展不同利益群体合作，促进不同阶层和谐提供了思想武器；调节利益分配、维护社会公平的相关法律法规和保障机制正在逐步完善，为解决劳动关系矛盾，促进社会和谐发展，提供了科学依据和保证；随着政治民主制度的完善，以人为本的科学发展观进一步落实，促进建立以利益调节为核心的协调劳动关系的各项机制的形成。王长城（2006）指出，改革开放以来，政府积极探索建立符合社会主义市场经济体制要求的新型劳动关系调整机制，目前已初步形成以劳动政策基准、劳动合同管理、集体协商和集体合同、劳动争议处理为主要内容的劳动关系调整体制，初步实现了劳动关系调整的法制化、规范化，为建立稳定、和谐的劳动关系，促进国民经济和社会健康发展发挥了重要作用。2008年，我国劳动关系处理的宏观制度环境发生了根本性变化，罗明忠（2009）结合这一背景，指出相关法律制度的变化是导致不少地区劳动争议案件"井喷式"增长的重要原因。乔健（2010）以我国三方协调机制发展为例，提出政府在三方机制中发挥了主导作用，影响着三方协商的功能和解决劳动关系问题的效果。近年来，因集体协商"谈不拢"而引发群体性争议事件逐渐增多，狄煌（2011）就认为，相关法律法规的缺失以及规定的含糊不清是诱发根源。

除了理念与建制问题，政府在治理劳动关系上的行政作为情况也备受研究者的关注。夏小林（2004）指出，政府在治理劳资关系上的行为主要有法律法规的供给、劳动执法监察和对劳动权的保护；如果各级政府内部思想不统一，单纯追求经济增长目标的动机、行为压低或压倒了协调劳资关系的公共管理目标和作为，那么就会向自身利益和雇主集团利益倾斜，从而有损于劳动者权益，激化劳资矛盾。朱超（2004）也认为，基层领导的行政作风、在应对劳资矛盾冲突时的原则性、法治意识和工作方法等，对预防和消解基层劳动争议至关重要。郑尚元和李海明（2011）以南海本田停工事件为例，指出劳动行政部门平衡劳资利益的能力，以及行政执法的作为对劳资关系的发展影响很大。

（五）劳动力市场的影响

劳动关系是劳动力市场中两大主体即劳动者与用人单位在实现劳动的过程中所形成的一种社会经济关系，因而劳动力市场的状况也是影响劳动关系发展的一个重要因素。对于劳动力市场给劳动关系发展带来的影响，现有的研究文献主要从劳动力市场的供求关系、劳动力的流动性和劳动力的价格等三个方面进行了探讨。

首先，在劳动力市场的供求关系方面，浙江省劳动保障科学研究院（2003）指出，由于我国劳动力市场处于供大于求的局面，使得就业岗位成为稀缺资源，劳动者在用人单位的生产经营和企业管理中处于弱势地位，劳动者的权益易受到损害。王长城（2006）也认为，劳动力资源的供大于求，导致我国劳动关系中的利益摩擦主要发生在企业侵犯员工合法权益方面，并成为引发社会不稳定的重要因素。郭金兴（2008）以城镇登记失业率作为劳动力市场供求状况的衡量指标，发现其与劳动争议案件数量存在显著的负相关关系，说明当失业率上升时，劳动者面临更为不利的就业环境，劳动关系趋向缓和，反之，则劳动关系更为紧张。

其次，在劳动力的流动性方面，张建武和李永杰（2003）认为，市场需求的变化导致企业对劳动力的需求随时变化，进而也提高了劳动力的流动率，使得劳动关系的建立和运行方式差异化，劳动合同的内容更富灵活性。章小奕（2004）指出，随着劳动力跨企业、跨行业、跨地区，直至跨国界流动的日益频繁，导致劳动关系出现了明显的短期化态势。李月良（2010）通过分析烟台市外资企业的劳动关系状况也得到了类似的结论，该项研究认为，我国劳动关系的运行机制已逐步市场化，由于劳动力的流动频率加快，劳动关系已呈现出短期化的特点。

最后，在劳动力的价格方面，中国人民大学宏观经济分析与预测课题组（2010）研究发现，在金融危机的冲击下，以农民工为代表的低端劳动力工资仍不降反升，从而揭示了工资水平上升的趋势性现象，并认为，这将带动我国劳动力市场的劳资关系和工资形成机制的深刻变革。结合"民工荒"和近期的劳资矛盾，梁达（2010）指出，问题的根源在于我国的低劳动成本优势正在发生转变，劳动力价格的上涨对劳动关系的改善形成了一种倒逼机制。赵泽洪和尤强林（2011）也认为，劳动力价格反映了劳动力市场供求的稀缺性，进而影响劳动力市场力量，我国劳动力价格的上升会推动劳动关系进入到一个新的调整时期。

四、中国劳动关系发展的现状、问题与趋势分析

（一）中国劳动关系发展的现状及问题

改革开放以来，受到多种因素的相互作用，我国的劳动关系也在经历着变革与转型。对于现阶段我国劳动关系发展的状况，综合现有研究文献的观点，可以大致归纳为如下三个判断：

一是劳动关系的市场化已基本完成，但尚不规范。[①] 常凯（1995）认为，转型过程中的中国劳动关系，是一种不规范的市场化的劳动关系，由同志式的合作关系到劳资利益分化的雇佣关系，是这种劳动关系的基本特点。郭悦（2005）进一步指出，目前我国虽然已基本形成了市场化的劳动关系，并逐步占据了主导地位，但许多计划经济时代遗留下来的东西还需要清除，我国仍然面临一系列向市场化劳动关系过渡的任务；同时，在已经市场化的领域，原始的、野蛮的劳动关系盛行，劳资双方力量对比严重失衡，劳动者处境堪忧，劳资矛盾日益激化。乔健（2007）从制度转型角度进行的分析也得到了类似判断，该项研究认为，我国劳动关系向市场经济体制的转型已基本完成，劳动关系基本面的特征已演化为劳资关系，但由于市场化并不规范，也致使一系列加剧劳资冲突的问题出现。

二是劳动关系的法制化正逐步加强。改革开放以来，我国在与劳动关系相关的就业、工资分配、休息休假、职业安全卫生、社会保险、职工民主参与、劳动纪律、劳动争议处理和劳动执法监察等方面推进立法进程，劳动立法从数量到质量上比过去有了很大程度的提高（乔健，2007）。在向市场经济转型的过程中，我国已初步建立起以《劳动法》为龙头的调整劳动关系的法律制度体系，形成了劳动合同制度、集体协商和集体合同制度、劳动标准制度、劳动监察制度和劳动

---

① 该论断首先由中国人民大学常凯教授于1995年提出，时至今日仍得到研究者的普遍认同。

争议处理制度等协调劳动关系的法律规范（常凯，2005；王长城，2006；郑桥，2008）。

三是劳动关系的全球化已初见端倪。在经济全球化的背景下，我国劳动关系在主体结构、劳动标准、调整方式等方面也开始出现了国际化的趋向，即劳动关系的存在和调整，已经不仅仅是一个国家内部事务，而且直接受到国际经贸规则和国际劳工标准的影响和制约（陈诗达，2006a；肖文韬，2010）。国际劳工标准开始对我国的劳动立法和企业劳动标准的设置发挥直接影响，同时，我国协调劳动关系的手段也在更多地借鉴通行的国际惯例（乔健，2007；常凯，2009）。

受到外部环境以及新旧机制矛盾与冲撞的共同影响，我国劳动关系在演进和发展的过程中也面临着一些不容忽视的问题。从现有的研究文献看，研究者大都将讨论的重点放在了劳动关系主体和劳动力市场的相关情况上。

首先，在劳动关系主体方面，可以概括为以下四点：一是劳动者的文化素质较低、法律意识淡漠（姚先国、赖普清，2004；陈诗达，2006a；杨正喜，2008；刘秦洪、杨焕城，2009）；二是工会的代表性和独立性不强（夏小林，2004；常凯，2009；王少波，2010；刘泰洪，2011）；三是我国劳动关系协调机制建设不足（夏小林，2004；常凯，2009；曹可安，2010；狄煌，2011）；四是政府治理劳动关系的行政不作为或作为不当（夏小林，2004；朱超，2004；刘秦洪、杨焕城，2009；吴清军、许晓军，2010；郑尚元、李海明，2011）。

其次，在劳动力市场方面，可以概括为以下三点：一是供求关系失衡致使就业质量下降（王长城，2006；陈诗达，2006a；曹超，2008；洪泸敏、章辉美，2009）；二是劳动力的流动性受制于户籍、保险福利等制度（姚先国、赖普清，2004；孟兆敏，2008；郑风田、许竹青，2011；林涛，2011）；三是以工资集体协商为重要支撑的劳动力价格形成机制尚未健全（刘涛，2007；中国人民大学宏观经济分析与预测课题组，2010；郑尚元、李海明，2011）。

（二）中国劳动关系发展的趋势

当前，我国的劳动关系还处在深刻的变动之中，理性和准确地把握其未来的发展趋势，有助于我国制定一套科学合理的劳动关系制度，推动和谐、稳定的劳动关系的形成。关于我国劳动关系发展的趋势分析，现有的研究文献主要从以下三个角度给出了不同的判断：

一是劳动关系制度演进的角度。王长城（2006）提出，我国劳动关系的改进方向是：依据劳动法律法规，以劳动关系双方自主协调为基础，以实行劳动合同制度和集体合同制度为基本形式，以政府劳动保障行政部门、工会组织、企业组织三方协商为导向，以建立劳动关系宏观预警系统和完善劳动争议处理制度为保障，实现劳动关系调整机制的规范化、法制化。刘秦洪和杨焕城（2009）认为，要化解经济转型中劳动关系双方的矛盾和纠纷,未来我国劳动关系的调整,应建立新型劳动关系的合作治理模式。乔健(2010)指出,由于我国劳动关系面临市场化、全球化、多样化和灵活化等一系列复杂因素的影响,因此劳动关系协调机制的性质将从政府主导、体制内部的功能协调走向劳资自主、三方独立发挥作用,而运行机制也将从沟通协调型走向协商谈判型。李琪(2010)预计,我国劳资关系制度的发展将更多地体现价值观形象和社会福利功能。

二是劳动关系类型转变的角度。一些研究者指出,我国的劳动关系将由利益一体型的劳动关系转换为利益协调型的劳动关系(李春宇,1998;乔健,2007)。张建武和李永杰(2003)认为,我国劳动关系的演变趋势是由冲突型的劳动关系发展到协调型,再发展到合作型的劳动关系,同时劳动关系的范围也会呈现模糊化的趋势。石秀印(2008)提出,我国劳动关系发展将由单边决定模式、双边决定模式向三方"协和"模式转型。洪泸敏和章辉美(2009)预计,随着劳动力价格形成机制的市场化和劳动关系缔结方式的契约化,我国的劳动关系将逐步由政府主宰模式向政府协调下的市场机制调节模式转变。岳经纶和庄文嘉(2010)指出,在全球化背景下,我国的劳资关系将向网络化发展。

三是劳动关系协调程度的角度。从这一角度出发,不同研究者给出了态度相反的判断。浙江省劳动保障科学研究院(2003)、陈诗达(2006b)等指出,随着我国社会主义市场经济体制的完善和市场经济的成熟,我国劳动关系经过各种协调机制的共同作用,劳动关系的发展会逐渐由紧张、激烈到和谐、稳定的趋势。郭军和李雪艳(2009)也认为,和谐与稳定是我国劳动关系发展的必然趋势。然而,章小奕(2004)、王甫希(2010)等则提出,在市场化进程的推动下,我国劳动关系将面向市场化、多样化、动态化和多元化的方向发展,劳动关系会越发不稳定,劳动关系冲突显现化,且逐步呈现集中波动的时间段。吴清军和许晓军(2010b)也认为,在利益多元化的时代,劳资矛盾与冲突将成为我们日常生活的组成部分,劳资双方因利益分歧而产生矛盾和冲突,正在呈现一种上升趋势。

此外,还有一些学者从其他角度提出了自己的判断。郑桥(2008)指出,我国劳动关系的运行状态正在悄然发生变化,出现了一种从个别劳动关系调整向集体劳动关系调整转变的趋向,而《劳动合同法》的实施会推动我国劳动关系的运行朝有序化的方向发展。吴清军(2010)认为,我国劳动关系发展趋势将表现在五个方面,即外部经济环境将对我国劳动关系产生持续影响;三方机制是协调劳动关系的发展方向;集体协商是推动构建和谐劳动关系的重要途径;政府主导型的调整模式将是稳定劳动关系的基础;工会在劳动关系调整中将发挥更加积极的作用。

五、破解中国劳动关系发展问题的主要政策建议

(一) 其他国家应对劳动关系发展挑战的政策经验

市场经济条件下，劳资矛盾和劳资冲突是一种客观存在。经过一系列处理劳资矛盾和冲突的探索，典型市场经济体制下的劳资关系从无序放任渐变成有序和法制，从对抗冲突渐变成对话谈判，劳资关系在总体上越来越趋向和解、和缓（顾光青，2009）。总结其他国家劳动关系治理上的经验做法，可以概括为以下五点：

一是健全和完善劳动法律体系。孙祖芳（2007）指出，建立完善的劳动法律体系和加强执法是西方国家协调劳动关系的基本制度保障。刘彩凤（2009）研究了英国劳动关系的发展历程，发现该国根据不同时期的政治经济发展状况，建立了一套较为规范的法律制度体系，为劳动关系的调整和及时处理提供了有效保证。常凯（2004，2009）也认为，市场经济国家已经逐步建立起一整套的劳动法律体系，包括《劳动法》《工会法》《就业法》《劳动关系调整法》《劳动基准法》《企业代表会法》等。这些立法为劳动关系的建立及利益调整确立了完备的法律依据。

二是建立行之有效的劳动关系协调机制。由政府、工会组织和雇主组织组成的"三方协调机制"是西方发达国家劳动关系协调的基本格局和主要运行机制（顾光青，2009）。赵祖平（2010）指出，欧盟劳工政策三方机制的启示在于，政府不直接参与劳动关系的建立和矛盾处理，而是通过创造外部条件来促进劳动关系的协调和稳定，发挥规范劳资双方行为、相对平衡双方力量的作用。目前，集体谈判和三方机制已经成为稳定的、在法律保护下的制度，并普遍存在于世界主要发达国家的劳资关系中，成为调节劳资在市场经济模式下利益分配的制度性保障（乔健，2010）。

三是形成独立、作用强大的工会参与制度。"工会参与"涉及国家劳动立法和有关社会政策的制定，主要参与企业中劳动规则、劳动条件和劳动报酬的协议谈判。顾光青（2009）认为，第二次世界大战后，正是由于西欧国家工会的地位和作用都得到增强，才改变了单个职工在劳资关系中处于明显不利地位的局面。乔健（2009a）以美国大萧条时代劳工政策的实施为例，提出工会组织的发展和壮大是一国在经济低迷时期反映劳动者诉求、维护劳动者权益的必由之路。工会组织体现了劳方参与权，是三方协调机制中的重要力量，这改变了传统劳资关系中劳动者的不利地位和处境，为争取劳动者利益发挥了积极作用（孙祖芳，2007）。

四是构建注重社会公平的利益平衡系统。在宏观层面上，孙祖芳（2007）指出，西方国家通过制定《最低工资法》《反歧视法》等，来尊重劳动者及其劳动。威廉姆·布朗（William Brown）（2009）认为，利用累进制税率对高收入者进行课税调节，同时采取行政和立法手段实行由社会保险、社会福利和社会救济构成的社会保障制度，可以避免贫富过分悬殊。钱箭星（2009）以欧洲国家为例，提出本着"劳动者与资本之间的伙伴关系"的需要而建立起的劳资利益平衡机制，能为劳动者争取利益的同时保证足够的资本收益率，避免资本撤离和随之而来的失业增加。在微观层面上，张波（2010）分析了发达国家的社会调控实践，发现这些国家主张推行雇员持股制度，直接分配或协助劳动者购买公司股票，让其分享公司利润，使劳资双方形成了利益共同体；此外，在企业内部管理上实行劳资平等共决、尊重人格的企业组织制度，让劳动者参加企业民主管理，对企业的经营拥有参与和话语权。

五是采取灵活多样的劳资争议处理方式。从发达国家的实践看，当劳资之间出现争议时，会针对不同类型的争议采取不同的处置方法，行政与法律手段并用（钱箭星，2009；张波，2010）。劳资争议的处理一般是充分发挥劳资关系双方的自主性，通过协商机制予以解决，但若协商不成，则通过斡旋、调解调停、仲裁、诉讼等程序解决，甚至由国家直接干预解决重大劳资纠纷（谢文波、李金龙和谢玉华，2009）。

（二）中国破解劳动关系发展问题的政策建议

针对我国劳动关系发展中面临的各种问题，很多研究者从不同的侧面给出了解决问题的政策建议。整理现有研究文献提及的主要观点，可以归纳为以下九个：

一是转变发展方式，完善分配制度。转变经济增长方式、调整产业结构、合理化收入分配格局是我国经济和社会发展的根本性要求。基于此，常凯（2009）、中国人民大学宏观经济分析与预测课题组（2010）等指出，要缓解目前集体劳动争议激增的状况，就必须从根本上转变经济发展思路，确立以人为本、以劳动者为本的新发展观；此外，政府应该主导引导"加薪"潮，提高劳动报酬在初次分配中的比重，推动工资集体协商，增加劳动者的收入。吴清军和许晓军（2010b）也认为，切实解决当前普通职工收入水平低、福利待遇差的突出问题，既是化解劳动关系矛盾、平衡劳动关系双方利益的主要手段，更是扩大国内消费需求、加快推动经济发展方式转变的重要途径。

二是加快建立和完善劳动关系法律政策体系。随着我国市场经济体制的建立、企业改革的不断深化、劳动力市场的加速变化以及劳动用工形式的多样化，劳动关系领域将出现更多新问题，面对这些新出现的问题，我国劳动关系立法的力度还应加大（常凯，2004，2009；刘彩凤，2009）。姚先国、赖普清（2004）指出，我国应着手建立全国性个人社会保险账户，逐渐消除社会保险方面存在的地方保护主义，确立并落实"谁雇工谁缴费"的原则，切实保障农民工享有社会保险的权利。王长城（2006）认为，应完善劳动合同制度，切实执行现行劳动法律、法规和条例，同时加快制定《集体合同法》《最低工资法》《社会保险法》等单行劳动法律。孙祖芳（2007）建议，提高集体谈判和集体合同制度的立法层次，全国人大应尽快制定和颁布有关集体谈判和集体合同的专门法律，此外还应加快社会保险法的立法。常凯（2009）也提出，我国迫切需要建立全国统一的社会保险体系，重塑社会保险三方关系，加强社会保险法的刚性和社会保险基金的监管。

三是加强工会组织建设。夏小林（2004）建议，政府要在发展工会组织方面加强作为，要引导工会加强"质量建会"的力度和科学性，在小企业群和"板块经济"中，重点完善区域性、行业性工会的维权职能，提升其进行集体谈判的能力。王长城（2006）指出，我国劳动关系中的问题有很多是发生在企业内部，应该建立和推行工会代表职工与企业经营者进行协商谈判的制度，充分发挥工会在协调企业内部关系、处理劳动争议、维护职工合法权益方面的重要作用。为妥善处理劳动者群体性事件，乔健（2009b）提出，要支持和帮助劳动者组建工会，采取自下而上的方式发展会员；加强工会民主，推动中小企业直选工会领导人，尊重会员在工会中的主体地位；提高工会和雇主的自主协商谈判能力和作用。郑尚元和李海明（2011）还认为，应当明确工会作为劳动者团体的地位和权威，其中，地方工会、行业工会可以采取有理、有利、有节的交涉手段维护劳动者权益，而企业工会则应在企业内具有代表性。

四是完善劳动关系的三方协商机制。现有的研究文献普遍认为，我国各级政府应充分认识三方机制建设的重要性，进一步加强三方机制的组织体系建设，逐步形成多层次、多形式的组织体系。王长城（2006）、孙祖芳（2007）等的建议是，在企业内部建立劳动关系协调委员会或劳资协商委员会，形成经常性协商机制；建立劳动争议民间调解机构，使企业内部调解与外部调解等相结合；劳动争议处理机构的组建要进一步贯彻落实三方性原则；积极探讨裁审分离，各自终局的劳动争议处理方式。刘秦洪和杨焕城（2009）提出，我国首先应明确政府、工会和企业组织三方的身份定位，发挥各自应有的作用；其次应探索三方机制的"扩张"机制，解决劳动关系领域存在的问题；再次应做好劳动争议的三方协商、调解工作，稳定劳动关系。此外，乔健（2010）认为，政府在开展三方劳动关系协调工作时，必须抓住职工群众和企业最关心、劳动关系中矛盾最突出的问题，进行调研，开展协调沟通，提出解决办法，切实维护企业和职工的合法权益。

五是强化政府在劳动关系中的宏观协调、服务与监督功能。夏小林（2004）认为，政府要在调整劳资关系中发挥主导作用，一方面，明确建设劳资关系调整体制的基本目标，并在此目标下，全面规划建设劳资关系调整体制的近、中、长期方案；另一方面，进一步完善地方官员的考核标准和社会监督机制，端正地方官员运用公权的目标和行为。基于目前我国资强劳弱的状况，孙祖芳（2007）提出，首先政府应调整发展观，把充分就业作为宏观调控的优先目标；其次大力发展经济，多层次多渠道多形式地创造就业岗位，改善劳动力供求总量不平衡的态势；再次制定公平合理的收入分配政策，防止收入差距过分悬殊；最后完善社会保障政策。王长城（2006）建议，政府应加强劳动基准政策法规方面的社会化咨询服务，指导各类企业采取集体谈判等方式，按照国家或行业的劳动标准建立健全企业内部的劳动标准。杨建华和张秀梅（2009）指出，为使《劳动合同法》等劳动法律制度能落到实处，劳动监察部门应加大监察执法力度，严格公正执法。张波（2010）认为，在我国政府主导的政治体制下，解决劳资矛盾更需要政府作为第三方力量适时主动介入，在完善劳动者个人合法权益制度的同时，强化制度的实际执行力度，促使劳动者个人合法权益保障制度的充分落实，尽快协调日趋尖锐的社会劳资关系和社会矛盾。

六是规范和健全劳动争议处理体制。张建武和李永杰（2003）指出，我国应通过实行仲裁员、仲裁庭制度，建立简易调解制度、劳动仲裁派出庭制度、特别争议处理制度等来完善劳动争议处理制度；同时，进一步加强和完善劳动争议调解制度和调解体系，在企业、村、镇、区、市分别建立劳动争议调解体系。郭金兴（2008）提出，要重视发展劳动争议处理机构，提高劳动争议案件处理效率，加大对仲裁人员的培训力度。乔健（2009b）建议，推动完善劳动争议处理制度，将劳动者群体性事件纳入法律救济途径，在起草劳动争议仲裁委员会仲裁规则等具体配套规定时，完善专门的集体争议处理机制。刘彩凤（2009）还认为，我国应进一步完善仲裁诉讼案前调解机制，加大调解力度；调解部门或机构要配备高素质的专业调解人员，帮助、鼓励劳动争议双方积极进行沟通，促进事实清楚法律明确的争议通过友好协商的方式解决，避免走仲裁诉讼化的程序；此外，为提高劳动争议处理效率，尽量减少处理环节，降低诉讼成本，对起诉的要件应该做适当的限制。

七是消除劳动力市场上的歧视性制度和政策。姚先国和赖普清（2004）认为，必须采取措施减少乃至消除与户籍制度相关的对农民工的歧视性政策，包括改革户籍登记制度，消除农民工进城务工的限制条款、行业限制条款以及取消各种不合理规费。林涛（2011）针对珠三角外来工收入支出的调查结果提出，应积极推进户籍制度改革，同时降低土地和社会保障成本。

八是加强劳动者的教育和培训力度。姚先国和赖普清（2004）提出，应增加对农民工的人力资本投资，增强其市场竞争力和保护自身权益的意识与能力。孙祖芳（2007）认为，劳动者有必要不断提高自身的文化、技术、业务及处理人际关系等方面的能力，通过提高综合素质，增加在劳动关系谈判中的博弈能力。杨建华和张秀梅（2009）建议，应提高劳动者的劳动技能，提升其在劳动力市场的竞争力和话语权。

九是发挥非政府组织在劳动关系协调中的作用。近年来随着我国第三部门的发展，非政府组织或非营利性组织等民间机构在化解劳动关系双方矛盾方面发挥了积极作用。王长城（2006）指出，全日制、临时工、小时工、弹性工作等非正规的新型就业模式的出现，带来了劳动关系领域的新矛盾，而现有的劳动法律还难以作为争议处理依据，此时可以发挥非政府组织的作用。刘秦洪和杨焕城（2009）也认为，非政府组织调解劳动关系具有即时、便捷的特点，能有效减少隐性和非隐性劳动争议，降低交易费用，因而建议各种非政府、非营利性的志愿团体、社会组织、法律援助机构、民间团体、行业协会等，在取得合法身份和地位并规范其行为的前提下，介入到基层劳动关系的调解工作中。

六、简要评述和进一步研究的重点

从总体上看，现有的研究文献已经对我国劳动关系发展问题进行了较为全面和深入的探讨。由于劳动关系发展问题涉及历史背景、经济和社会基础、市场和制度条件、组织因素、人的主观性与素质能力等方方面面的内容，一项研究很难同时顾及和回答所有的问题，因而，不同的研究者选取了不同的角度和侧面进行了各有重点的分析和研究。这些研究成果极大地推进了对我国劳动关系发展问题的相关研究，并且在政策层面，为应对我国劳动关系发展过程中出现的各种问题，也发挥了不小的作用。

从当前的研究进展看，多数研究者已经对我国劳动关系发展的历程和现状有了较为清晰和理智的认识；一些公开统计数据，特别是与集体争议、劳动者群体事件、工资福利待遇等相关数据资源的匮乏，使研究者积极尝试利用社会调研、媒体报道、个案/个例分析等研究方法和手段进行数据采集、信息积累和论据充实，以尽量揭示我国劳动关系发展的真实情况。但是，换一个角度来说，由于不同的研究者是从不同的侧面出发、利用不同的数据、以不同的论据对我国劳动关系发展趋势作了预测和展望，这也就难免会造成以偏概全、各说各话，甚至南辕北辙、相互矛盾的状况，以至于偏离了我国劳动关系发展问题的研究方向和重点。

实际上，现有的研究文献已经为进一步深入、系统地探讨我国劳动关系发展问题奠定了比较扎实的理论和实践基础，在此之上，继续延展和深化该项研究的重点应该至少包括以下两个方面：

一是立足对我国劳动关系发展现状的判断，综合分析影响我国劳动关系演变的主要因素的变动情况。作为一个正在建立完善的社会主义市场经济体制的转轨国家和正处于工业化进程中的发展中国家，我国劳动关系发展的历程和特点，既有与比较成熟的发达市场经济国家相类似的地方，也有与我国自身的体制机制基础和发展路径选择密切相关的方面。这就决定了对我国劳动关系发展趋势的判断，必然有赖于对劳动关系一般性发展规律的理性把握，以及对我国经济社会环境影响劳动关系发展和走向程度的透彻理解。现有的研究文献尚缺乏对我国劳动关系发展问题的"全因素"式研讨，从研究的严谨性和逻辑性上评价，还不足以支撑研究的结论，也因此导致了源于不同出发点和立场下的差别化的判断结果以及政策选择。

二是针对我国劳动关系发展中各种问题所提出的政策建议，仍然需要进行更为系统和综合的考量，并且政策的实施目标、效果以及对我国经济社会的影响也应该进行一定的讨论。已有的研究文献已经提出了丰富多样的破解我国劳动关系发展问题的政策建议，但是，由于大多数政策建议的根基是建筑在某个（或某些）理论或者问题之上的，这就很难不出现褊狭或者"头痛医头，脚痛医脚"的现象；此外，这些政策建议还存在一个共同的特点，那就是都未能针对政策本身的实施条件、可操作性以及实施后的预期效果等进行比较清晰的分析和阐释。从我国的现实情况看，自20世纪80年代后期以来，劳动报酬在整个国内生产总值中的占比就呈逐年下降趋势，可能诱发大规模劳资矛盾与劳资冲突的不平等依旧存在，甚至还在加剧，而缓解和减少这些冲突的协调机制却仍未建立和完善。因此，应该重视对破解我国劳动关系发展问题的政策建议的目标性、可行性及实施效果的研究。

第四章 中国劳动关系发展的经验观察

引言

传统观点认为，劳动关系的演进过程实际就是协调劳动力所有者和使用者利益的共同性的过程。聚焦于劳动关系发展问题，一般性理论认为，在劳动关系发展过程中，劳资冲突是难以避免的，但劳资之间也存在一些共同的目标，通过市场规则体系建设，使劳资把握冲突的代价与收益的度，这是治理劳资冲突的基础，也是考察劳动关系走向的前提。然而，由于劳动关系主体深受政治、经济和社会环境的影响，会不断调整自身的位置、功能以及与其他主体的关系，而作用于劳动关系的体制机制也在适应不同的外部环境和劳动关系主体的需求中，不断有所调整和优化，因此，分析劳动关系的发展问题就应把握住劳动关系的两个重要特点——时空性与动态化。产业关系系统论及其所应用的系统研究方法（即投入产出法）是在国际劳动关系研究中被广泛采用的基本理论和方法，有助于开展劳动关系的动态性研究。

几个世纪以来，发达国家为使劳动关系运行同经济社会发展目标相一致，在劳动关系调整方面进行了不懈的探索和改进。这些国家产业关系发展的历史说明，一方面，冲突与劳动存在密不可分的联系，只是随着时间的推移，这种联系和表现会不断地变化；另一方面，经济、政治和社会环境的改变会催生产业关系中的创新力量，从而推动产业关系体系发生较大的改变。回顾英国劳资关系的演变历程，Brown（2009）认为劳资冲突在其中起到了重要的推动作用，并且将劳资冲突的发展变化视为观察英国劳资关系演进的主线。Kochan、Katz 和 Mckersie（2008）在分析美国产业关系的转型经过时指出，正是由于经济社会环境的变动对美国现存的制度架构形成了压力，才使得产业关系主体开始谋求各种改变，并且这些尝试也为美国产业关系体系的重构提供了选择的依据。

尽管外部环境的变化会为预测劳动关系的发展带来诸多的不确定性，但是由雇主、工会、工人和公共政策制定者开发的战略选择，却能在一定程度上降低这种不确定性。比如，通过实施就业增加战略，荷兰以提高劳动力市场灵活性、增加就业岗位和改革福利制度等政策手段，在降低失业率的同时，明显缓和了劳资矛盾（耶勒·费舍、安东·黑姆耶克，2008）。再如丹麦，该国治理劳动关系的经验是，政府更多关注于培育劳动力市场、开发多种社会保障项目和实施积极的就业政策，通过增加社会凝聚力来提高劳资的合作程度，从而间接减少劳资双方的对立冲突（王阳，2010）。

回顾我国劳动关系的形态和调整模式的总体变化，1949年新中国成立至20世纪70年代后期，劳动关系在很大程度上受到计划经济体制和政策的严格制约，导致出现"终身制"劳动关系的现象；而自改革开放特别是20世纪90年代以来，灵活、松散和多重劳动关系大量涌现，由劳动分工引起的社会分层和利益差别日趋扩大，工资劳动者在国家财富分配中处于不利地位，不仅直接抑制了居民消费需求的扩大，导致经济增长对投资和外需的过多依赖，而且还造成劳动者整体素质提升缓慢，难以在弥合劳资利益差距中发挥主动作用，以至于为社会经济的长期稳定发展带来消极影响。因此，在当前我国加快推进经济发展方式转变和努力形成创新发展模式的关键时期，劳动关系的发展变化已经成为关系经济社会发展全局的一个重大问题。

一、中国劳动关系发展的外部环境与内在动力

从分析和研究问题的角度看，相对于比较成熟的发达市场经济国家，作为一个正在建立完善的社会主义市场经济体制的转轨国家和正处于工业化进程中的发展中国家，我国的劳动关系状况必然是不断变化的。通过横向与纵向的比较发现，我国劳动关系的发展既具有一定的客观规律性，也与我国自身的体制机制基础和发展路径选择密切相关。

（一）外部环境：改革背景下的劳动力市场发育

1. 转型国家劳动力市场的变迁

20世纪90年代，中亚和中东欧的中央计划经济国家开始转型。尽管此时的劳动力市场状态是充分就业，但却以低工资为代价，多个部门人员过剩、劳动力行业配置严重扭曲等导致劳动力市场的劳动生产率水平低下，劳动者工作积极性不高。由于各国在初始的经济、制度、社会等条件上存在多样性，劳动力市场的变化趋势表现出了既有相似性也有不同点。其中，就业量下降、劳动力参与率下降及长期失业增加是普遍特征。

转型国家通过价格自由化的经济改革及严格的宏观经济稳定政策，迅速实现了对外开放，但同时却导致了国家经济的快速下滑。生产的急剧萎缩又进一步造成了劳动力需求崩溃和就业率下降。Cazes和Nesporova（2005）将中亚和中东欧国家的转型期粗略分为1990—1994年和1995—2000年。前一时期伴随宏观经

济紧缩政策和因外部压力所致的主要经济和社会改革,转型国家大都发生了最初的剧烈变动;后一时期经济相对稳定,一些国家如捷克、罗马尼亚、斯洛伐克等为保证就业而选择进一步降低劳动生产率,另一些国家如保加利亚、匈牙利和波兰等则以损失就业为代价实现了劳动生产率的提高。然而,即使后者实现了显著的经济增长,但战争和严重的宏观经济不平衡还是极大地影响了这些国家的就业状况。保加利亚、波兰等国的就业,实际上是在经历了几年的下降趋势后才逐步企稳的,几乎看不到复苏迹象[①]。

此外,转型国家的经济改革还削减了正规经济部门的就业量,并使得非正规就业的规模迅速增加。按照欧盟1999年制定的标准来看,转型国家的工资税(包含雇主和工人缴纳的社会保险费)都比较高,比如爱沙尼亚是33%、斯洛伐克是50%,这就使得逃税成为非正规就业的主要原因之一。法规的修改滞后于经济发展,且新法得不到很好的执行,都为逃税提供了便利。由于经历过与转型危机和失业上升相关的收入的急剧下降,大部分居民都希望能尽快改善生活状况,这也成为非正规就业增加的另一主要原因。尽管恢复经济和完善立法能在一定程度上减少中欧国家的非正规经济活动,但若综合考虑正规和非正规部门的劳动投入,那么实际失业率可能要比官方的统计数字低得多。

从劳动力参与率角度看,一些转型国家的青年(15~24岁)劳动力参与率,相比中年组(25~49岁)和老年组(50~64岁),呈明显下降趋势(ILO,1990,1999)。因为有不少年轻人延长了受教育的时间,而且从学校到工作的"转换"也越发困难了。一方面,雇主不愿负担新员工在职培训的额外成本(Nakazawa,2008),另一方面,转型国家的二元劳动力市场又导致了市场刚性和社会排斥(即内部人/外部人效应)(Lindbeck and Snower,2001)。教育体制改革的迟缓,还导致很多青年的职业技能跟不上市场的需要,从而加剧了结构性失业。相比青年组,占就业比重最大的中年劳动力显著减少经济活动水平的原因较为复杂,比如一些女性延长了产假和照顾子女的假期(Lilly,Laporte and Coyte,2007),还有些人宁愿依靠社会福利和从事非正规工作,也不接受低报酬或艰苦工作(Vail,2008)。

在实施经济体制改革的前几年,转型国家的登记失业率普遍呈现加速上升态

[①] 根据欧洲经济委员会(UNECE,2001)公布的数据,1994年、1998年和2000年,保加利亚的总体失业率分别为20.2%、14.4%和18.7%,该国此期间国内生产总值(GDP)的平均年增长率为-0.6%(1990—1994年是-3.9%);波兰三年的总体失业率分别为14.0%、10.5%和16.6%,该国此期间国内生产总值(GDP)的平均年增长率为5.5%(1990—1994年是1.0%)。尽管两国总体经济水平都有所增长,但就业却都下降了。

势,到 1994 年,大部分国家都达到了两位数。而此时一个比较有趣的现象是,在克罗地亚、匈牙利等国的登记失业率竟高出了调查失业率①。究其症结,即国民失业保险计划的限制条件(即登记失业的激励措施)过于宽松。随着失业津贴的大幅削减,多数国家登记失业率过高的问题都得到了矫正,但在克罗地亚、匈牙利、罗马尼亚等国,这一现象却仍在持续,表明公共福利计划仍在一定程度上被滥用。与中欧和东南欧转型国家不同,独联体国家因严格规定了登记失业人员的资格条件,而使得各国的登记失业率普遍较低。然而,由于经常性预算不平衡,这些国家的失业津贴往往难以正常发放,资金缺乏还造成公共就业服务机构不愿向失业者提供有针对性的就业帮助。此外,工资较低和人员不足也令机构工作人员缺乏向求职者提供高质量再就业服务的积极性。

2. 经济体制改革与中国劳动力市场的培育

我国经济体制改革模式与路径选择,反映了特定时期政治经济与社会文化的特殊要求,经济的发展也在实践探索中经历了一个艰难、曲折的过程。新中国刚成立时,工农业生产因长期战争遭到了严重破坏,国家财政经济极为困难。1961—1965 年,随着一系列恢复和发展措施的推进,国家经济进入调整期并得到一定程度的恢复和发展,但"文化大革命"(1966—1976 年)又令我国国民经济的发展几近停止。新中国成立初期,我国参照苏联模式确定了高度集中的计划经济体制,并对当时我国社会主义的建设起到了积极作用。但随着社会经济的不断发展,该模式的局限性和不足也逐渐显现出来,并成为制约我国生产力发展的一大障碍。

党的十一届三中全会以前,我国经济民主的实现方式主要是由中央向地方的权力下放,并未触及传统的计划经济体制模式。企业是行政机关的"附属物",缺乏生产经营的积极性。1978 年 12 月,邓小平同志在《解放思想,实事求是,团结一致向前看》的重要讲话中指出:"现在我国的经济管理体制权力过于集中,应该有计划地大胆下放,否则不利于充分发挥国家、地方、企业和劳动者个人四个方面的积极性,也不利于实行现代化的经济管理和提高劳动生产率。应该让地方和企业、生产队有更多的经营管理的自主权。"这一讲话为我国经济体制改革明确了一个基本的指导思想,即经济方法应逐渐成为国家管理经济的重要手段。自此,我国开始推行企业扩大自主权试点,并在贯彻经济责任制下逐步建立了企业利润留成制度。虽然经过一系列改革企业活力有所增强,但激励作用比较有

---

① 以匈牙利为例,根据欧洲经济委员会(UNECE,2001)公布的数据,该国 1994 年、1998 年和 2000 年的登记失业率分别为 10.9%、9.1%和 8.9%,而相应年度的总体失业率(劳动力调查的结果)则分别为 10.7%、7.8%和 6.6%,登记失业率明显高于调查失业率。

限，国家总体经济发展速度仍显迟缓。

要真正调动企业的积极性，就要让其成为独立自主的经济实体，通过市场竞争激发活力。因此，我国有必要探索一种与计划经济体制完全不同的新的经济体制。经济体制改革就是要从高度集中统一的计划经济转变为社会主义市场经济，即经济体制改革的目标是建立社会主义市场经济体制。其主要内容包括：其一，转换国有企业特别是大中型企业的经营机制，让企业在经济利益的推动下自发地实现资源配置；其二，加快培育市场，尊重市场机制的作用；其三，深化收入分配制度和社会保障制度改革；其四，转变政府职能，从经济活动的直接控制者转变为影响市场活动单位经济行为的间接调控者。

改革开放 30 多年来，我国劳动力市场发展水平的提高，一方面，是在由计划经济体制向市场经济体制转轨的过程中逐步实现的，经济转轨释放了巨大的经济活力，促进了经济的快速增长，也蕴涵着深刻的社会矛盾和不确定性。在这一过程中，单一的公有制被多种所有制的共同发展所取代；政府集中管制的价格机制为供求关系决定的价格机制所取代；政府运用行政手段调控经济的格局为主要运用经济手段的宏观调控所取代。总体而言，市场在资源配置中的基础性作用日益增强。市场化改革激发了我国的经济活力，也为促进我国劳动力市场不断成长、市场主体成熟和发展创造了积极的条件。另一方面，也是在社会转型的背景下发生的。我国正在由农业社会向工业社会过渡，由封闭半封闭社会向开放型社会过渡，这使得我国面临了空前的社会流动和社会变革。在这一背景下，传统计划经济时期相对简单的社会结构逐步演变为市场经济条件下相对复杂的社会结构。社会结构的变化，伴随着利益关系调整、利益主体多元化、弱势群体问题突出等深层次的问题，使中国进入了"利益分化、利益博弈和利益冲突的时代"（孙立平，2003）。这不仅增加了改革和发展的复杂性，也对劳动力市场规制、基本公共服务供给和公共就业服务体制等的创新提出了更为现实的要求。

经济发展与体制完善是互为因果的关系，应将改革与发展结合起来，以促进发展作为改革目标及衡量标准。劳动力市场的培育和建设是认识中国改革、开放和发展的一个重要侧面。改革开放推动了我国的"双重转轨"，即一方面从计划经济向市场经济转轨，经过劳动力市场从无到有、从低级到高级的培育过程，最终实现以市场配置劳动力资源；另一方面从农业经济向现代经济转轨，从农业社会向工业化社会跨越，经过市场形态从局部到统一、从低级到高级的发展过程。

在计划经济时期，政府在城镇实行了"大包大揽"的劳动就业管理方式。改革开放以后，这种模式的弊端逐渐显露，无法适应市场化改革的进程。20 世纪 90 年代，我国开始推进劳动就业和公共服务领域的改革，特别是改革传统的社会福利体制，建立保障对象全民化、保障方式多样化、筹资渠道多元化和管理服务社会化的保障网，同时，积极运用市场机制的资源引导、价格信号等功能，推进劳动力市场的发展。

在"两个转轨"的过程中，市场化水平被分割为无数的"阶段"，二元经济转变正是其中一个标志性的子阶段。要研究转型期我国劳动关系发展的问题，就要抓住这一阶段劳动力市场发育的本质性特征，从经济发展、结构调整和制度建设等多个层面综合加以把握。

（二）内在动力：劳动力市场制度的变革与完善

培育劳动力市场，既是我国建立社会主义市场经济体系的重要组成部分，也是优化劳动力资源配置效率的必要选择。与产品市场及其他生产要素市场相比，我国劳动力市场的建设相对滞后且进程具有一定独特性。在计划经济体制下，为追求绝对公平、消除失业，我国实施了完全的就业保护制度，尽管实现了"充分就业"，但劳动力市场的僵化却造成经济缺乏活力和增长停滞。经济体制改革不仅推动了我国劳动人事及社会保障制度的变革，更是通过激发劳动力市场的资源配置作用，带来了市场的新活力和推动了劳动关系的发展变化。

1. 人事档案制度

人事档案制度产生于以政治出身为依据的政治身份等级体系、以城乡户籍和所有制为依据的社会身份等级体系和以平均主义为依据的单位系统内资源分配等级体系。该制度实际上体现着身份管理的理念，指附在人身上的一个复杂的身份体系，包括所有制形式、职务、职称、岗位、社会地位、户籍、工资福利保障等。我国现行的许多制度及管理实践的开展需要人事档案做基础，如住房公积金制度、退休制度、社会保障制度等都需要人事档案提供依据。可以说，人事档案制度作为身份管理制度的重要标志，对人才的流动具有很大限制。由于人才身份制度的存在，人才个体在相同的环境下享受的待遇并不是同等的，也因此阻碍了人才在体制内外、城乡之间的合理流动。

在计划经济体制下，档案制度对于国家安全、人事管理、信用凭据等起着相当重要的作用，但在我国向市场经济转轨的过程中，这一政策刚性则与劳动力的流动性产生了一定程度的摩擦，人事档案的一些原有功能被打破，甚至出现了"代理危机"和"信任赤字"。此外，当前的人才流动也给传统的人事档案管理理念与管理实践带来了冲击。比如，人才流动的"绿色通道"现象。所谓人才流动绿色通道，指的是不携带个人人事档案的人才流动现象。人才流动绿色通道的存在，不仅导致已有人事档案现实功效的丧失或弱化，甚至会给现实中的人事管理带来更大的不确定性。再如，人才资源共享的问题。与前者不同，人才资源共享是在不改变人才与原工作单位人事关系的前提下，对外提供智力支持、获取相应报酬的一种人才流动现象。现实中存在的兼职教授（研究员）、客座教授（研员）等均属此类。对传统人事档案管理制度而言，人才资源共享带来的问题表现在如何实现人才在不同服务部门所形成的档案或档案信息的集中管理问题，以实现档案信息对人才个人历史与现实情形的全面反映。

为顺应我国劳动力市场的发展需要，人事档案制度从身份走向契约、从管制走向服务的变革趋势也将成为必然，契约化、法制化、电子化和社会化成为政策转轨的理想路径。目前，我国正在实施档案制度改革，作为一项政策工具，其应该是规范化与人性化并举的管理媒介，是服务于人才管理和人才流动的政策手段，是促进政治文明、社会和谐、个人发展的信任替代物。

2. 劳动就业制度

改革开放以来，我国劳动力市场经历了一系列的变化。从1978年到2007年，总人口劳动参与率从42.3%提高到59.1%，就业总量由40 152万人增加到78 000万人，增加了70%。[①] 1978年，我国城镇登记失业率是5.3%，2011年降低至4.1%[②]。三次产业就业结构日趋合理。2007年，在全国就业人员中，第一产业就业人员占32.4%，第二产业就业人员占26.8%，第三产业就业人员占40.8%，而到2011年，在全国就业人员中，第一、第二和第三产业就业人员占比则分别为34.8%、29.5%和35.7%。在这些变化的背后，不仅表明我国工业化、城镇化进程的加快，更体现出我国劳动就业制度的转变，即逐步建立市场化的就业制度。

20世纪70年代末，党的十一届三中全会确定实施市场化就业制度改革，改革大致历经了三个阶段，即改革准备阶段（1978—1992年）、改革深入阶段（1992—1998年）和改革完善阶段（1998年至今）。旨在解决新成长劳动力就业问题的"三结合"就业方针（即劳动部门介绍就业、自愿组织起来就业和自谋职业相结合），成为就业制度转变的思想起点。1994年，《中共中央关于建立社会主义市场经济体制若干问题的决定》全面启动了我国宏观经济改革，"劳动力市场"概念被正式使用，从而奠定了市场化配置劳动力资源的理论基础。2002年，党的十六大提出，要健全劳动力市场。2003年，《中共中央关于完善社会主义市场经济体制若干问题的决定》提出，要实施积极的就业政策，并首次将创造就业岗位作为年度经济宏观调控的第二大目标。积极的就业政策包括：提高经济增长对就业拉动能力的宏观经济政策、促进下岗失业人员再就业的扶持政策、实现劳

[①] 数据来源：劳动力市场实现了向市场经济的成功转轨——访人力资源和社会保障部劳动科学研究所研究员张丽宾［N］.中国劳动保障报，2008-11-19.

[②] 数据来源：2011年度人力资源和社会保障事业发展统计公报.中央政府门户网站，2012-06-05，http：//www.gov.cn/gzdt/2012-06/05/content_2153635.htm.

动力与市场需求匹配的就业培训和服务政策、减少失业保持稳定的宏观调控政策，以及兼具保障下岗失业人员基本生活和促进其再就业两项功能的社会保障政策。

20世纪90年代是我国从计划经济向市场经济转轨、市场经济体制逐步形成的重要时间段，而政府推行改革的做法也成为改革成功的关键。通过转变职能，我国政府逐渐弱化了对市场的直接干预，培育市场资源配置的主体地位，发展旨在提高失业者就业能力的积极就业政策体系，统筹城乡就业及规范雇主用工行为。进入21世纪，我国的市场化就业格局又出现了一些新变化。国有企业富余人员的分流下岗和再就业、各类劳动者的平等就业权利保障等，成为新时期亟待研究和解决的重要问题。此时，政府进一步提出"就业服务要实现专业化、制度化、社会化"的理念，推动了以"人本服务"为核心的公共就业服务的发展。2007年《就业促进法》出台，标志着我国一系列面向全体劳动者的促进就业制度的初步建立。2008年，十一届全国人大审议的国务院机构改革方案的说明中提出，要建立统一规范的人力资源市场，促进人力资源的合理流动和有效配置，健全从就业到养老的社会服务和保障体系。今后，随着市场经济体制改革的深化和劳动力市场的培育，我国多层次的劳动就业服务网络将逐步形成。

自2008年《就业促进法》和《就业服务与就业管理规定》的贯彻实施，各项细化政策开始陆续出台。2008年年初，国务院发布了《关于做好促进就业工作的通知》，要求强化政府促进就业的领导责任，完善政策支持体系；进一步加强就业服务和管理，健全面向全体劳动者的职业技能培训制度；进一步完善面向所有就业困难人员的就业援助制度，及时帮助零就业家庭解决就业困难；进一步加强组织领导，切实做好就业促进法的贯彻实施工作。为做好农民工培训工作，同年7月，《关于切实做好2008年度农村劳动力技能就业计划实施工作的通知》颁布，明确对有进城就业愿望的农村富余劳动力和进城务工不满6个月的农村劳动者参加职业培训，按规定享受职业培训补贴；初次通过技能鉴定取得职业资格证书的，按规定享受职业技能鉴定补贴；来自地震灾区的农村劳动力可优先享受。同年9月，为进一步促进创业带动就业，国务院办公厅转发了《关于促进以创业带动就业工作的指导意见》。在完善扶持政策、改善创业环境方面，加快清理和消除阻碍创业的各种行业性、地区性、经营性壁垒；全面实行收费公示制度和企业交费登记卡制度；全面落实有利于劳动者创业的税收优惠、小额担保贷款、资金补贴、场地安排等扶持政策；多渠道筹集安排资金，支持以创业带动就业工作的展开；积极推动金融产品和金融服务方式创新，支持推动以创业带动就业。在强化创业培训、提高创业能力方面，一是加大培训创业培训力度。将有创业愿望培训需求的人全部纳入创业培训的对象范围，同时加强普通高校和职业学校的创业课程设置。二是提高创业培训质量。通过规范培训标准、提高师资水平、完善培训模式，增强培训的针对性。三是建立创业孵化基地。在健全服务体系、提供优质服务方面，依托公共就业服务体系，健全创业指导服务组织；开发创业指导技术，完善创业服务功能；提高创业服务效率，承担创业带动就业工作的组织、服务和实施责任；组织项目开发、方案设计、风险评估、开业指导、融资服务、跟踪扶持等"一条龙"创业服务，建立创业信息、政策发布平台，搭建创业者交流互助的有效渠道。

鉴于金融海啸对国内影响的进一步加深，2008年12月，我国相关部委联合下发了《关于开展2009年就业服务系列活动的通知》，对"高校毕业生就业服务系列活动""就业援助系列活动""春风行动系列活动"等公共就业服务专项活动的有关事项作了总体安排，要求各地动员社会各方面力量，为高校毕业生、城镇就业转失业人员和农民工等群体提供及时有效的就业服务，促进各类群体实现就业再就业。为提高员工在金融危机背景下的就业能力，2009年1月，《关于实施特别职业培训计划的通知》要求，将困难企业在职职工、返乡农民工、包括对参加失业登记的大学毕业生和留在城里的失业农民在内的失业人员、新成长劳动力四类人纳入该计划当中；并且提出，从2009年至2010年，利用2年左右时间，集中对困难企业在职职工开展技能提升培训和转岗转业培训；对失去工作返乡的农民工开展职业技能培训或创业培训；对新成长劳动力开展储备性技能培训；对城镇中就业转失业人员，重点开发面向城市社区就业的服务类技能培训项目；对参加失业登记的大学生，突出操作技能训练；对有创业意愿和需求的失业人员，组织参加创业培训。

2010年以来，我国人力资源市场管理进一步规范。我国人力资源和社会保障部下发了《关于加强统一管理切实维护人力资源市场良好秩序的通知》，指导各地进一步做好人力资源市场统一管理工作。在全国范围内开展了清理整顿人力资源市场秩序专项行动，共检查职业中介机构和用人单位近13.3万户次，查处违法案件1.01万件，其中取缔非法职业中介活动4 055起。人力资源服务体系进一步完善。① 各类人力资源服务机构以市场需求为导向，不断拓展人力资源服务领域，丰富了服务内容，提升了服务水平。

3. 工资分配制度

改革开放以来，我国工资分配领域的发展大致经历了三个阶段，即计划经济体制阶段（1979—1984年）、有计划的商品经济体制阶段（1985—1992年）和社

---

① 数据来源：2011年度人力资源和社会保障事业发展统计公报. 中央政府门户网站，2012-06-05，http://www.gov.cn/gzdt/2012-06/05/content_2153635.htm.

会主义市场经济体制阶段（1993年至今）。企业工资制度的变革发端于20世纪80年代，随着市场经济体制的建立和完善，企业经营体制和劳动力市场的转型，企业作为市场主体的地位被逐步确立。1985年，国有企业开始推行工效挂钩制度和岗位工资体系，将工资和企业效益及岗位价值挂钩，扭转了工资结构平均化的趋向。同年6月，《关于国家机关和事业单位工资制度改革问题的通知》出台，企业工资调整同国家机关和事业单位工资调整脱钩。20世纪90年代中期，国内企业普遍建立了以岗位技能工资制为主的工资体系。1992年10月，中共十四大明确提出了深化收入分配制度改革的思路，强调建立与现代企业制度相适应的收入分配制度，构建与现代企业制度相适应的国有企业工资水平决定机制，市场化的工资制度开始在我国普遍推广。自20世纪90年代以来，随着劳动力市场的逐步形成和人事制度改革的深化，人才的跨单位、跨区域流动日趋活跃，传统的结构工资和岗位技能工资已不适应劳动力市场的要求，基于市场价位的薪酬制度和工资集体协商制度确立。

目前，我国32个省、自治区、直辖市都已建立了工资指导线制度，每年年中由省市政府或相关部门集中发布。工资指导线具体包含"三线"——基准线适用于生产发展正常、经济效益增长的企业；上线适用于经济效益增长较快的企业，是企业必须自觉遵守、政府允许达到的增长最高限额；下线适用于经济效益下降或亏损的企业。2012年，上海市企业工资增长的平均指导线为12%，上线为16%，下线为5%。生产经营正常、经济效益较好，并且上年平均工资水平低于全市职工平均工资60%的企业，可参照上线增长工资。而对经济效益较差的企业，可参照下线增长工资。另外，生产经营困难、亏损的企业，经职工代表大会（或全体职工大会）讨论通过后，也可以零增长。[①] 此外，我国有关部门已于2008年起开始制定公务员工资、事业单位收入分配等方面的法规规章，以及专门规范企业工资分配制度的《企业工资条例》，力图将工资支付、工资决定、工资调整等整体纳入法律轨道。按照已公布的草案，新条例将从工资决定的方式（工资集体协商）、最低工资、工资支付、特殊情况下的工资支付、工资的宏观调控（工资指导线）、工资法律责任等九个方面规范用人单位的分配行为；将期权等非货币福利纳入工资范畴；"同工同酬"也将继"按劳分配"之后成为工资支付的重要原则。届时，企业的非正式合同工即劳务派遣工等，只要从事与正式工相同的工作、付出等量的劳动，就应获得同等报酬（即在同一工资区间内上下浮动）。

---

① 数据来源：企业工资增长指导线，上海平均线为12%。人民网，2012-05-28，http://finance.people.com.cn/GB/17997197.html.

总体看，我国的工资分配制度经历了从"国家直接对员工的行政性工资分配"，到"市场机制调节、企业自主分配、职工民主参与、国家监督指导"的市场化分配制度的转变，用人单位在工资分配上有了更多的灵活性和自主权。用人单位开始关注如何以现代工资管理技术平衡收入分配的效率和公平，以及如何将劳动报酬与个人工作业绩相结合等问题。

4. 社会保障制度

新中国成立60多年来，社会保障作为与新中国社会经济发展相伴而生的一种制度安排，也经历了半个多世纪的发展变化。改革开放以后，我国社会保障制度的变革大致经历了五个阶段，每个阶段各有不同的特点。第一阶段从1978年到1986年，实施以单位为重心的国家单位保障制度。1980年10月，国务院发布了《关于老干部离职休养的暂行规定》，一种待遇特殊的退休制度即离休制度由此确立，并同一般退休制度一起，构成了我国的退休养老制度。第二阶段从1986年到1993年，改变单位包办社会保障事务的做法。1986年，"社会保障"概念在我国的"七五"计划中被首次提及。第三阶段从1993年到1997年，社会保障社会化成为改革的主要目标。1993年，中共十四届三中全会通过的《中共中央关于建立社会主义市场经济体系若干问题的决定》明确要求"建立多层次的社会保障体系"。第四阶段从1998年到2001年，"国家—社会"保障制的框架基本形成。此时，国家仍主导社会保障改革并承担直接、重要的责任，但社会各方（如机关、企事业单位、慈善公益团体等）及其成员也都要分担社会保障责任；社会保障立足于服务整个社会经济的协调、稳定和发展；规范性建设和管理包括社会保险、社会救助及社会福利在内的整个社会保障制度；社会化服务取得显著进展，新制度覆盖的人口大幅度增长。第五阶段是2002年至今，社会保障立法进程加快，覆盖广泛的保障体系开始形成。社会保险发展过程中存在的行业、地区分割和经济成分、社会身份区隔的格局已经或正在发生改变；社会保障政策向特殊社会群体倾斜；政府调整财政支出结构、增加社会保障转移支付的力度增强；社会保障基金监管职能趋于规范化、制度化，社会保障管理服务社会化工作进一步推进。

近年来，我国社会保障制度在以行政法治建设保障公民权利等方面，取得了加速性进步；社会保障制度被写入宪法，国务院新闻办发表了《中国的社会保障状况和政策》白皮书；完善城镇社会保障体系扩大试点工作在吉林、黑龙江两省启动；企业年金制度被逐步完善，并开始在全国推广。2004年是我国社会保障事业发展具有里程碑意义的一年，甚至可谓之中国的社会保障年。随着社会保障年会的召开及众多相关法律、法规的陆续出台，2006年和2007年成为中国的民生关注年。党的十七大报告指出，要加快建立覆盖城乡居民的社会保障体系，将完善社会保障体系提到了一个前所未有的高度。我国自 2007 年起开始构建全民社会保险制度，2010 年年初全国人大对《中华人民共和国社会保险法（草案）》进行了三审，社会保险立法进入冲刺阶段。同年 10 月，《中华人民共和国社会保险法》经第十一届全国人民代表大会常务委员会第十七次会议通过，自 2011 年 7 月 1 日起施行。2012 年 5 月，国务院召开的常务会议讨论通过了《社会保障"十二五"规划纲要》。会议指出，"十二五"时期，要坚持"广覆盖、保基本、多层次、可持续"的基本方针，以增强公平性、适应流动性、保证可持续性为重点，更加注重保障公平，更加注重统筹城乡发展，更加注重优质高效服务，更加注重可持续发展，加快建立健全覆盖城乡居民的社会保障体系。力争到"十二五"期末，形成基本完备的社会保障制度，比较健全的管理服务体系，并稳步提高保障水平，基本解决历史遗留问题，为全面建设小康社会提供水平适度、持续稳定的社会保障网。

然而，当前我国社会保障制度建设仍存在一些问题有待解决。比如，属地化的社会保险制度使社会保险转移面临诸多困难，即只能转移个人账户部分、跨地区转移不能连续计算、各地区政策不同无法接轨、实际操作中的地方保护主义造成退保率奇高等。以农民工最集中的广东省为例，农民工退保率"长期维持在 95％以上"，而全国平均退保率也达到 40％。

社会保险的问题已经引起了党和国家的高度重视。2007 年，胡锦涛总书记在党的十七大报告中提出"提高统筹层次，制定全国统一的社会保险关系转续办法"。2008 年开始实施的《劳动合同法》第 49 条规定："国家采取措施，建立健全劳动者社会保险关系跨地区转移接续制度。"立法者通过国家宣示的方式，彰显出解决社会保险转移问题的决心。而在 2007 年年底提交全国人大常委会审议的《中华人民共和国社会保险法（草案）》中，原则性地规定了"个人跨地区流动或者发生职业转换需要转移接续社会保险关系的，按照国务院有关规定办理"，将国务院推向了解决问题的前台。2009 年 8 月，在国务院新闻办公室举行的新闻发布会上，人力资源和社会保障部副部长胡晓义透露，国务院常务会议审议并原则通过了开展新型农村社会养老保险（简称"新农保"）试点的指导意见，预计 2009 年"十一"之前试点工作启动。这就意味着"中国农民 60 岁以后都将享受到国家普惠式的养老金"。2009 年在全国 10％的县（市、区）开展新型农村社会养老保险试点，不仅"首次将农村居民基本养老保险纳入中央财政补贴范围"，更是"农村居民社会保障又一重大制度举措"。目前，我国的社会保障制度正在不同程度地惠及 95％以上的绝大多数城乡居民，进一步改革的重点将是推进社会保障体系建设的城乡统筹，缩小城乡社会保障待遇水平差距，实现社保制度从形式普惠走向实质公平。①

总之,我国的社会保障制度正在尊重现实国情、重视家庭保障与社会互助、践行渐进式发展原则的理念推动下,向着全面化、立体化、人性化的构建模式稳步前进。在保障内容方面,将建立包括社会救助、社会保险、社会福利三位一体,经济来源保障、服务保障、精神慰藉保障三层结构,一般性保障措施与专项保障措施相协调的完整体系。努力建设一个可以公平惠及全体国民的、健全的、可持续的中国特色社会保障制度,将是我国社会保障制度建设的目标和方向。

5. 劳动合同制度

1994年《劳动法》的出台,标志着劳动合同制度由此诞生。该制度明确了劳动者与用人单位双方的权利和义务,保障了劳动者择业自主权和用人单位用人自主权,是人力资源开发的基础和根本。由于《劳动法》中有关劳动合同制度的规定还存在不完善之处,造成近年来有法不依、违法难究的情况越发严重。据2005年全国人大常委会执法检查组对《劳动法》的实施情况进行检查的情况看,非公有制企业中劳动合同签订率仅占13%,个体经济组织更低,大部分劳动合同期限只有1年。针对这一情况,全国人大常委会于2007年6月29日审议通过了《中华人民共和国劳动合同法》(以下简称《劳动合同法》),着力关注我国劳动合同制度建设,加强对劳动者权益的保护力度。

相比《劳动法》,《劳动合同法》的亮点在于对政治、经济、劳动环境变化的法规适应性调整和具体规则的明确、细化和规范化。其一,填补空白,对某些问题作了全新规定。比如,针对劳务派遣问题,在派遣单位的设立、派遣单位与被派遣劳动者订立劳动合同、派遣单位与用工单位之间的关系、被派遣劳动者的特殊权利、劳务派遣岗位的范围等七个方面进行了规定。其二,进一步具体和规范既有的原则性规定。比如,就无固定期限劳动合同、用人单位规章制度的建立与实施、试用期的时间和报酬、劳动合同的解除与终止补偿等规定在实施过程中出现的问题,再行具体化。其三,调整已有的规定。比如,明确用人单位应与劳动者订立书面劳动合同,避免出现事实劳动关系。

为更好地实施《劳动合同法》,2008年9月18日,我国公布实施了《中华人民共和国劳动合同法实施条例》(以下简称《实施条例》)。《实施条例》体现了三个原则:一是一致性原则。实施条例作为《劳动合同法》的配套行政法规,必须维护《劳动合同法》的严肃性和权威性,与《劳动合同法》规定的制度相一致。二是协调性原则。《实施条例》根据《劳动合同法》的规定,妥善处理好经济发

---

① 资料来源:社保制度城乡差距大,影响全民分享发展成果. 中国劳动保障新闻网,2012-04-01, http://www.clssn.com/html/node/54341-1.htm.

展和社会就业的关系、企业发展和维护职工合法权益的关系、保护职工利益长远目标与现阶段目标的关系，准确体现《劳动合同法》的立法宗旨，维护劳动者的根本利益，努力实现用人单位和劳动者双方权利、义务关系的协调。三是可操作性原则。《实施条例》重点针对《劳动合同法》中比较原则的规定和一些社会上存在误解的条款，作出具体的规定和必要的衔接，增强《劳动合同法》的可操作性。《实施条例》主要规定了三个方面的内容：其一，对包括无固定期限劳动合同在内的劳动合同的解除作了明确规定；其二，对劳务派遣作了具体规定；其三，对经济补偿与赔偿金的关系作了明确规定。

随着《劳动争议调解仲裁法》自2008年5月1日起实施和人力资源和社会保障部的建立，考虑到劳动争议仲裁系统原有的仲裁规则与《劳动争议调解仲裁法》规定的不一致，又需要保持和人事仲裁、劳动争议仲裁规则的统一，我国于2009年1月1日公布实施了《劳动人事争议仲裁委员会办案规则》（以下称《规则》），并对适用对象、仲裁规定、仲裁程序、涉及事项等内容作出了详细规范。与先前颁布的《劳动争议调解仲裁法》相比，《规则》加大了对劳动争议仲裁申请和受理、开庭和裁决的规范力度，并对发生争议的劳动者参加仲裁活动的人数做出了规定，由原先的"代表人数由仲裁委员会确定"改为"十人以上并有共同请求的，可以推举三至五名代表参加"。同时，《规则》还加大了对争议过程中各类细节的规定力度，例如仲裁过程中回避申请的提出、证据收集与提交、仲裁时效中断、用人单位情况变更等，其中第8条详细规定："发生争议的用人单位被吊销营业执照、责令关闭、撤销及用人单位决定提前解散、歇业，不能承担相关责任的，依法将其出资人、开办单位或主管部门作为共同当事人。"

此外，《劳动合同法》和《劳动争议调解仲裁法》在2008年的相继实施之后，各地在劳动关系的处理过程中又遇到了一些新情况和新问题。为了进一步促进劳动关系的和谐稳定，一些地方立法机关出台了地方性法规，也有一些其他规范性文件由相关机关出台。其中，2008年11月1日起实施的《深圳经济特区和谐劳动关系促进条例》（下称《条例》）比较具有代表性。《条例》从八个方面体现了深圳特区当地的立法思路：一是首次系统规定了劳资双方的权利和义务，共设4条25款；二是规定了加班工资的计算基数；三是明确每周休息一天不得变相拆分；四是建立征信制度，惩戒违法企业；五是优先保障生命健康权利；六是规范用人单位经济处分权限；七是创设停工事件"冷静期制度"，规定供水、供电、供气、公共运输等用人单位因劳动争议出现集体停工、怠工、闭厂等情形，导致或者可能导致危害公共安全、损害正常的社会经济秩序和市民生活秩序等严重危害公共利益的后果的，市、区政府可以发布命令，要求用人单位或者劳动者停止该项行为，恢复正常秩序；八是规定劳动争议案件不得"风险代理"。

目前，我国的劳动合同制度仍在不断调整和适应当中，其对企业用工的影响也将随时间的推移而不断显现。2012年5月，国务院办公厅致函全国人大常委会办公厅，转报人力资源和社会保障部关于落实全国人大常委会劳动合同法执法检查报告及审议意见的报告。报告提出，人力资源和社会保障部等相关部门将加强组织领导，抓紧研究并出台贯彻实施劳动合同法若干规定、企业裁员规定、劳务派遣规定、职工档案管理规定等规章，进一步完善工作时间、休息休假、最低工资制度、劳动定额等基本劳动标准。指导各地因地制宜制定相关政策措施，解决法律实施中的区域性差别问题，确保劳动合同法得到不折不扣的贯彻实施。[①]

建立和谐、稳定的劳资关系已然成为我国社会各方广泛关注的重要主题，未来，劳动合同的相关法律和政策将在规范劳动力市场环境、转变用人单位的管理理念等方面发挥更加积极的作用。

二、中国劳动关系发展的历程与阶段性特征

（一）计划经济时期中国劳动关系的基本特征

从1949年新中国成立到20世纪70年代后期改革开放的相当长一段时期，我国实行计划经济管理模式，劳动关系的建立基本上可以被概括为采用"统包统配"的方式使用劳动力，以及与之建立固定工式的"终身劳动关系"。在此一时期，我国劳动关系的基本特征主要表现在以下四个方面：

一是劳动关系的类型单一化。在全国范围内只有一种劳动关系类型，即公有制经济劳动关系，其主要表现是：劳动关系主体一方的用人单位的经济性质为全民所有制和带有全民性质的城镇集体所有制，而劳动者则是全民所有制固定工身份的职工。到20世纪60年代后期，企业的短期性、季节性和临时性用工大量转成固定工，临时性劳动关系的范围很窄，其他非公有制经济劳动关系一般不存在（乔健，2007）。

二是劳动关系的主体抽象化。劳动者和劳动力的使用者都没有独立的主体身份，更没有构成相对独立的利益主体。用人单位要由国家下达用工指标，无权自主招工；劳动者要由国家统一分配安置就业，无权自主择业；用人单位内的工会作为国家和单位的"行政助手"来发挥作用，而并非是职工利益的代表。此时，劳动关系的主体实际上是抽象化的国家与工人，而劳动关系也就成为抽象的国家与工人之间的关系。

[①] 资料来源：人力资源和社会保障部报告：将完善劳动合同法配套规章. 中国劳动保障新闻网，2012-06-04，http://www.clssn.com/html/node/59052-1.htm.

三是劳动关系的内容同一化。劳动者是生产资料的所有者，在用人单位中具有主人翁地位，反映在劳动关系方面就是就业形式普遍是终身制，工资分配、保险福利等都按照国家的统一政策[①]执行。劳动关系建立以后，用人单位的主要任务就是协调和监督劳动者以完成政府下达的生产计划。尽管经营管理者与职工追求利益的方式有所差异，但是这种区别远小于党和国家利益与管理者和工人利益的一致性。

四是劳动关系的运行行政化。劳动关系的各个领域则都要由国家统一计划、统一部署和统一实施。用人单位与劳动者劳动关系的建立和调整，要通过政府的行政指令实现；用人单位不仅是经济组织，还承担着规范国家与职工以及职工之间政治和社会关系等多方面的职责。劳动关系的变更必须经由政府的行政指令，严格限制职工流动，其身份也不可转换，除非由国家使用行政方式进行调配。

（二）现阶段中国劳动关系发展的主要表现

1978年党的十一届三中全会揭开了改革开放的序幕，从而使我国进入到由计划经济向社会主义市场经济过渡的经济转型时期。30多年来，伴随经济社会的发展，我国的劳动关系也在发生深刻的变化，经历着由行政化的劳动关系向市场化的劳动关系转变的过程。当前，我国劳动关系发展的主要表现是：

1. 劳动关系的类型多样、形式灵活

非公有制经济的长足发展，已然使其成为劳动力市场上重要的用工主体，从而改变了劳动关系仅有一种公有制经济模式的历史，呈现出多样类型并存的态势。如图4—1所示，从2010年我国城镇不同所有制类型就业人员的分布情况看，私营企业（26.05%）、个体（19.17%）和有限责任公司（11.21%）已经成为除去国有企业（27.96%）之外的、劳动者在城镇地区就业的三大去向。目前，以私营企业、个体、有限责任公司、外商及港澳台商投资单位、股份有限公司等为代表，非公有制经济提供了超过80%的城镇就业岗位和超过90%的新增就业岗位。[②] 此外，就业观念的转变也使得劳动者的就业形式更加灵活和有弹性，非

---

① 工资分配实行平均主义"大锅饭"式的计时工资制，而社会保障则采取国家和企业全包的各项劳动保险和企业集体福利制度。

② 数据来源：贾庆林在全国非公有制经济先进典型事迹报告会上的讲话．人民网，2011-12-02，http://politics.people.com.cn/GB/1024/16482588.html.

标准劳动关系①大量涌现。如图4—2所示，截至2010年年底，我国城镇就业人员总数为34 687万人，其中，单位就业人员数为13 051.5万人，仅占就业人员总数的37.63%，而相比之下，非单位就业人员的数量则达到21 635.5万人，占就业人员总数的62.37%，该比例超过单位就业人员数的占比近25个百分点。

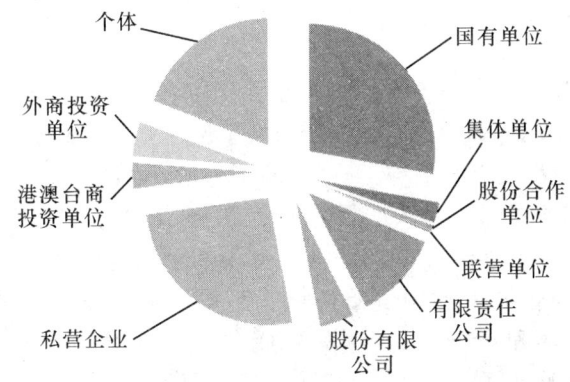

图4—1　2010年中国城镇不同所有制类型就业人数的变动情况
数据来源：中国统计年鉴（2011）. 北京：中国统计出版社，2011.

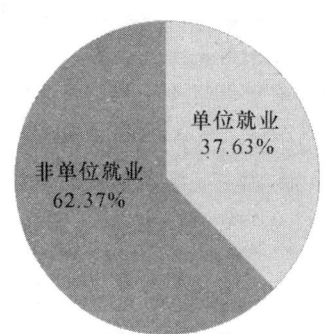

图4—2　2010年中国城镇单位就业与非单位就业的分布情况
数据来源：中国统计年鉴（2011）. 北京：中国统计出版社，2011，笔者进行了计算得到。

---

① 根据董保华（2008）的观点，非标准劳动关系是在灵活就业与制度转轨中产生出来的一种特殊类型的劳动关系。标准劳动关系在我国通常表现为用人单位与劳动者之间建立的、以一重劳动关系、8小时全日制劳动和劳动者只遵守一个雇主指挥为标准的劳动关系。因此，非标准劳动关系则是至少不满足上述一项条件的劳动关系，即：在非常规下，劳动者和一个用工单位或多个用工单位自由建立的劳动关系，是相互之间约定的一种工作时间不定、工作地点不定、工作方式不定、工作报酬不定的用工关系，比如多重劳动关系、灵活就业或劳务派遣等形式下的劳动关系等。

2. 劳动关系的内容各异、格局复杂

劳动关系的建立和调节以及劳动关系的内容[①]都不再完全听由政府的行政指令，而是更多地遵从劳动关系双方主体的意愿，由市场机制调节劳动关系的运行。于是，各具特点的不同所有制类型单位、不同的行业、不同的职业、甚至劳动者不同的素质能力等，都成为区隔劳动关系内容的原因，以至于形成了目前较为复杂的劳动关系格局。

首先，以反映劳动关系内容的一项重要指标——劳动报酬为例。如图4—3所示，2010年，我国城镇不同登记注册类型单位就业人员的平均工资差异较大，该年度城镇单位就业人员的平均工资为36 539元，而实际超过这一水平的单位类型只有股份有限公司、外商投资单位和国有单位，超出的比例分别是20.74%、14.23%和4.98%，除此之外，其他的单位类型均低于这一平均水平，尤其是城镇集体单位和其他内资单位低于平均水平的幅度超过了30%。另据《2010年度人力资源和社会保障事业发展统计公报》的数据显示，2010年我国非私营单位在岗职工的年平均工资是37 147元，而私营单位就业人员的年平均工资仅为20 759元，后者大大低于前者。

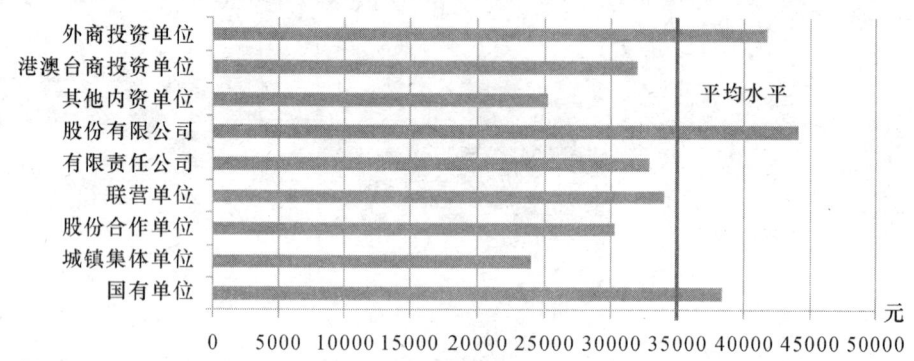

图4—3　2010年中国按登记注册类型分城镇单位就业人员的平均工资情况

数据来源：中国统计年鉴（2011）．北京：中国统计出版社，2011．

其次，除了因单位所有制类型不同而表现出来的劳动报酬差异，在行业层面同样存在相似的现象。如图4—4所示，2010年，我国不同行业城镇单位就业人员的平均工资相差明显，平均工资水平排名前三位的行业是金融业，信息传输、计算机服务和软件业，以及科学研究、技术服务和地质勘查业，分别超出该年度城镇单位就业人员平均工资水平的91.98%、76.35%和54.29%，而排名后三位的行业则是

---

① 一般而言，劳动关系的内容包括劳动岗位及工作内容、劳动方式、劳动报酬、劳动条件、劳动时间、劳动保护、劳动标准和劳动地点等。

农、林、牧、渔业，住宿和餐饮业，以及水利、环境和公共设施管理业，分别低于该年度城镇单位就业人员平均工资水平的 54.25%、36.01% 和 30.09%；2010 年行业间的平均工资级差达到 53 429 元，相当于平均工资最低的行业的 3 倍多。

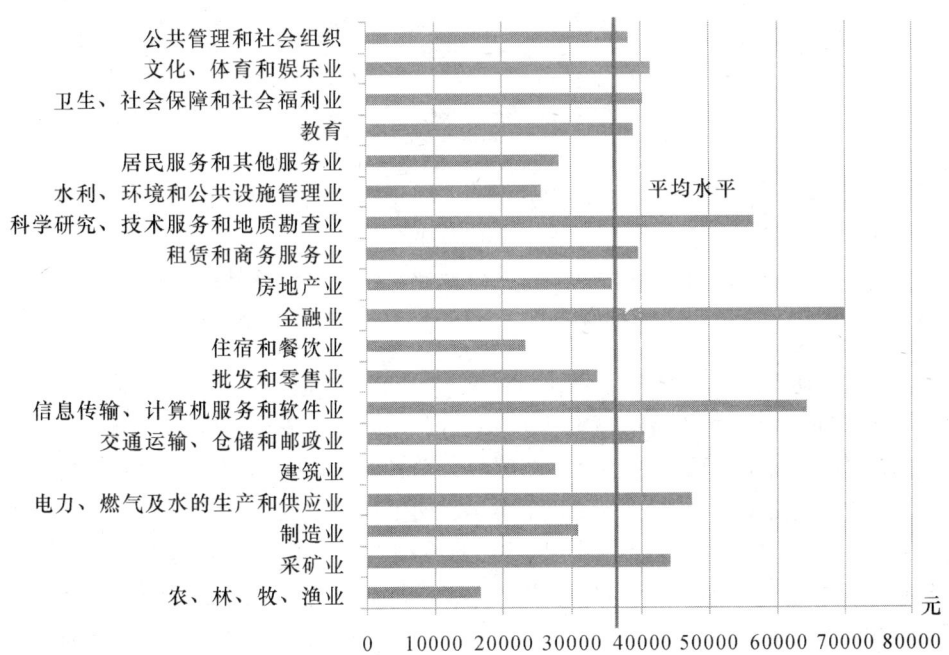

图 4—4 2010 年中国按行业分城镇单位就业人员的平均工资情况
数据来源：中国统计年鉴（2011）. 北京：中国统计出版社，2011.

企业或行业的特征揭示出了劳动关系的某种格局，而同样的，劳动者的一些特征，比如他们所从事的职业以及他们的知识技能状况等，也能够在一定程度上决定其劳动关系的层次，从而形成另外的劳动关系格局。以反映劳动关系内容的另一项重要指标——劳动时间为例，刻画和描述与劳动者个体因素相关的情况。如图 4—5 所示，从 2009 年不同职业的城镇就业人员工作时间的构成来看，每类职业群体都存在部分劳动者周工作时间超过 48 小时[①]的情况，其中，以生产运输

---

① 根据《劳动法》第四章第 36 条的规定，国家实行劳动者每日工作时间不超过 8 小时、平均每周工作时间不超过 44 小时的工时制度。因此，按照《劳动法》的规定，凡劳动者每周工作时间多于 44 小时的，就应当视为超时工作。然而，由于我国现有的统计劳动者工作时间的数据口径与《劳动法》的规定不符，故而采用倒推法，将周工作时间在 48 小时以上的劳动者群体作为比较和分析的依据。考虑到该项时间上限（48 小时）实际上要宽松于《劳动法》规定的上限（44 小时），故而属于超时工作的劳动者群体比例会高于本研究提供的数据。

设备操作人员及有关人员和商业、服务业人员的问题最为突出,在这两类职业群体当中,分别(至少)有43.6%和41.7%的劳动者平均每周都在超时工作,劳动强度明显高过其他职业。

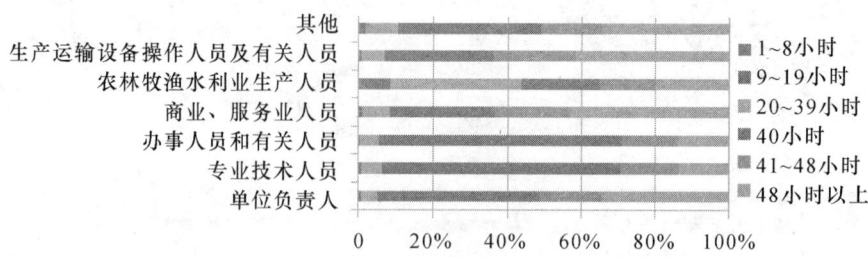

图4—5　2009年按职业分的中国城镇就业人员的工作时间构成
数据来源:中国劳动统计年鉴(2010).北京:中国统计出版社,2010.

再以劳动者的受教育程度作为衡量其素质能力的指标。如图4—6所示,从2009年不同教育程度的城镇就业人员工作时间的构成来看,与前述按职业划分的情况类似,每个学历群体也都存在部分劳动者周工作时间超过48小时的情况,但是这一问题更在受教育程度较低的小学、初中和高中的劳动者中表现明显,分别(至少)有31.7%、37.9%和29.7%的劳动者平均每周都在超时工作,他们成为工作时间最长的劳动者群体。总之,无论从职业的维度上看,还是从受教育程度的维度上看,都可以洞悉到劳动关系内容在不同劳动者群体之间的差别,以及由此所折射出的一种多层级的劳动关系格局。

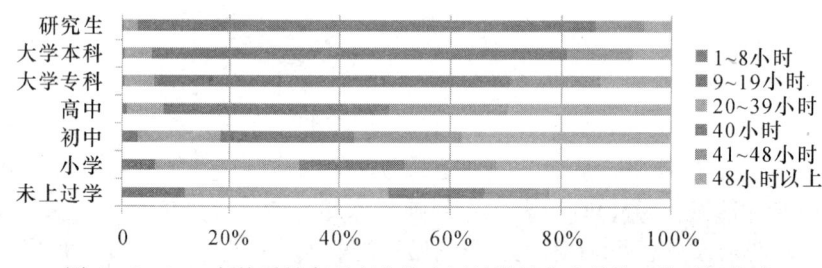

图4—6　2009年按受教育程度分的中国城镇就业人员的工作时间构成
数据来源:中国劳动统计年鉴(2010).北京:中国统计出版社,2010.

3. 劳动关系的主体明晰、利益分化

市场化转型培育了劳动力市场,也促使劳动关系双方主体日趋明确和独立。计划经济体制下以国家为核心的利益一体化的劳动关系,转变为企业和劳动者两个独立的利益主体之间的雇佣劳动关系,与此同时,在不同利益主体之下,因利益差异而导致的利益矛盾和问题也不断增加。比较2009年和1996年我国劳动争议的基本情况（见表4—1），可以发现，14年间全国各级劳动争议仲裁机构当期受理的劳动争议案件（包含集体劳动争议案件）的数量、涉及劳动者（包含集体劳动争议涉及的劳动者）的数量，以及当期结案的数量等都在急剧攀升。与1996年的数量相比，劳动争议案件数量的增幅超过13倍，涉及劳动者的数量增幅超过4倍，而当期结案的数量增幅则接近14倍；同样的，集体劳动争议案件的数量以及涉及劳动者的数量也都有较大幅度的增长，增幅分别达到1996年对应指标数量的3.4倍和2.2倍。

表4—1　　　　2009年和1996年我国劳动争议的基本情况　　单位：件，人，%

	2009年	1996年	增减	增幅
当期案件受理数	684 379	48 121	636 258	1 322.20
劳动者当事人数	1 016 922	189 120	827 802	437.71
集体劳动争议案件数	13 779	3 150	10 629	337.43
集体劳动争议劳动者当事人数	299 601	92 203	207 398	224.94
当期结案数	689 714	46 543	643 171	1 381.89

数据来源：中国劳动统计年鉴（2010）．北京：中国统计出版社，2010．

劳动争议案件大量增加，案件的处理就成为关键环节。2009年和1996年相比（见表4—2），我国劳动争议案件的主要处理方式发生了变化。2009年，采用仲裁调解、仲裁裁决和其他方式结案的比重分别为36.46%、42.19%和21.35%，仲裁裁决是劳动争议案件的主要处理方式，而在1996年，仲裁调解是主要方式，劳动争议案件中以仲裁调解结案的比重高达52.04%，远超过采用仲裁裁决和其他方式的比重（27.48%和20.48%）。

表4—2　　　　2009年和1996年我国劳动争议案件的处理方式　　单位：件，%

	仲裁调解		仲裁裁决		其他方式	
	数量	比重	数量	比重	数量	比重
2009年	251 463	36.46	290 971	42.19	147 280	21.35
1996年	24 223	52.04	12 789	27.48	9 531	20.48

数据来源：中国劳动统计年鉴（2010）．北京：中国统计出版社，2010．

此外，劳动争议案件处理结果的分布也有所变化，"双方部分胜诉"取代"劳动者胜诉"成为主要结果。2009年和1996年我国劳动争议案件的处理结果如图4—7所示，2009年，双方部分胜诉的比重最大，占49.17%，其次为劳动者胜诉，占36.99%，用人单位胜诉的比重最小，占13.84%；而在1996年，劳动者胜诉的比重为50.91%，大大高于双方部分胜诉（28.78%）和用人单位胜诉（20.31%）。可见,"以裁定论,双方共赢"成为当前我国劳动争议案件处理的主要特征。

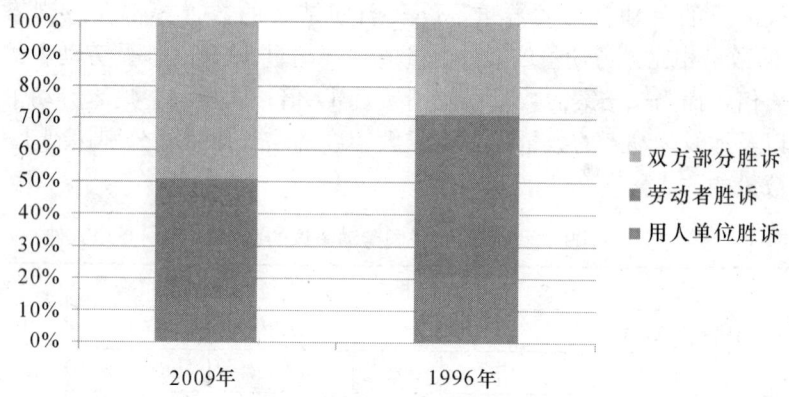

图4—7　2009年和1996年中国劳动争议案件处理结果的比重
数据来源：中国劳动统计年鉴（2010）.北京：中国统计出版社,2010.

2010年以来,我国劳动争议总体保持平稳。据《2010年度人力资源和社会保障事业发展统计公报》的数据显示,2010年全国各级劳动争议仲裁机构受理的劳动争议案件数量为60.1万件,较2009年减少12.2%,涉及劳动者81.5万人,较2009年减少19.8%,其中,集体劳动争议案件数量为0.9万件,涉及劳动者21.2万人,当期共审结劳动争议案件63.4万件,较2009年减少8.1%。2011年,全国进入法律程序的劳动争议案件与2010年基本持平。①

4. 劳动关系的法制增强、博弈增多

1994年我国颁布了《劳动法》,随后逐步完善劳动关系法律体系,目前已有相关劳动法律法规共计60余部（件）。2007年颁布的《劳动合同法》是个别劳动关系调整的重要法律,其与国务院2008年出台的《劳动合同法实施条例》,共同确立了劳动者与用人单位通过劳动合同确定劳动条件,以实现双方权利义务的法律规制。截至2010年年末,全国规模以上企业劳动合同签订率达到97.5%。②

与此同时,我国集体劳动关系调整的法律框架也初步形成。通过1992年《工会法》、2001年修正的《工会法》及《劳动合同法》,初步确立了以工资集体协商为重点的平等协商和集体合同制度。截至2010年年末,全国经各地人力资

---

① 资料来源：劳动争议稳中有降,劳务派遣或成主流用工方式. 人民网,2012-01-04,http://legal.people.com.cn/GB/188502/16791328.html.
② 数据来源：2010年度人力资源和社会保障事业发展统计公报. 人力资源和社会保障部网站,2011-07-20,http://www.mohrss.gov.cn/page.do?pa=40288020246a7c6601246ad9ea22032f.

源和社会保障部门审核备案的集体合同达到92.1万份,覆盖职工1.14亿人;工资集体协议31万份,覆盖职工4 398万人。到2011年第二季度,全国29个省(区、市)工资集体合同覆盖企业150.9万家,覆盖职工10 767.8万人。[1]

1990年,全国人大常委会批准国际劳工组织《(国际劳工标准)三方协商公约》(第144号)。2001年,由劳动保障部、全国总工会、中国企业联合会/中国企业家协会组成了国家级协调劳动关系三方会议制度,使劳动关系的协调工作有了一个较为规范和稳定的工作机制。[2] 截至2010年9月,全国共建立各级劳动关系三方协调机制(包括地方和产业)1.7万个[3],初步形成了多层次的三方机制组织体系。

此外,为推动劳动执法监察工作,2004年国务院颁布了《劳动保障监察条例》;2008年5月《劳动争议调解仲裁法》实施,以及2009年《劳动人事争议仲裁委员会办案规则》公布实施,进一步创新和完善了劳动争议处理机制。截至2010年年末,全国共有劳动保障监察机构3 291个,各级人力资源社会保障部门配备劳动保障专职监察员2.3万个。[4] 2011年发布的"十二五"规划纲要进一步提出,要加大劳动保障监察执法力度,切实维护劳动者权益。

2011年,劳动关系法律法规进一步完善,《国务院关于修改〈工伤保险条例〉的决定》《刑法修正案(八)》《社会保险法》等已先后开始实施。

三、当前中国劳动关系面临的新情况

我国正处于加快市场扩张、形成创新发展模式的战略机遇期,如何调整经济结构,扩大消费需求,实现公平与可持续的科学发展,是"十二五"乃至今后一段时期我国转型与改革的关键任务。同时,我国经济社会发展的阶段性特征,以及近年来劳动力市场出现的一些新趋势、新问题,正在对现有的劳动关系协调机制提出新要求,保障和改善民生、助推发展方式转变已经成为创新劳动关系制度设计的战略性出发点。

---

[1] 数据来源:全国工资集体合同覆盖企业150.9万家. 工人日报,2011-11-10.

[2] 2008年,三方会议改为执行主席制,由政府部门的执行主席主持会议,而各地的三方机制运行模式则结合当地的实际情况进行创新。三方会议的主要职能有:参与劳动法律政策和重要劳动标准的制定和实施、促进劳资双方开展集体谈判,以及参与劳动争议处理等。到2010年年末,三方共举行15次会议。

[3] 数据来源:中国工会会员2.39亿人,推动构建和谐劳动关系. 人民网,2011-05-02,http://politics.people.com.cn/GB/14526435.html.

[4] 数据来源:2010年度人力资源和社会保障事业发展统计公报. 人力资源和社会保障部网站,2011-07-20,http://www.mohrss.gov.cn/page.do?pa=40288020246a7c6601246ad9ea22032f.

(一) 劳动力市场出现的新形势

1. 劳动力成本显著上升

自 2004 年"民工荒"爆发以来，农民工工资结束了长期停滞状态，进入到一个快速上升通道。特别是在金融危机的冲击下，以农民工为代表的低端劳动力工资仍不降反升。2005—2010 年，我国农民工工资水平不断上升，6 年上涨幅度超过 1 倍，年均涨幅超过 12.4%。在我国二元劳动就业体制下，部分农民工工资的涨幅甚至超过城镇劳动力。有调查显示，2011 年中国员工平均薪酬年同比增速达到 9.3%，相比 2010 年的 6.9%，涨幅明显。①

工资水平的上涨是人口、周期、政策、结构等多种因素共同作用的结果。随着金融危机后我国经济触底反弹，各地对劳动力的需求快速回升，劳动力市场供求关系出现大幅逆转，沿海和内陆局部地区同时出现"民工荒"，用工短缺问题凸显，低端劳动力供给开始由总量过剩转向结构性过剩。根据中国人力资源市场信息监测中心对全国 116 个城市的公共就业服务机构市场供求信息的统计分析，如图 4—8 所示，2001 年以来，我国劳动力市场中岗位需求和求职人数总体上保持上升态势，劳动力需求的增长速度高于求职人数的增长。特别是 2004 年以来，市场中岗位空缺与求职人数的比率始终保持在 0.9 以上，2010 年更攀升至 1.01，达到历史的最高水平。② 另据该机构对全国 91 个城市的公共就业服务机构市场供求信息的统计分析，2011 年第四季度，我国劳动力市场中岗位空缺与求职人数的比率又进一步上升至 1.04，其中，东、中、西部地区的该项指标值分别为 1.03、1.08、1.03，中部地区劳动力缺口增大。③ 来自前程无忧（51job）的招聘职位统计显示，2011 年日均发布的招聘职位数达到 200 多万个，比 2010 年增加了 1/3。招聘职位中因为人员离职产生的替代性招聘几乎占到了一半，一些制造业的雇主甚至将工资提高了 30% 以上，仍无法招募到足够的员工。根据 51job 的预计，2012 年上半年我国各行业平均涨幅可达 9.8%。④

此外，我国的人口结构已经发生了显著变化，劳动力增长幅度放缓，劳动力供给水平下降，并且年龄趋向高龄化。比较 2009—2011 年度我国部分城市公共就业服务机构市场求职人员的年龄状况（见表 4—3），可以发现，16～24 岁年龄

---

① 数据来源：调查显示：2010 年中国雇员平均离职率高达 19%. 中国新闻网，2011-09-15，http://www.chinanews.com/sh/2011/09-15/3330863.shtml.

② 数据来源：中国就业网，2011-02-24，http://www.chinajob.gov.cn/Weekly/content/2011-02/24/content_606755.htm.

③ 数据来源：中国就业网，2012-01-19，http://www.lm.gov.cn/DataAnalysis/content/2012-01/19/content_691703.htm.

④ 数据来源：2012：薪酬保卫战. 21 世纪经济报道，2012-01-13

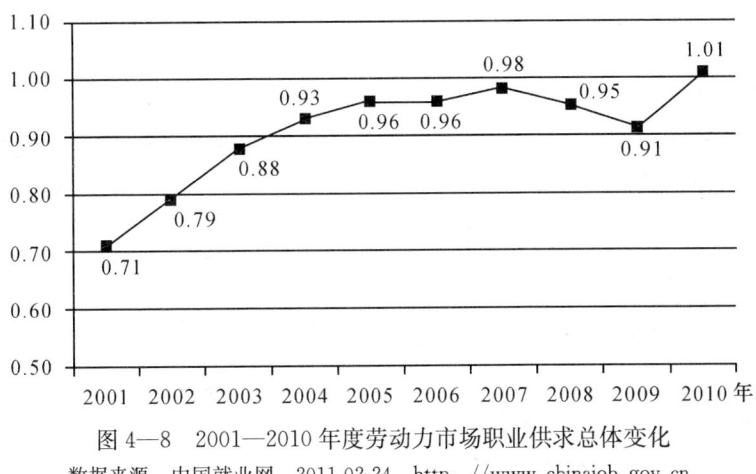

图 4—8　2001—2010 年度劳动力市场职业供求总体变化

数据来源：中国就业网，2011-02-24，http://www.chinajob.gov.cn.

段求职人数的比重逐年下降，2011 年该项指标值已降至 34.4%，较 2009 年时下降了超过 6 个百分点，而 25～34 岁的求职人数比重则逐年提高，从 2009 年的 32.9% 增至 2011 年的 35.9%，同时，45 岁以上的求职者比重也在 3 年间增加了近 2 个百分点。劳动力供给量的缩减将加剧劳动力市场的结构性矛盾，从而进一步推高劳动力的价格。

表 4—3　2009—2011 年度部分城市公共就业服务机构市场求职人员的年龄状况

年份 人数、比重 年龄	2009		2010		2011	
	各年龄段求职人数（人）	占总求职人数比重（%）	各年龄段求职人数（人）	占总求职人数比重（%）	各年龄段求职人数（人）	占总求职人数比重（%）
16～24	9 317 870	40.6	9 244 615	39.9	6 728 839	34.4
25～34	7 543 758	32.9	7 751 888	33.5	7 020 434	35.9
35～44	4 302 917	18.8	4 238 093	18.3	4 011 160	20.5
45 以上	1 766 111	7.7	1 935 370	8.4	1 802 872	9.2

资料来源：各年度部分城市公共就业服务机构市场供求状况分析（2009－2011），http://www.lm.gov.cn/DataAnalysis/node_1032.htm.

还有一个值得注意的现象是，2010 年，我国劳动力市场的职业稳定性继续下降。有调查显示，2010 年我国员工的平均离职率高达 19%，其中自愿离职率为 15%；而 2009 年，该组数据分别为 14.5% 和 11%，且据初步预测，2011

此数据将保持攀升趋势。① 笔者在山西省临汾市调研了解的情况显示，当地一些企业（比较集中在传统产业和低端劳动密集型行业）的劳动力流动性过大，特别是普通一线岗位的人员流失率较高，如某煤焦化企业近3年的员工流失率都在10%左右（王阳，2011）。劳动力的频繁流动不仅直接增加了企业的招募成本和培训成本，更由于员工的知识结构、技能结构等难以及时、充分地满足企业生产经营的需要，而无形中增加了企业劳动用工的管理成本。

未来，在全球化发展以及我国工业化、城镇化进程加速的推动下，劳动力工资水平增速将进入到一个市场化增长的全新阶段。中国人民大学宏观经济分析与预测课题组提供的数据显示，2003年之前，相对于高技能工人，我国低技能工人平均工资的相对比重由1998年的71%下降到2003年的64%。但自2003年以后，随着我国经济重化工阶段和加工贸易化阶段的深化，低端劳动力需求不断上升，低技能工人劳动报酬也在快速增加，相对工资比重在2008年已上升至72%，存在较为明显的"回升"特征。此外，城市生活成本的提高也在推动劳动力、特别是低端劳动力价格的上涨。②

劳动力成本的上升将促使市场导向型工资形成机制的确立，而作为该机制中重要的组成部分——工资集体协商也将全面推进。该机制为劳资双方提供了一个以工资报酬为核心的利益博弈平台，当一方（主要是劳动者）有利益诉求时，可以实现与另一方的协商沟通，从而减小双方矛盾激化的可能性。③ 特别是当劳动者的诉求并非是《劳动合同法》实行之前的以企业拒付工资而产生的权利争议，更多的是关于工资增长的利益争议时，更需要形成劳资间的利益分配与协调机制。以浙江省为例。该省民营经济比重较大，中小企业量大面广，区域块状经济形成规模，劳动力流动性较强。2010年前3季度，该省企业需求人数累计比求职人数多105万人，求人倍率（用工需求人数/求职人数）高达1.99。为避免因缺工导致的劳动力工资无序上涨，2010年年底，浙江省余姚市在泗门镇电线电缆行业、小曹娥镇电镀行业、阳明街道美容美发行业和梁弄镇灯具行业四个乡镇

---

① 数据来源：调查显示：2010年中国雇员平均离职率高达19%. 中国新闻网，2011-09-15，http://www.chinanews.com/sh/2011/09-15/3330863.shtml.

② 农村改革使务农收入进入一个稳健的上升通道，同时，资源价格不断上涨，带动了城市生活成本、交通费用的增加。近年来，城市食品价格的上涨趋势较为明显。2003－2008年，食品价格累计上涨48%，年均涨幅近10%。这在相当程度上抬高了城市生活成本及生存工资。

③ 分析2011年12月发生在深圳市的一起千人罢工事件，其根源就是工人希望就薪酬、补贴、加班费、解雇补偿等利益分配内容与资方重新商定，但由于后者态度消极、生硬，导致矛盾激化，甚至发生肢体冲突。工资集体协商机制的缺失导致劳动者缺乏发声的渠道，导致劳动者选择采取极端的手段。（案件的具体情况可参见：深圳日企海量公司千人罢工调查. 法制网，2012-01-04，http://www.legaldaily.com.cn/index/content/2012－01/04/content_3263104_2.htm）

试行了行业工资集体协议，覆盖企业 123 家，劳动者 30 余万人。工资集体协商使该地区劳动力工资实现了行业性集体增长，降低了劳动力的流动性。

2. 群体性劳动争议频繁发生

2008 年《劳动合同法》实施以来，群体性劳动争议①的数量和涉及人数大幅攀升，2009 年以后更发生了多起极端的群体性劳动争议事件，并表现出了集中性、突发性、对抗性、诱因多元化、形式多样化②和劳动者组织化等特点。最近 5 年，我国集体劳动争议已经达到月均 1 000 件左右的水平。据全国总工会的不完全统计，2010 年各地发生的职工走出厂门进行游行、示威、堵塞道路、静坐、集体非正常上访等行为的至少有 40 余起；同年，我国发生的 11～49 人的一般性集体争议有 4 000 多起，涉及 11.8 万人；50 人以上的重大集体争议有 216 起，涉及劳动者 2.9 万人，平均每案人数为 137 人（乔健，2011）。此外，从笔者收集到的湖北省的情况看，当前该省劳动争议矛盾纠纷也是处于多发态势，并且对抗性越来越强，波及面越来越广，调解难度越来越大，有的甚至演变成集体上访、停工等事件。据该省 17 个市（州）、直管市、神农架林区对本级的不完全统计，2011 年前 5 个月，劳动争议仲裁部门共调处劳动争议案件 5 023 件，工会帮扶中心共接待职工信访 7 175 批次。2011 年 6 月，台资企业兴勤（宜昌）电子有限公司约 200 名职工停工并张贴"倡议书"，提出涨薪、取消住宿费、提高伙食标准、增加降温费及夜班补助等诉求，经过市、区工会和人力资源社会保障部门 3 天协调，停工事件才得以解决。

经过 30 多年的改革发展，我国经济社会的发展阶段和依托条件都发生了显著变化。一方面，我国已经从以衣食住行等基本需求的生存型阶段，进入到以人的自身发展为主要目标的发展型新阶段，使得社会突出矛盾由私人产品短缺变为公共产品短缺，需要从满足人对教育、就业、医疗、住房、文化等民生诉求的角度，构建有利于人的发展的体制机制。另一方面，随着我国在较短时间内实现了人口转变③，人口结构特别是劳动力的年龄结构、受教育结构和城乡结构等都发

---

① 群体性劳动争议是指有群体劳动者参与的、有明确利益诉求的、以非正常途径为主要表现形式的突发性群体行为，是现行劳动争议的群体表现形式。

② 可以归纳为以下四类：一是最原始的反抗形式，如自杀、拘禁企业管理者、杀害雇主等；二是停工和"罢工"；三是游行、示威、请愿、静坐和上访等；四是联合的、有节制的不跨越法律界限的集体停工行动。

③ 考察世界人口变化的历史，可以看出，一些国家的人口增长类型经历了一些共同的变化趋势。如果把人口自然增长率的变化看做是由出生率和死亡率两个指标影响的过程，则一个高出生率、高死亡率从而低自然增长率的人口增长类型，会随着社会经济条件的改变而过渡到一个低出生率、低死亡率从而低自然增长率的人口增长类型。这就是所谓的人口转变。

生了重要变化。以受教育结构为例，比较2009—2011年度部分城市公共就业服务机构市场求职人员的文化程度构成状况（见表4—4），可以发现，初中及以下文化程度的求职人数比重已经从2009年的28.0%降至2011年的24.6%，3年间减少了3.4个百分点，而大专和大学文化程度的求职人数比重则都有一定程度的增加，前者增幅接近3个百分点，后者增幅接近2个百分点。

劳动者文化程度的不断提高，使其权利意识、集体意识和行动意识也在提高，需要从平衡不同劳动力市场主体生存和发展的角度，架设有利于弥合差距的利益轨道。群体性劳动争议的高发，不仅反映出我国尚缺乏有效的、在集体层面协调劳资关系的制度基础，更在深层次上揭示出我国亟待构建和完善顺应新时期发展与转型需要的体制机制和利益架构。

表4—4　　2009—2011年度部分城市公共就业服务机构市场求职人员的文化程度状况

年份 人数、比重 受教育程度	2009 各文化程度求职人数（人）	2009 占总求职人数比重（%）	2010 各文化程度求职人数（人）	2010 占总求职人数比重（%）	2011 各文化程度求职人数（人）	2011 占总求职人数比重（%）
初中及以下	6 429 085	28.0	5 940 567	25.6	4 825 211	24.6
高中	9 707 972	42.4	9 322 656	40.3	8 052 985	41.2
大专	4 456 014	19.4	4 991 549	21.5	4 357 293	22.3
大学	2 248 907	9.8	2 800 173	12.1	2 253 288	11.5
硕士以上	88 678	0.4	115 021	0.5	74 528	0.4

资料来源：各年度部分城市公共就业服务机构市场供求状况分析（2009—2011），http://www.lm.gov.cn/DataAnalysis/node_1032.htm.

当前，全球需求结构已经出现明显变化，世界经济格局正在进行深度调整，而我国经济发展中的结构性矛盾和整体性矛盾依然比较突出，激化劳资矛盾甚至引发群体性劳动争议的因素还很多。在实现人的发展和促进社会公平正义的时代背景下，以三方协调机制①建设作为实现劳、资、政三方协调劳动关系、发展和完善劳动标准的核心制度设计，其必要性和重要性已日益凸显。以深圳市为例。2008年金融危机爆发以后，该市通过三方会议确定将工资集体协商作为企业化

---

① 三方机制的主要作用是以定期或不定期的三方会议形式研讨当前及今后一段时期劳动关系领域的重大和紧迫问题；主要职能有参与劳动法律政策和重要劳动标准的制定和实施、促进劳资双方开展集体谈判，以及参与劳动争议处理等；再具体到制度层面，则是涵盖了集体协商与集体合同制度、集体劳动争议调解处理制度等的制度体系。

解金融危机、和谐劳动关系的重要手段。在尽量不降低员工工资收入的前提下，通过自然减员、提高劳动生产率、降低成本等方式使企业渡过难关。此外，该市三方机构还建立了劳动关系重大问题的信息沟通和协调处置机制，积极参与处理部分群体性突发性重大事件，引导员工合理依法诉求，稳妥解决重大劳动争议事件。

（二）劳动关系协调工作的新难题

作为市场经济国家在集体层面调整劳动关系普遍因循的两条制度路径，工资集体协商和三方协调机制虽然在我国也早已建制，但是从当前两项制度发挥作用的情况上看，却仍然存在一些问题有待解决。比较突出的问题表现在以下四个方面：

1. 基层工会组织的定位困境

当劳动者群体事件层出不穷的时候，工会（特别是基层工会）组织缺乏代表性和独立性的问题凸显出来。在现有体制下，由于我国工会既要代表党和国家的整体利益，又要代表工人的具体利益，使得劳动争议和群体性事件频发与社会稳定、政治稳定共同构成了其维权方式的约束机制。主要的问题有：（1）工会组织的官办性质和行政化色彩突出。自上而下的工会组建方式和工会主席"委派"式的选任方式仍居于主导地位，基层工会主席的直选也要"有控制地"进行。（2）出于维护政治稳定的需要，放弃了罢工权，不谋求以对抗形式维权。（3）行业工会和产业工会发展滞后，依附于雇主的企业工会体制难以有效承担维权责任，导致集体协商和员工参与等机制流于形式。[①]（4）基层工会组建迟缓，企业工会特别是非公有制企业工会的覆盖面依然较低。[②]（5）兼职工会主席现象普遍，"角色冲突"导致职责模糊。[③]

正是由于上述问题的累加，才使得一些罢工事件出现了劳动者自组织、劳动者与工会发生冲突等现象。比如，2010年爆发的多起汽车企业工人罢工事件都是工人在工会以外自发组织的行动。企业工会在罢工中找不到可以扮演的角色，

---

① 根据中国劳动关系学院课题组（2010）的调查，企业发生重大劳动安全事故和职业病灾害时，工会很难发挥预防和有效参与处置的作用；企业与职工发生劳动争议，鲜见工会代表职工参与仲裁和诉讼工作而工会代表企业方参与案件处理却时有耳闻，工会地位的错位令人尴尬。此外，在富士康连环跳楼事件中，企业工会始终没有成为职工的代言人，在南海本田罢工中工人甚至提出了重组工会的要求。

② 根据全国人大内务司法委员会2009年10月30日在十一届全国人大常委会第十一次会议上的《中华人民共和国工会法》执法检查情况通报，民营企业工会组建的效果不容乐观，尤其是在中小企业，工会覆盖率、职工入会率偏低。全国2亿多农民工，其入会率不到1/3，中小企业对建立工会不支持、不配合甚至抵触，工会组建率和职工入会率都不足50%，劳务派遣工多游离于工会组织之外。

③ 根据2009年广州市总工会进行的一项对工会主席的电话访问显示，企业中高层管理人员兼任工会主席的现象依旧普遍。

凸显工会与基层工人的脱节，并且这也在更广泛的层面上反映出，作为劳动者权益的代表，我国工会特别是基层工会仍面临着定位不清的困境。①

2. 集体协商和集体合同制度的形式化

我国自20世纪90年代中期推行集体协商制度以来，集体合同的数量一直呈正增长态势。特别是为推动工资集体协商，全国总工会于2009年、2011年先后出台《关于积极开展行业性工资集体协商工作的指导意见》《中华全国总工会2011—2013年深入推进工资集体协商工作规划》，强调"着重抓好区域性、行业性工资集体协商、非公有制企业工资集体协商建制、世界500强在华企业建制工作。"2011年年初，全总还提出了推进"两个普遍"的3年工作目标。②

然而，在集体协商和集体合同制度大幅"扩面"的背后，却是制度作用有限的事实。究其原因，还在于制度建设与实施当中存在的诸多不足之处。主要的问题有：(1) 法律法规不完善，缺少关于集体协商的法律规范，已有的相关规定立法层次低，《劳动合同法》《社会保险法》等法律的配套规章和政策不完善，影响集体协商和集体合同制度的可操作性。③ (2) 三方协调机制架构虚化，难以就重大问题共商决策。④ (3) 集体合同文本形式化现象严重。⑤ (4) 企业层面的工资协商程序不规范，协商双方地位不平等。(5) 部分企业重签约轻履行、重形式轻内容情况严重。(6) 集体协商层次较低。集体协商制度在现实运行中的各种问

---

① 实际上，南海本田的工人曾经向企业工会反映过工资太低的问题，但是工会毫不理会。在罢工过程中，甚至有媒体报道称，南海本田的上级工会——狮山镇工会，为了平息罢工，与参加罢工的工人发生了肢体冲突。随后，工人不仅公开谴责这些工会，并且要求撤销原南海本田厂工会。他们要求重新选举和建立工人自己的工会，坚持工厂的基层工会必须是由一线工人选举产生。于是，新生代农民工快速提升的权利意识，使他们敢于向资方主张自己的利益，但是，由于缺少有效的企业内部劳资沟通机制，使他们的诉求没有可以表达的渠道，如此就导致了劳资矛盾的迅速升级。

② "两个普遍"，即依法推动企业普遍建立工会组织、普遍开展工资集体协商。工作目标是：力争到2011年年底已建工会企业工资集体协商制度覆盖率达到60%，2013年年底达到80%以上。

③ 目前，我国只有《劳动法》《工会法》《劳动合同法》等少数法律中的若干条款对集体合同作了原则性规定，这对于推行集体协商和集体合同制度面临的问题来说，显然还不够。此外，我国规范集体合同主要法规一直是劳动部发布的《集体合同规定》，随着集体合同制度的推行，该规定的局限性正在凸显；而且，由于《集体合同规定》是部颁行政法规，只规定与集体合同的行政管理的有关问题，其法律效力也比较有限。

④ 目前，我国三方协调机制的工作还比较局限，制度虚化导致其目标和任务缺乏计划性和针对性。有调查发现，一些地方的三方机制在省、市、县发展不平衡，尤以县级较差，深入乡镇和行业就更为有限。此外，代表性不强，主体缺位也是各地三方会议的通病。

⑤ 根据崇明县总工会(2007)的调查，很多企业在起草工资专项集体合同时，并未结合自身经营现状形成个性化协商文本，只做表面文章，合同文本千篇一律，缺乏针对性和实效性。此外，一些企业的协议文本既没有履约监督的形式、办法，也没有工资协商的相关会议记录，甚至协议一年一签制度都无法履行，制度建设类似"走过场"。

题，直接导致劳资双方在体制内缺乏一个有效的博弈平台。①

从笔者在荆州市了解的情况显示，尽管该市各类企业普遍建立了劳动合同制度和集体合同制度，但是由于诚信缺失，劳动合同、集体合同格式化的现象比较严重。特别是在非公有制企业，推行平等协商和集体合同制度难度较大，很难形成工资正常增长机制，也不利于完善劳动关系协调机制。

3. 集体劳动争议处理的制度资源匮乏

目前，我国集体劳动争议调解仲裁制度严重不足，劳动法律法规十分缺乏针对集体劳动争议处理的相关规定。尽管《劳动争议调解仲裁法》中对集体劳动争议处理进行了一定的调整，但在实践中仍显不足。主要的问题有：（1）对集体劳动争议的认定标准不统一，大致分为"以发生劳动争议的职工人数为依据"②和"强调因集体合同引发的争议"③两种。（2）缺乏完善的处理集体劳动争议的程序与规则。除了履行集体合同争议之外，现行劳动法律法规还没有关于处理集体劳动争议的专门规定，在实践中只能参照个别劳动争议的程序和规则处理。④（3）缺乏处理群体性劳动争议事件的制度化渠道。目前，我国还未从性质上将群体性劳动争议事件同其他类群体性事件明晰区分开，导致一些地方政府和工会组织往往以"群体性事件"或"突发性事件"的名义处理具有"较大社会影响"的集体劳动争议，但这种解决方式同样也缺乏相应的制度依据。

4. 相关法律制度的局限衍生叠加效应

实际上，近一段时期我国劳动关系矛盾冲突情况加剧的另一面，也反映出相关法律制度不能很好解决劳动关系中的现实问题，甚至有些规定还成为诱发矛盾的根源。比如，我国的《劳动合同法》、社会保障制度和劳动保障监察等在应对劳动关系发展变化中就存在一些突出问题，如若不尽快加以解决，那么将"放大"成为实现劳动关系依规依法运行的制度障碍和工作薄弱点。

首先，在《劳动合同法》方面，综合一些案例的情况，比较突出的有以下五个：（1）非典型劳动关系缺乏法律规范。如双重劳动关系以及商业销售、承发包等领域用工关系，与传统的劳动关系存在很大差别，而法律对此缺乏专门的规

---

① 实际上，我国立法不能完整地保障"劳工三权"（即团结权、集体谈判权和集体争议权），是集体协商和集体合同制度流于形式的根本原因。由于排斥集体争议权，企业工会只得以"要求""意见""建议"等形式维权，导致企业层级推进集体协商缺乏必要的压力机制。

② 《国营企业劳动争议处理暂行规定》《企业劳动争议处理条例》和《劳动争议调解仲裁法》均是以发生劳动争议的职工人数为依据确定集体劳动争议，但人数的标准不统一。

③ 《劳动法》和《劳动合同法》中涉及集体劳动争议的规定强调的是因集体合同而引发的争议，没有提到发生劳动争议的职工人数。

④ 正是由于认定标准不统一和处理规则的专项立法缺失，使得集体劳动争议处理的程序复杂、处理时间较长，不利于问题的及时解决，进而促成诱发群体性劳动争议的重要原因。

定,使这类纠纷长期面临无法可依的困境。(2)无固定期限合同有些内容尚不明确。如"在本企业连续工作满十年",如何界定"连续"的含义?同一集团下的不同二级法人单位间劳动者的转移是否算做连续;国企改制,本企业工作年限是否连续计算,这些都需要进一步加以明确。(3)解除合同的条件存在争议。如"严重违反规章制度""不能胜任工作",存在很大的弹性,极易导致仲裁与诉讼执法尺度的不统一。(4)劳务派遣制度的适用范围不明,易被企业(比如国有企业、事业单位等)滥用。(5)关于同工同酬、专项培训费的界定,用人单位以恶性竞争为目的"挖墙脚"、职工恶意"跳槽"是否应赔偿损失等,尚需要研究和细化。

其次,在社会保障制度方面,综合笔者在襄阳市和荆州市调研掌握的情况,比较突出的问题有以下四个:(1)覆盖面窄、转移不畅,影响外地员工参保。(2)类型单一,对于具有双重或多重劳动关系的劳动者的社会保险如何处理,目前尚缺乏明确规定。(3)管理体制落后,灵活的用工制度下的自由职业者、个体经济从业者、钟点工、保姆工等,由于缺乏明确的用人单位作为投保依托单位,导致其中的大多数人享受不到社会保障。(4)管理僵化,一旦出现员工在试用期离职或恶意离职时,易造成企业社保成本的增加。

最后,在劳动保障监察方面,目前突出的问题是调解仲裁和劳动监察能力不足,束缚了政府的监管职能。截至2010年,我国仅有专职劳动争议仲裁员1万人,人均年办案多达150件,案多人少的矛盾突出;仅有专职劳动保障监察员2.3万名,劳动保障监察员与劳动者的比例接近1∶20 000,远低于国际通行的1∶8 000的标准。[①] 此外,基层调解组织、仲裁院、监察机构建设也明显滞后,无法适应当前劳动关系矛盾多发的形势。

四、中国健全劳动关系协调机制的方向:从集体层面破题

随着经济体制深刻变革和社会结构深刻变动,各种经济社会关系正在发生深刻变化,企业组织形式、社会就业方式和分配方式更加多样,劳动力市场出现了一些新情况,使劳动关系发展面临了新挑战。而健全劳动关系协调机制,推动构建和谐劳动关系,是我国实施就业优先战略的重要内容,是促进劳动者体面就业、幸福劳动的基本条件,对于加快转变经济发展方式、保障和改善民生、加强和创新社会管理具有十分重要的意义。

---

① 数据来源:最大限度消除不和谐因素,促进劳动关系协调发展.中国劳动保障报,2012-01-07.

(一) 继续推进收入分配制度改革

当前，诱发我国劳动争议事件的一个重大根源就在于利益分配结构的不合理，因此必须积极推进收入分配制度改革，着力提高占社会大多数的中低收入人群的收入水平。一是继续推行企业和行业层面的工资集体协商制度，特别要加强以区域、行业为重点的工资集体协商制度的推进。二是建立职工工资正常增长机制，特别是一线职工工资正常增长机制。在进行工资核算时，要把一线职工工资与经营者的工资分开计算，以保证一线职工工资的真实增长。三是参照建筑业的农民工工资支付担保制度，将工资支付担保制度覆盖到所有企业。四是建立企业欠薪保障制度，要求企业每年缴纳一定费用并纳入"欠薪保障基金"。企业欠薪如果符合规定情形，政府即可启动"欠薪保障基金"，为企业垫付工资。

(二) 尽快出台有操作性的法律法规

一是加快《劳动争议调解仲裁法》配套规章和司法解释的出台，促进立法完善。人力资源和社会保障部应尽快会同全国总工会、中国企业联合会出台劳动争议调解规则，使劳动争议调解组织有章可循；最高人民法院应尽快出台《劳动争议调解仲裁法》配套司法解释，使法院审理劳动争议案件有法可依。二是对一些地方政府、法院、劳动争议仲裁委员会出台的内容与《劳动争议调解仲裁法》《劳动合同法》相悖的指导意见和规定，最高人民法院、人力资源和社会保障部应督促抓紧清理规范，保持规定与法律一致。

(三) 提高工会维权职责的有效性

一是及时修订《工会法》，强化工会维护劳动者权益的职能，尤其要对基层工会组织的代表性和独立性，以及在涉及劳动者权益的决策和管理上与资方协商共决的特征等法律规范进行明确的规定；增设会员一章，对其权利做出明确概括，确定会员代表大会是工会组织的权力机构。二是将基层民主管理机制和平等协商机制尽快纳入立法程序，尽快将集体合同制度提上立法议程。三是对群体性劳动争议事件，在内容、目的和程序上进行明确的法律规范和限制性要求。四是推进工会体制改革。加强《企业民主管理条例》中对工资集体协商制度和争议处理机制的规定；发挥产业和行业工会在协调劳动关系和确定劳动标准方面的作用；推进企业工会独立于企业雇主的进程，比如，改进工会干部职业化，使之与企业工会会员的民主直选、民主监督制度相结合；在工会经费分割方面，扩大基层工会的留成比例，开展企业专职工会干部工资福利由工会经费负担的试点；严格执行《企业工会主席产生办法（试行）》对工会主席候选人的资格限制。[①] 五是

[①] 根据《企业工会主席产生办法（试行）》的规定，企业行政负责人（含行政副职）、合伙人及其近亲属，人力资源部门负责人，外籍职工不得作为本企业工会主席候选人。

理顺企业内党组织、行政管理组织与工会组织之间的关系。在非公企业中不容许"党政一体化"，只可以"党工一体化"；在国有企业中应实现工会内党组织的垂直领导。

（四）强化政府监督检查的责任

一是加大普法宣传，正面引导用人单位依法经营、规范管理及引导劳动者通过法律途径解决问题。二是修改完善《劳动保障监察条例》，强化劳动保障监察机制，建立问责制。三是完善劳动保障监察与劳动争议仲裁衔接机制。四是建立劳动保障监察与法院协调制度，强化执法效力。五是建立工会与劳动保障监察部门协调处理劳动争议联动机制。六是建立企业劳动保障诚信评价、公布制度，遏制用人单位的违法违规行为。七是增加各级劳动监察人员的专项编制，加强劳动监察机构职能。

（五）健全集体劳动争议处理制度

一是明确集体劳动争议的含义。可采用广义的标准，即职工一方人数众多（一般为10人以上）有共同的理由或职工集体（工会等）与用人单位发生的争议。二是调整现有的调解仲裁机制，将劳动争议仲裁院立案与调解职能分开，分设立案庭、调解中心。三是加快基层劳动争议仲裁实体化建设，依托现有街道劳动保障平台，成立基层仲裁部门，加强基层劳动争议调解工作。四是加强企业劳动争议调解委员会建设。五是调整完善劳动争议处理机制，合理分流案件，减少裁审环节，简化处理程序。针对劳动争议案件特质，建立快速处理机制，集体劳动争议可由法院直接受理并通过特殊程序审理。六是建立处理劳动争议突发事件的部门联席工作机制。组织成立一个由政府牵头、政府各职能部门骨干人员组成的协调联动机构，机构设立常务理事，形成工作体系，采取联动和分散相结合的工作机制。

（六）建立三方协商的工作机制

通过配套立法和制度完善，明确三方机制定位。一是建立联席会议制度。定期召开三方领导会议，分析劳动关系发展趋势，作出宏观决策；不定期召开三方日常性会议，制定三方议定事项的落实措施和反馈落实情况。二是建立联合监督检查制度。三是设立各方参加的劳动争议处理专门委员会，研究劳动争议重大问题，为决策和立法提供意见和解决方案。四是建立政府主导，工会、企业代表组织共同参与的突发性重大集体劳动争议应急调解协调机制，落实和完善重大集体劳动争议信息报告制度，信息协调、信息收集和分析评估制度，建立应急工作预案，及时排查和处理重大劳动争议隐患。

第五章 中国劳动者被"过度"保护了吗？
——对劳动关系法制严格程度的评估

一、研究的背景

中国劳动力市场的改革具有激励相容的特点，即用人单位追求利润创造、劳动者追求收入增加，同政府追求社会福利提升、收入差距缩小的目标，在解除市场制度约束的"点"上达到契合。在我国劳动力市场转型过程中，城乡劳动力突破制度束缚，自发地跨地区、跨城乡、跨部门和跨所有制界限的流动；政府则顺应劳动力流动性增强的新情况及由此衍生出的新的制度需求，有步骤地放松了制度限制，并实施了相应的劳动就业体制创新。当然，一味追求灵活化和效率，也会导致劳动力市场上"失范行为"的增加，处于弱势地位的劳动者，在我国劳动力市场灵活化改革过程中也遭受到了不同程度的权益侵害。

针对严峻的市场压力及贫困人口数量不断攀升的现实，我国一方面确立了"就业优先"的政策制定与实施原则，利用各种有效手段扩大就业、营造平等的就业环境。2007年，国家劳动和社会保障部颁布了《就业服务与就业管理规定》，对《就业促进法》中就业服务与管理、就业援助的相关制度做了进一步细化和完善，规定劳动者依法享有平等就业的权利，不因民族、种族、性别、宗教信仰等不同而受歧视。2008年1月1日，由全国人大常委会通过的《就业促进法》正式生效。该法包含了"反对就业歧视专章"，明确规定国家保障妇女享有与男子平等的劳动权利，用人单位招聘时，除国家规定的不适合妇女的工种或者岗位外，不得以性别为由拒绝录用妇女或者提高对妇女的录用标准；不得歧视残疾人；保证农村劳动者进城就业享有与城镇劳动者平等的权利，不得对农村劳动者进城就业设置歧视性限制。

另一方面，着力加强劳动法律制度及社会保障体系的建立和完善，提升对劳动者及其他社会弱势群体的保护。2006年，我国启动了全面推进劳动合同制度实施的3年行动计划，积极开展劳动争议案件处理工作。政府还在全国各类企业和工业园区开展创建和谐劳动关系活动,促进企业全面落实劳动保障法律法规政策。全国人大常委会审议通过的《劳动合同法》已于 2008 年 1 月 1 日正式实施,该法在保护劳动者就业权益、分类规范不同劳动用工形式、明确用人单位法律责任、保护用人单位的合法权益、健全劳动关系协调机制等五方面都做出了新的突破。①

目前,我国劳动力市场政策体系已初步形成,劳动力市场保护政策的重点已由保护就业转变为保护失业,但值得注意的是,劳动力市场的保护政策却未能同等照顾社会所有群体,劳动力市场保护的不平等现象正在加剧。计划经济体制下受到保护的公务员、国有企事业单位人员及城市高收入群体等,仍然享受良好的社会保障;相比之下,随着劳动力市场转型而遭遇冲击的下岗失业人员、因市场机制作用而沦为弱势和贫困的人群,却无法得到新保障或被排斥在保障体系之外。现分别以外出农民工和非正规从业人员的就业和社会保障状况为例。截至 2011 年年底,全国农村外出务工劳动力总量达到 25 278 万人,绝大多数经老乡亲友介绍或带领外出务工,六成多人员未参加过农业技术培训和非农职业技能培训;在这些外出农民工中,平均在外从业时间是 9.8 个月,平均每个月工作 25.4 天,每天工作 8.8 小时。每周工作超过 5 天的占 83.5%,每天工作超过 8 小时的占 42.4%,32.2%的农民工每天工作 10 小时以上,与上年相比,尽管外出农民工劳动时间偏长的情况略有改善,但是每周工作时间超过劳动法规定的 44 小时的农民工仍高达 84.5%。此外,外出受雇农民工与雇主或单位签订劳动合同的占 43.8%,比上年提高 1.8 个百分点,但仍有一半以上农民工没有签订劳动合同;雇主或单位为农民工缴纳养老保险、工伤保险、医疗保险、失业保险和生育保险的比例分别为 13.9%、23.6%、16.7%、8%和 5.6%,养老保险、医疗保险、失业保险和生育保险的比例尽管比上年分别提高了 4.4、2.4、3.1 和 2.7 个百分点,但总体社会保险参保水平仍然较低,特别是中西部地区农民工参保比例明显低于东部地区。② 很显然,这一情况表明,我国还缺乏符合跨城乡农民工就业和收入特点的制度安排,各类劳动者还不能同等、公平地从事有保护和安全的工作。进一步地说,导致这一现象出现的原因,正在于我国劳动法律制度尚不能适应就业群体多元化、就业形式多样化、雇佣方式灵活化等劳动关系发展变化中的新特点。

那么,中国 2008 年以来陆续颁布出台的《劳动合同法》《就业促进法》《劳

---

① 观点来源:田成平:劳动合同法在保护劳动就业有五方面突破. 腾讯网,2007-07-12,http://news.qq.com/a/20070712/003413.htm.

② 数据来源:2011 年我国农民工调查监测报告. 国家统计局网站,2012-04-27,http://www.stats.gov.cn/was40/gjtjj_detail.jsp?channelid=75004&record=4.

第五章　中国劳动者被"过度"保护了吗？——对劳动关系法制严格程度的评估

动争议调解仲裁法》等对劳动者的保护程度如何？对于近年来日益凸显的失业问题、特别是青年群体的失业问题，是否应该归咎于中国的劳动法制已经过于严格了？而面对不同劳动者群体正在享有的、来自法律政策所给予的、差异化的就业保护的事实，中国今后劳动关系规制的发展是应该继续加强管制，还是走向重点管制？本章拟重点回答上述问题。

二、研究的设计

当劳动者开始在某一特定岗位工作时，能够保证该工作的持续性（即工作安全性）就显得十分重要了。为增加劳动者抵御劳动力市场风险的能力，国家最普遍采取的措施之一就是就业保护立法（Employment Protection Legislation，EPL）（Clark and Postel－Vinay，2009：208）。它是有关劳动力市场中雇佣和解雇的管理规定，涉及不公平解雇、经济性裁员、解除终止合同、经济补偿、预先通知期、解雇限制和行政申报、与工会代表的事先磋商等方面，是政府规制劳动力市场的制度性安排。由于就业保护立法是通过增加企业雇佣、解雇成本方式为劳动者提供就业和收入保障，因而它在雇佣保护和解雇限制方面的严格程度（strictness）就成为测量和评估一国劳动关系法制状况的重要切入点。

迄今为止，实践中有代表性的测量就业保护立法严格程度的方法，主要包括：Grubb 和 Wells 的测量方法、经合组织的测量方法、世界银行的雇佣工人指标、Di Tella 和 MacCulloch 的测量方法、Botero 等人的法规测量法。其中，经合组织的测量方法经过两次改良发展出三个版本，建立了一套精细的分解和综合计算得分的流程，而且可以对法律法规条款进行分解，操作性较强，为国家间的比较提供了基础（杨伟国、代懋，2010）。

根据 Grubb 和 Wells 指标，1994 年经合组织构建了较完善的就业保护立法严格程度指标（后文中文简称"就业保护严格程度"，英文简称"EPL"）。该指标经过 1999 年和 2008 年的两次修正，目前已成为测量就业保护立法严格程度最广泛的指标体系。1994 年经合组织的指标版本（1）只包含对正规就业和短期就业两个维度的测量；1999 年版本（2）中增加了第三个测量维度——集体解雇，同时调整了三个维度的合并权重系数。2008 年版本（3）基本继承了版本（2）的维度结构，但在正规就业和短期就业两个维度上增加了三个指标（指标9、16、17）。目前，经合组织的指标体系共包括 21 个基本指标，分别从正规就业、短期就业和集体裁员三个维度测量就业保护立法的严格程度。正规就业维度可细分为程序烦琐性、个人解雇的提前通知期和离职金、解雇的难度，具体指标包括通知程序、通知前的延期、提前通知期、离职金、不公平解雇的界定、审判期、赔偿金、复职、认定不公平解雇的最长期限等9项。短期就业可从固定期限合同和劳务派遣两个维度衡量，具体指标包括使用固定期限合同的合法情况、续签合同的最多次数、最长累计期限、合法工作类型、续签合同的最多次数、最长累计期限、派遣合同生效的条件、派遣员工的待遇要求等8项。集体裁员具体包括集体裁员的界定、额外提前通知的要求、额外延期要求、雇主支付的特殊费用等4项指标见表5—1。

表5—1 经合组织就业保护立法严格程度的指标体系：构成与权重系数

第四层级 0～6分	第三层级 0～6分	第二层级 0～6分	第一层级 0～6分		版本1和2权重	版本3权重
就业保护立法严格程度指标的总分	正规就业 (5/12)	程序烦琐性 (1/3)	1. 通知程序		1/2	1/2
			2. 通知前的延期		1/2	1/2
		个人解雇的提前通知期和离职金 (1/3)	3. 提前通知期	9个月	1/7	1/7
				4年	1/7	1/7
				20年	1/7	1/7
			4. 离职金	9个月	4/21	4/21
				4年	4/21	4/21
				20年	4/21	4/21
		解雇的难度 (1/3)	5. 不公平解雇的界定		1/4	1/5
			6. 审判期		1/4	1/5
			7. 赔偿金		1/4	1/5
			8. 复职		1/4	1/5
			9. 认定不公平解雇的最长期限		—	1/5
	临时雇佣 (5/12)	固定期限合同 (1/2)	10. 使用固定期限合同的合法情况		1/2	1/2
			11. 续签合同的最多次数		1/4	1/4
			12. 最长累计期限		1/4	1/4
		劳务派遣 (1/2)	13. 合法工作类型		1/2	1/3
			14. 续签合同的最多次数		1/4	1/6
			15. 最长累计期限		1/4	1/6
			16. 派遣合同生效的条件		—	1/6
			17. 派遣员工的待遇要求		—	1/6
	集体裁员 (2/12)		18. 集体裁员的界定		1/4	1/4
			19. 额外提前通知的要求		1/4	1/4
			20. 额外延期要求		1/4	1/4
			21. 雇主支付的特殊费用		1/4	1/4

资料来源：Online OECD Employment Databases, http://stats.oecd.org/（笔者进行了整理）。

第五章 中国劳动者被"过度"保护了吗？——对劳动关系法制严格程度的评估

此外，为准确衡量就业保护立法严格程度的准确性，经合组织还采用了一定的处理方法对部分指标进行了量化（比如，根据部分指标数量单位的差异采用0~4分的计分方式，或者以月数或天数衡量，再或者以"是"或"否"计分），并为整合原始数据设计了系统、科学的计算方法。一是将第一层次指标的原始结果按照一定标准转化为标准分数，具体标准见表5—2；二是按照表5—1所示的权重分别计算每个层级的分数，汇总得到就业保护法严格性总分。

表5—2　　　　　　　　　　第一层级原始分数的转换标准

代码	原始单位	标准分数						
		0	1	2	3	4	5	6
正规就业								
REG1	分数0~3	分数（0~3）×2						
REG2	天数	≤2	<10	<18	<26	<35	<45	≥45
REG3A	月数	0	≤0.4	≤0.8	≤1.2	<1.6	<2	≥2
REG3B	月数	0	≤0.75	≤1.25	<2	<2.5	<3.5	≥3.5
REG3C	月数	<1	≤2.75	<5	<7	<9	<11	≥11
REG4A	月数	0	≤0.5	≤1	≤1.75	≤2.5	<3	≥3
REG4B	月数	0	≤0.5	≤1	≤2	≤3	<4	≥4
REG4C	月数	≤3	≤6	≤10	≤12	≤18	>18	
REG5	分数0~3	分数（0~3）×2						
REG6	月数	≥24	>12	>9	>5	>2.5	≥1.5	<1.5
REG7	月数	≤3	≤8	≤12	≤18	≤24	≤30	>30
REG8	分数0~3	分数（0~3）×2						
REG9	月数	解雇生效前	≤1	≤3	≤6	≤9	≤12	>12
临时雇佣								
FTC1	分数0~3	6−分数（0~3）×2						
FTC2	数量	无限制	≥5	≥4	≥3	≥2	≥1.5	<1.5
FTC3	月数	无限制	≥36	≥30	≥24	≥18	≥12	<12
TWA1	分数0~4	6−分数（0~4）×（6/4）						
TWA2	是/否	—	—	否	—	是或TC2A=0	—	—
TWA3	月数	无限制	≥36	≥24	≥18	≥12	>6	≤6
TWA4	分数0~3	分数（0~3）×2						

续表

代码	原始单位	标准分数						
		0	1	2	3	4	5	6
TWA5	分数 0~2	分数（0~2）×3						
集体裁员								
CD1	分数 0~4	分数（0~4）×（6/4）						
CD2	分数 0~2	分数（0~2）×3						
CD3	天数	0	<25	<30	<50	<70	<90	≥90
CD4	分数 0~2	分数（0~2）×3						

资料来源：Online OECD Employment Databases，http://stats.oecd.org/（笔者进行了整理）。

应该说，就业保护立法对一国宏观经济及劳动力市场运行会产生多方面的深刻影响，学界对该制度的市场效应也基本形成了一致看法。归而言之，研究大都认为，严格的就业保护会成为劳动者在就业与失业之间转换的"障碍"，进而降低工作流动性（比如，Cahuc and Koeniger，2007）。一方面，就业保护立法同时抑制了雇主的雇佣和解雇行为，对一国失业率的总体影响模棱两可（Clark and Postel-Vinay，2009）；另一方面，就业保护立法也同时"约束"了就业者与失业者的工作选择及职业发展（Gangl，2003；Frick and À. Malo，2008），对不同规模、类型企业带来的冲击不尽相同（Edwards et al.，2004）。考虑到就业保护立法具有典型的国家层面特征，且跨期变动幅度相对较小，本部分的分析将引入国际比较的研究视角。

此外，由世界经济论坛（World Economic Forum，WEF）组织发起的年度《执行官意见调查》（Executive Opinion Survey）（后文简称"调查"）已近30年的历史。在每年的1月至5月间，来自世界上百个国家和地区的数万位企业高层管理者或商业领袖会参与完成此项调查。2009年，参与调查的国家和地区共计134个，参与调查的商业管理高层12 297位，平均每个国家约有91位。依托调查结果发布的《全球竞争力报告》（Global Competitiveness Report，GCR），旨在展示一国经济环境的全貌及该国实现可持续发展的能力。该报告最突出的意义在于，其能为那些客观数据（hard data）来源匮乏的主题提供有价值的、基于"世界口径"的定性判断，而且所收集到的客观数据也是源自多种可靠的国际渠道。评价一国劳动力市场的状况是《全球竞争力报告》中一个重要的组成部分。为此，本研究将利用《全球竞争力报告》（2008—2009）中针对"劳动力市场灵活性"的考察指标。调查设计的问题是"是否公司的雇佣和解雇行为完全取决于雇主决策"，答案为7个维度的量表，维度1是"完全不同意"（表示行为做出要

第五章 中国劳动者被"过度"保护了吗？——对劳动关系法制严格程度的评估

受到法律的严格规制），维度 7 是"完全同意"（表示雇主能灵活决策雇佣或解雇）。

鉴于当前各种衡量就业保护立法严格程度的工具[①]大都存在一定缺陷，即过多注重评估法条而忽略考查规制对劳动力市场产生的实际效用，故而本研究将从此处拓宽视野，在比较我国与其他国家就业保护立法严格程度差异的基础上，更注重探讨法律的执行情况、规制覆盖的劳动者范围以及国家监督、惩处违法行为的力度。需说明一点，本研究对于劳动保护法律的经验分析构筑在经合组织的指标方法（2008）与《全球竞争力报告》（2008—2009）中发布的指标方法的整合之上，选择"就业保护立法严格程度"指标观察中国就业保护标准和发展程度，进而通过国际比较和主观调查从宏观和微观两个层面综合分析中国劳动关系法制状况。

三、研究的主要结论和发现

（一）中国的劳动关系立法适度严格

1. 对就业保护立法严格程度的绝对比较

就业保护对劳动者的意义和价值，从另一个角度的诠释是其失去工作的可能性。1989 年，经合组织创制了一组可衡量劳动就业保护立法"严格程度"（the strictness of EPL）的跨国指标，并在此后多个年度的《经合组织就业展望》（OECD Employment Outlook，1999，2004，2008）中评估其成员国家的就业保护严格程度。就业保护立法严格程度指标的设计初衷在于增加劳动者的工作安全性，其由一套治理解雇和雇员招募的强制性规则组成，包括免遭不公正解雇保护（如规定法定解雇赔偿金和最低解雇通知期限、限制雇主经济性裁员等）、控制短期就业以及其他更广泛的针对工作时间、健康和安全的规定（Eamets and Masso，2005；Cahuc and Koeniger，2007）。

目前，经合组织已将就业保护立法严格程度视为可判断一国劳动关系法制状况的主要依据。就业保护立法的严格程度指标的工具性含义是衡量测度值在 0～6 变动的一组指数，其中，0 表示就业保护立法最灵活，劳动者获得的工作安全性最低；而 6 表示就业保护立法最严格，劳动者的工作安全性最高。2008 年，

[①] 国际上衡量一国劳动立法严格程度的办法大致有三种，分别来自《全球竞争力报告》（Global Competitive Report，GCR）、经合组织（OECD）和国际雇主组织（International Organization of Employer，IOE）。Di Tella 和 MacCulloch（2005）指出，三种衡量方法皆具信度，且方法之间存在一致性和互替性。

经合组织对其 30 个成员国及部分非成员国的就业保护严格程度（strictness of employment protection）进行了评估。

针对欧洲国家的四种产业关系模式，图 5—1 分别选取了几个有代表性的国家，与中国的情况做一对比。此外，考虑到日本、韩国在地域文化、社会价值观念等方面与我国相似，故也一并列入比较参考国。从图 5—1 所显示的评估结果来看，我国就业保护的总体严格程度达到了 2.65，超过了多数 OECD 成员国的情况，并且明显高于经合组织国家的平均水平（1.94）。再从各个国家的具体情况看，我国与希腊、挪威和西班牙的就业保护总体严格程度较为接近（希腊和西班牙同属灵活安全性模式中的"地中海国家模式"），而与美国（0.21）、英国（0.75）、爱尔兰（1.11）的情况相差最远（英国和爱尔兰同属灵活安全性模式中的"盎格鲁—撒克逊国家模式"），即使与同处亚洲、社会文化背景相接近的日本和韩国相比，我国就业保护立法也是比较严格的。

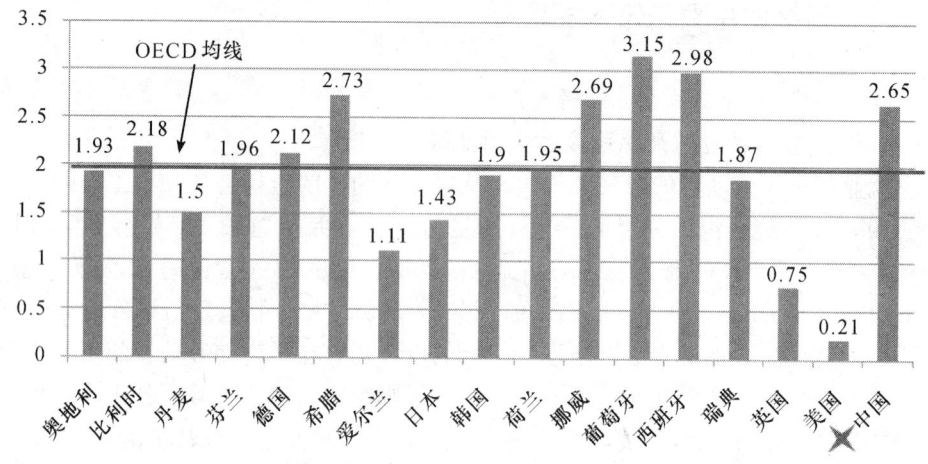

图 5—1　中国与一些经合组织国家就业保护严格程度的比较（2008）
数据来源：Online OECD Employment Databases（http://stats.oecd.org/）。

实际上，经合组织就业保护的总体严格程度指标是由三个具体的分项指标，即正规就业（regular employment）、短期就业（temporary employment）和集体解雇（collective dismissals），按照一定的占比（比例确定依照表 5—1 和表 5—2 的相关规定）拟合计算得出的。图 5—2 选取了英、美、德等比较受中国学界关注的经合组织国家，以及与中国并称为"金砖五国"（BRICS）的印度、俄罗斯联邦、巴西和南非，再与中国就业保护严格程度的四个指标作一比较。

综合来看，中国的总指标超过了五个经合组织样本国家，以及经合组织国家的平均水平，并且三个分项指标值中，除了集体解雇指数（3）与样本国家以及

第五章 中国劳动者被"过度"保护了吗？——对劳动关系法制严格程度的评估

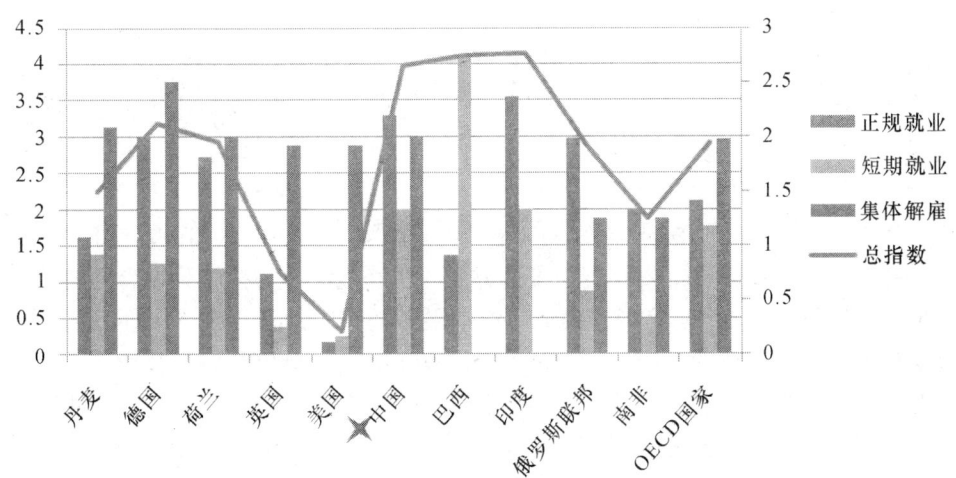

图5—2 就业保护严格程度分项衡量指标的比较（2008）
数据来源：Online OECD Employment Databases（http://stats.oecd.org/）

经合组织国家平均水平（2.96）接近以外①，也都超出了经合组织国家的平均水平，特别是正规就业（3.3∶2.11）和短期就业（2∶1.77）两项比较突出。

进一步观察，在"金砖五国"以及经合组织国家平均水平的比较当中，从总指数的情况看，印度的指标值超过其他四个国家位列第一，达到2.77，其次是巴西，达到2.75，中国排在第三位，指标值为2.65，俄罗斯联邦和南非分列第四和第五位，总指数分别为1.92和1.25。相比之下，经合组织国家的平均水平为1.94，显然，印度、巴西和中国的总体就业保护状况严格于经合组织国家的一般水平。再从三个分项指标的情况看，在"正规就业"上，印度、中国和俄罗斯联邦的规制最为严格，该项指标值依次为3.54、3.3和2.97，而巴西的该项指标值最低，仅为1.37；在"短期就业"上，巴西、中国和印度的规制最为严格，特别是巴西，该项指标值高达4.13②，中国和印度的该项指标值都为2，而俄罗斯联邦的该项指标值最低，仅为0.88；在"集体解雇"上，"金砖五国"中，中国对集体解雇的保护力度最为突出，该项指标值高达3，其次是俄罗斯联邦和南非，该项指标值都是1.88，而巴西和印度甚至缺乏针对集体解雇的就业保护立法。如果考虑经合组织国家的平均水平，上述三个分项指标值分别为2.11、1.77和2.96，那么可以发现，"金砖五国"对于正规就业、短期就业和集体解雇

---

① 德国的集体解雇指数最高，达到3.75，并且显著超过经合组织国家平均水平。
② 如果将经合组织所有成员国考虑进来，比较"短期就业"指标值的情况，会注意到巴西的指标值仅低于土耳其（4.88），而远高于其他经合组织国家。

施加的立法保护严格程度各有侧重,相比其他"四国",中国的就业保护立法涉及的领域更加全面,并且法律的严格程度最高。

在劳动力市场转型过程中,我国一直十分重视平衡改革与就业的关系。为避免因改革引发过大的社会动荡,近年来我国政府更是将扩大就业、稳定劳动关系作为劳动就业保护制度建设的工作重点之一。以我国《劳动法》《劳动合同法》等为代表的核心性劳动法律制度,围绕"雇佣和解雇"问题(如劳动合同期限、解雇补偿、经济性裁员等)相继作了多方面的明确规定。为扭转劳动合同短期化现象,《劳动合同法》明确了三种无固定期限劳动合同的订立情形;在经济补偿金支付上,平衡了劳动合同解除与劳动合同终止时用人单位的经济补偿责任;在与劳动者工作稳定性存在直接联系的"经济性裁员"问题上,《劳动合同法》第41条规定,用人单位经济性裁员是指需要裁减人员20人以上,或者裁减不足20人但占企业职工总数10%以上的情形,并要求经济性裁员应当符合法定条件、经法定程序。

较严格的就业保护立法,对劳动者而言是增加福利和改善就业条件,而对用人单位而言则可能就意味着成本增加。我国《劳动合同法》直接涉及用人单位劳动力成本支出的内容主要有四项:第一,在某些规定情形下与劳动者解除(或终止)劳动合同,应当支付经济补偿金,补偿标准即劳动者每满1年工龄折合1个月工资;第二,试用期内支付给劳动者的工资,不得低于本单位相同岗位最低档工资,或劳动合同约定工资的80%;第三,安排劳动者加班,应当按照国家有关规定支付加班费;第四,应为劳动者缴纳社会保险费。

从表5—3可以看出,与《劳动法》相比,《劳动合同法》新增了针对试用期劳动者工资的规定,而《劳动法》对加班费标准的规定更为具体。此外,《劳动合同法》对用人单位违法行为的处罚办法也作了更加明确的规定,用人单位的违法成本进一步提高。以该法针对事实劳动关系的处罚规定为例。《劳动合同法》第82条规定,用人单位自用工之日起超过1个月不满1年未与劳动者订立书面劳动合同的,应当向劳动者每月支付2倍的工资;用人单位违反本法规定不与劳动者订立无固定期限劳动合同的,自应当订立无固定期限劳动合同之日起向劳动者每月支付2倍的工资。

表5—3 中国就业保护立法中有关劳动力成本支出的规定比较

劳动力成本支出项目	《劳动合同法》	《劳动法》	备注
经济补偿金	第46条、第47条详细列明须支付经济补偿金的事项	第28条列明须支付经济补偿金的事项	《劳动合同法》增加了4款须支付经济补偿金的规定,并增加规定了补偿标准

第五章 中国劳动者被"过度"保护了吗？——对劳动关系法制严格程度的评估

续表

劳动力成本支出项目	《劳动合同法》	《劳动法》	备注
试用期工资	第 20 条	无具体规定	不得低于本单位相同岗位最低档工资或劳动合同约定工资的 80%
加班费	第 31 条	第 44 条	《劳动法》对加班费的支付标准规定更为具体
社会保险费	要求书面合同中单列"社会保险"内容，并强调政府监督和检查	第九章中强调了"用人单位和劳动者必须依法参加社会保险，缴纳社会保险费"	

资料来源：中华人民共和国劳动法（1995）；中华人民共和国劳动合同法（2008）。

2. 对就业保护立法严格程度的相对比较

经济学的相关理论模型已经清楚地揭示出，当就业保护立法更加严格时，就业就会更加稳定，个体劳动关系也会更持久（Eamets and Masso，2005：73），但 OECD（2008：26）也一直承认，严格的就业保护立法会阻碍雇主为应对经济波动而进行的"适应性调整"，以至于增加失业，损失市场效率。

为估算我国在当前经济发展水平下比较适宜的就业保护严格程度，本研究首先以经合组织 30 个成员国作为参考样本，将各国的人均国内生产总值（后文简称人均 GDP）（2007）同对应的就业保护严格程度（2008）进行线性拟合；挪威和卢森堡因是异常值点而被统计剔除，回归方程最终依据的实测数据为 28 个。图 5—3 描绘了经合组织 28 个国家的点值分布情况，并与中国的表现做一比较，线性趋势线的回归方程在图中一并给出。回归方程的 R^2 为 0.37，表明一国就业保护的严格程度有部分因素要取决于经济发展水平，即就业保护（employment protection，EP）的适度性。

如图 5—3 所示，就业保护严格程度同人均 GDP 呈负向相关性，即表现为就业保护立法越严格的国家，其人均 GDP 就略低一些，比如土耳其（12993，3.72）的情况，而美国（45489，0.21）则是 EPL 宽松、人均 GDP 较高的另一个极端。转而审视我国的情况，则可以看到，以当前的就业保护严格程度（2.65），要实现人均 GDP（5345）的进一步增加是有可能的。比如，希腊在就业保护严格程度（2.73）上比我国略高，可该国的人均 GDP 水平（28423）也不俗。可见，尽管以绝对化的角度比较我国 EP 的严格程度，会得到"中国较多数 OECD 国家的 EP 要更严格"的判断，但若结合各国宏观经济发展的实际表现再

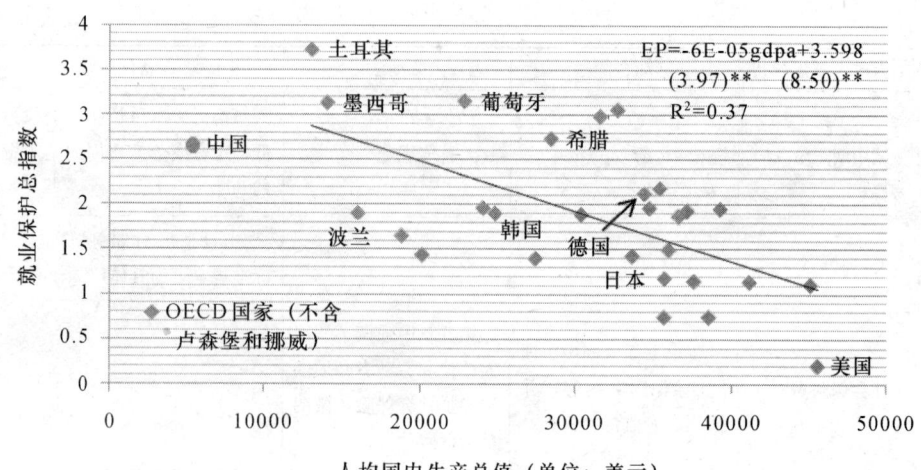

图 5—3 人均国内生产总值与就业保护严格程度

说明：EP 表示 OECD 就业保护严格程度指标；gdpa 表示人均国内生产总值。通过考察 OECD 各国的点值分布规律，挪威和卢森堡因远离多数点分布（称为异常值点）而被排除，线性回归趋势线基于 OECD28 国拟合；中国点值作为比较，不在拟合数据之列；**表示经 t 检验的系数显著水平是 1%。

数据来源：Online OECD Employment Databases (http://stats.oecd.org/).

衡量，则又会得到不太一样的结论，即以我国当前的经济发展水平，劳动力市场 EP 的严格程度相对不高，或者说，至少在理论上还未达到经济发展难以承受的严格程度。

此外，图 5—3 还揭示出各国就业保护立法发挥保护劳动者就业和工作安全功能的大致表现。墨西哥、葡萄牙、德国等的点值处于趋势线以上，表明这些国家的劳动力市场受到了严格的立法保障，工作安全性较高；而波兰、韩国、日本等的点值则处于趋势线以下，一种可能的解释是，这些国家的某种非正式制度（如文化传统）可能部分地替代了就业保护立法对劳动者就业和工作给予"制度保护"的功能。

综合而言，对于近年来我国劳动力市场越加凸显的失业难题，不应将过错笼统归结于"就业保护立法太过严格"的判断。就业保护立法只是影响我国经济发展的一个制度方面，要实现发展经济，应综合考虑一国的市场条件和制度基础。Svejnar（2002）就通过研究中东欧转型国家的劳动力市场建设同其经济绩效关系时发现，转型国家间劳动力市场灵活性的差异并不能解释各国在经济绩效上的差异；特别是当转型国家的就业保护和劳动力市场政策能够与某些经合组织国家保持一致时，前者的市场总体绩效也难以赶超后者。因此，Svejnar（2002）的研究

第五章 中国劳动者被"过度"保护了吗?——对劳动关系法制严格程度的评估

结论是,"低规制、轻管理"的充分灵活劳动力市场其实并非是转型国家实现经济快速发展的充分条件。

基于以上认识再来审视中国劳动力市场转型与劳动关系发展历程,似乎也能得到某种启示。我国除了应继续在市场灵活性和功能性上积极向发达市场经济国家借鉴经验,更有必要注重改善和管理其他一些经济和社会因素,比如房地产市场、交通基础设施、资本市场、公司治理结构、法律框架和商业环境等。只有我国能够建立起一套可增强市场机制功能和作用发挥的、可以为市场主体所信赖的"政策环境"和"制度系统",同时激发社会传统文化和价值观念在引导和约束市场行为方面的作用,那么即使(从绝对角度看)就业保护立法较为严格,我国也仍然有可能创造更高水平的经济绩效。

(二) 中国劳动关系法律的执行尚待加强

1. 基于一维指标体系的分析

实际上,经合组织对就业保护严格程度的衡量只能在部分程度上表明一国劳动力市场的工作安全性状况。Betcherman et al.(2001)针对大量发展中国家劳动力市场保护情况的研究,就支持了这一判断。该研究发现,如果国家的经济主体惯常违法,或者执行机构软弱无力,再或者法律受益面过窄,那么即使该国拥有十分严苛的劳动法,其实际产生的作用也不会很大。Eamets 和 Masso(2005)也认为,由于法律规定存在相对陈旧和死板的问题,只有将其与现实中的执行情况一并进行考察,才能提高研究判断的可信度。

然而,考察就业保护立法的执行情况也并非易事。受限于信息的可获取性和标准的可衡量性,学界在论证此问题时也只能更多采取"间接路径"。就目前已有的研究成果看,大致有三种研究方法。第一,旁证法,即考察就业保护法律执行和监督机构的作为。Bertola et al.(2000)建议,在评估就业保护严格程度时增加"执行程序公正性"(equality of enforcement procedures)指标,而衡量依据是法院和仲裁机构对违法行为的处置结果,以及劳动监察部门对市场行为的监督情况。第二,倒推法,即考察劳动力供给方对劳动力市场就业保护立法的主观感受和行为选择。Clark 和 Postel-Vinay(2008)通过调查欧盟数千位劳动者的工作安全性状况,发现工作的外部环境、辅助条件和充分信息会"刺激"劳动者感知安全性,因而如果劳动者拥有"工作安全感",那么也可能表明就业保护立法的执行情况不错。第三,比较法,即考察劳动力需求方对就业保护立法的主观感受和行为选择。Pierre 和 Scarpetta(2005)指出,雇主对劳动力市场规制的关注度同该国劳动法律的严格程度及执行情况紧密相关,且雇主往往会根据受法律影响的程度去选择适宜的应对策略。考虑到三种方法在论据的可信度和论证的充分性上各有所长,本研究将尝试作一整合。

首先，参考 Bertola et al.（2000）的方法，表5—4描述了2001年以来我国各级劳动争议仲裁机构和劳动保障监察机构的功能发挥情况。（1）从"当期受理的劳动者申诉案件比重"看，个体劳动争议一直是仲裁机构处理的重点，但是该指标基本上呈现出了下降趋势，2009年达到低点91.69%，2010年又有所增加，达到93.01%。（2）"结案数中劳动者胜诉案件占比"可从侧面反映劳动争议仲裁机构干预劳动关系终止争议的深度和倾向。从我国该数据的变动情况看，2003年以来呈现出了比较明显的且幅度较大的逐年下降趋势，2010年降至36.19%，表明我国劳动争议仲裁机构正尝试通过多种渠道干预和化解劳资冲突。（3）随着经济领域各项改革的深化，"因解除劳动合同引发的争议"无论在案件的绝对数量上还是相对数量占比上，都发生了显著的波动。以2008年为标志性的时间结点，该年度因解除劳动合同引发的争议占当年总体案件数量超过了20%，此后大幅下降，2010年降至5.31%。可以想象，如果就业保护立法强化了对劳动者就业的保护，使雇主解除劳动合同变得更加困难，那么因该原因发生的劳动争议数量也会明显下降。此外，如果劳动争议仲裁机构较少作出有利于劳动者的裁决，很可能将抑制其提出申诉的意愿（或者激励其诉诸其他解决渠道），那么也会影响其提出申诉，当然，此时用人单位的申诉意愿会被强化。

表5—4 中国就业保护立法执行中的仲裁和监督机构作用

年份	当期受理劳动者申诉案件占比（%）	结案数中劳动者胜诉案件占比（%）	因解除劳动合同而引发的争议		举报投诉案件数/查处违法案件数（万件）	失业保险金覆盖范围[a]（%）
			案件数（件）	案件占比（%）		
2001	94.93	47.73	29 038	18.78	—/19.6	45.81
2002	93.56	47.24	30 940	16.80	12/23	57.14
2003	95.19	49.02	40 017	17.68	16.6/26.4	51.88
2004	95.72	47.65	42 881	16.46	25/36.6[b]	50.67
2005	93.61	47.50	54 858	17.48	25/38	43.15
2006	94.98	46.99	55 502	17.50	39.9/40	38.61
2007	92.98	46.16	67 565	19.29	40.9/40.8	34.46
2008	93.74	44.45	139 702	20.15	48.1/48.3	29.46
2009	91.69	36.99	43 876	6.41	33.6/38.4	23.02
2010	93.01	36.19	31 915	5.31	34.7/38.0	23.01

说明：[a]登记失业人员中领取失业保险金人员的比重；[b]数据源自中国劳动统计年鉴（2005）的"劳动保障监察案件的结案数"。

数据来源：笔者计算；中国劳动统计年鉴（2011）；劳动和社会保障事业发展统计公报（2001—2010）。

第五章 中国劳动者被"过度"保护了吗?——对劳动关系法制严格程度的评估

此外,"举报投诉案件数"和"查处违法案件数"两项指标可在部分程度上解释用人单位因解除劳动合同而受到制裁的可能性与适合性。严格的保护和严厉的制裁是一把"双刃剑",一方面会激励劳动者更多采取法律行动,但另一方面也会令用人单位尽量免除责任和逃脱制裁。近年来,我国劳动保障监察机构调查处理的举报投诉案件数量和查处的各类劳动保障违法案件数量都出现了一定幅度的增加,特别是2008年达到了较高的水平,分别为48.1万件和48.3万件,此后的两年,此两项指标的数量有所下降,2010年分别为34.7万件和38.0万件。这一方面折射出,2008年是我国就业保护立法的转折年,劳动关系法制和执法力度趋向严格;另一方面也反映出2008年以后企业雇主用工行为可能更加规范。

劳动保障监察执法是维护劳动者合法权益的重要途径。截至2009年年底,我国共建立劳动劳动保障监察机构3 291个,配备专职监察员2.3万个。[①] 同年,我国在60个城市开展了劳动保障监察网格化、网络化管理工作试点,对用人单位进行全面动态监管,实现对劳动纠纷的早期预防和及时介入。试点工作取得了良好的效果,并即将在全国范围内逐步推行。[②] 近几年,劳动保障监察机构在全国范围内组织开展了清理整顿人力资源市场秩序、用人单位遵守劳动用工和社会保险法律法规情况与农民工工资支付情况等三项专项整治活动,对违反劳动保障法律法规的突出问题进行集中整治。通过监察执法,保障了劳动者在职业介绍、劳动合同签订、工作时间、工资支付、社会保险、特殊劳动保护等方面权益的落实。2011年,全国劳动保障监察机构共主动检查用人单位184.8万户,对210.8万户用人单位进行了书面审查,查处各类劳动保障违法案件38.0万件。其中,调查处理举报投诉案件34.7万件,较上年上升3.3%。通过劳动保障监察执法,责令用人单位与880.1万名劳动者补签了劳动合同,责令用人单位为533.5万名劳动者补发工资等待遇155.1亿元,督促8.5万户用人单位办理了社会保险登记、申报,督促12.8万户用人单位补缴社会保险费52.8亿元,取缔非法职业中介机构4 753户,责令用人单位退还收取劳动者的风险抵押金0.7亿元。[③]

最后,Bertola et al. (2000)在其研究中推测,失业保险金的覆盖范围可能会对就业保护立法的执行和监督机构产生影响,即如果失业保险金覆盖了大多数的失业者,那么仲裁和监督机构可能会较少做出有利于劳动者的裁决。但从我国

---

① 数据来源:中华人民共和国国务院新闻办公室:中国的人力资源状况. 人民日报,2010-09-13.
② 数据来源:截至去年年底中国共建立劳动保障监察机构3 291个. 新华网,2010-09-11, http://news.xinhuanet.com/employment/2010-09/11/c_12541245.htm.
③ 数据来源:2011年年度人力资源和社会保障事业发展统计公报. 中央政府门户网站,2012-06-05, http://www.gov.cn/gzdt/2012-06/05/content_2153635.htm.

的情况看，这两个指标并不存在"负向"关系。这就表明，我国的劳动政策执行机构和仲裁机构之间存在一定的工作独立性。

近年来，我国失业矛盾愈加凸显，而与此形成鲜明对照的是失业保险金覆盖范围的逐年大幅下降，到 2011 年该项指标的数据已经降至 21.37%[①]，表明有大量的已经参加失业保险并且进行了失业登记的劳动者，却没能享受到失业保险待遇。究其原因，其中一个不容忽视的答案正在于政策执行的环节上。据近期一项针对全国白领阶层的相关调查显示，尽管有 99% 的被调查者表示已参加失业保险，但仅有 60% 的人愿意在失业时领取；因为其中有七成被调查者表示，不知道失业保险金的领取条件和方法，而金额较低、手续繁杂也是重要原因。[②]

2. 基于二维指标体系的分析

进一步运用《全球竞争力报告》（GCR，2008—2009）中提供的客观数据（hard data），来与前述经合组织的就业保护立法严格程度指标建立二维分析框架，对中国劳动关系法律执行情况的判断作一考察。

图 5—4 反映了《全球竞争力报告》和经合组织有关劳动力市场规制指标间的关系。正如之前预期的那样，由于《全球竞争力报告》的指标旨在评估劳动力市场的效率（也即劳动保护法律的灵活性），而经合组织的指标旨在衡量就业保护的严格程度（即劳动力市场的规制状况），因此两者表现出了负向关系，且经过统计检验证明是十分显著的。然而，回归结果（$R^2=0.44$）也同时揭示出《全球竞争力报告》指标还有很大程度是不能解释经合组织的指标的，这也恰好反映了法律在执行环节的"变异"。

对于我国劳动力市场的规制状况，如图 5—4 所示，两个评估指标存在较明显的"落差"。首先分析《全球竞争力报告》的"雇佣和解雇行为"指标，中国的评估值为 4.0，超出了该指标的平均水平 3.8，位列参评国家和地区中的第 53 位。可见，在企业管理者眼中，我国劳动力市场法制是比较宽松、灵活的。转而分析经合组织的"就业保护严格程度"指标，中国的评估值是 2.65，大大超出了经合组织 30 个成员国的平均水平 1.94，仅排名第 23 位。这说明从就业保护法律的规定看，我国劳动力市场的就业规制应该是比较严格的。于是，这种介于"现实感觉"与"理论分析"之间的"矛盾"就出现了。一方面，《全球竞争力报告》指标显示我国劳动力市场具备较高水平的灵活性（此时在理论上成立的经合

[①] 根据 2011 年度人力资源和社会保障事业发展统计公报（中央政府门户网站，2012-06-05，http://www.gov.cn/gzdt/2012-06/05/content_2153635.htm）提供的数据计算得到。

[②] 数据来源：失业保险金究竟应该如何领，七成白领"蒙查查"．搜狐网，2011-01-05，http://business.sohu.com/20110105/n261572603.shtml．

组织的指数约为 1.62，远低于我国的实际值），而另一方面，经合组织的指数却表明中国对劳动力市场的规制和约束是偏于严格的（此时在理论上成立的《全球竞争力报告》指数约为 2.27，远低于我国的实际值）。显然，一种可能且合理的解释是，我国就业保护法律在执行环节存在薄弱点，从而导致原本严格的就业保护立法在执行中被"灵活对待"了。这也印证了 Eamets 和 Masso（2005）的观点，即要评估一国劳动关系法制严格程度以及劳动者获得就业保护的实际状况，参看经合组织的就业保护严格程度指数仅仅是一个刻板的"法条"方面，更重要的还在于考察这些法律是否在企业现实的用工管理活动当中被执行以及效果如何。

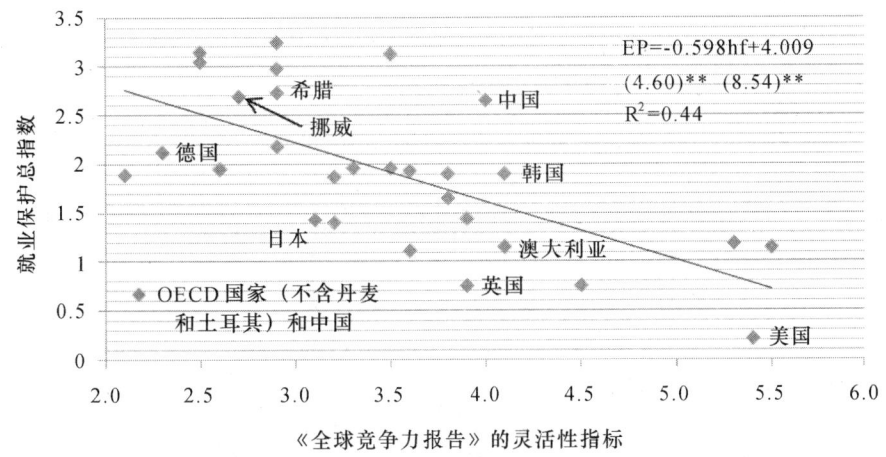

图 5—4 《全球竞争力报告》的雇佣和解雇行为指标与
经合组织的就业保护严格程度指标

说明：EP 表示经合组织的就业保护严格程度指标；hf 表示在《全球竞争力报告 2008—2009》中，雇主针对雇佣与解雇灵活性看法的指标。通过考察经合组织各国的点值分布规律，丹麦和土耳其因远离多数点分布（称为异常值点）而被排除，线性回归趋势线基于经合组织的 28 个成员国及中国拟合；**表示经 t 检验的系数显著水平是 1%。

数据来源：Online OECD Employment Databases（http://stats.oecd.org/）；World Economic Forum，2008.

四、研究的进一步讨论

（一）一个国际比较的视野与初步分析

由于本研究建立了一个包括多个经合组织成员国家的二维评估体系，那么，针对图 5—4 可以再做一些基于国际视野的比较和思考。

第一，在经合组织的指数上与我国接近的挪威（2.69）和希腊（2.73），以及在《全球竞争力报告》指标上与我国接近的韩国（4.1）和澳大利亚（4.1），在法律的执行上都明显强于我国。这从侧面也反映了，在不考虑执行情况的条件下，考察雇主对就业保护立法的感受是可能推测出就业保护严格程度的。

第二，尽管日本的就业保护立法不太严格，但是雇主对劳动力市场灵活性的评价却不高。这正好与我国的情况相反，呈现出了介于"现实感觉"与"理论分析"之间的另一种"矛盾"样态。可能的解释是，第二次世界大战后，日本法因受美国法的影响而在就业保护方面趋于弱化，但日本国内良好的人文法制环境，以及立足长远的劳资合作传统又为稳定劳动力市场、规范雇佣行为提供了潜在的"刚性保障"。

第三，对我国学界比较关注的德、美和英三国作一浅析。图5—4描述了三个国家的点值位置，其中，德、美两国呈现出了抑或安全、抑或灵活的两种极端情况，英国介于中间。这与三国的历史传统和法律实践密切相关[①]。尽管三国的就业保护立法严格程度存在显著差异，但似乎从图中也能发现一个相似点，即影响三国雇主做出雇佣或解雇决策的因素都不仅来自外部法规，某种程度上的自我"约束"也在发挥积极作用。可以想象，随着国家经济与社会的发展，竞争的压力和发展的需要将有可能促使雇主"积极地"选择更理性和人性的雇佣方式。

尽管前述分析较为缺乏围绕企业规模与法律执行行为的相关性分析，但有理由推断就业保护立法可能在我国中小企业中的实施效果最不理想。究其原因，一是外部竞争环境、制度条件以及中小企业内部天然存在的"非正式规则"等，都会"过滤"甚至"屏蔽"就业保护立法，从而影响其实施效果（Edwards et al., 2004）；二是多数国家往往将劳动监察的重点放在大型企业，而对中小企业缺乏监察，加之中小企业的工会往往比较弱小（甚至缺失），这些因素都将造成就业保护立法的实施不力（Eamets and Masso, 2005）。

（二）对劳动法律执行不力问题的探究

我国就业保护法律执行薄弱的一个最明显的证据，来自于"事实劳动关系"（用人单位未与劳动者签订书面劳动合同）问题在我国的持续存在。改革开放以来，民营经济已跃升为解决我国就业矛盾的主要渠道，但一些企业却在劳动合同管理、工资福利给付等方面都存在诸多的"有法不依"现象。2006年，全国企业员工劳动合同签订率仅为68.8%，而个体私营企业（以中小企业为主）更低（47.3%）；即使签订了劳动合同，合同不规范、执行情况差等也是突出问题。此

[①] 德国属于大陆法系，而英、美两国属于英美法系。不同的法系在法律渊源、法律结构、法官权限和诉讼程序等方面都存在差异。

第五章 中国劳动者被"过度"保护了吗？——对劳动关系法制严格程度的评估

次调查还发现，有一半的企业职工未参加养老和医疗保险，近60%的人未参加失业保险，38%的人未参加工伤保险。[①] 2008年，《劳动合同法》正式实施。2009年上半年，中国企业联合会雇主工作部在全国范围内就该法的执行情况作了专门调查。样本企业涉及制造、建筑、交通运输、房地产、金融、餐饮住宿等行业，且多为大中型企业。调查发现，尽管企业劳动合同签订率有所提高，但也只有69.8%的企业实现了全员签订劳动合同，另有24.8%的企业全员劳动合同签订率在80%～100%（杭宇，2009）。另据国家统计局《2009年农民工监测调查报告》显示，有近六成的农民工没有签订劳动合同。其中，从事建筑业的农民工没有签订劳动合同的比例最高，占74%；其次是批发零售业和住宿餐饮业，没有签订的比例分别为65.2%和66%；服务业没有签订的比例为63.9%；制造业没有签订劳动合同的比例为49.3%。[②]

实际上，导致我国就业保护法律执行薄弱的原因，除了企业主观上的忽视或刻意规避、政府监察职能的不到位等之外，法律制度本身存在的操作困难也是其中的重要方面。以近年来备受我国社会各界讨论的《劳动合同法》为例。据中国企业联合会于2009年上半年对22个省、自治区、直辖市的近400家企业的调研发现，企业在《劳动合同法》的操作方面存在不少难题。一是《劳动合同法》与一些继续有效的国家政策之间不能衔接。比如，在一些尚未改制的国有企业，特殊工种、女职工退休、劳动保护、停薪留职等制度和规定与现有的法律冲突或缺乏配套措施，大大增加了企业改制的难度，使企业改制计划一拖再拖。二是针对劳务派遣、加班时间等内容缺乏灵活性规定。比如，一些承担政府采购项目的企业必须在短期内招到大量的技工（政府规定的项目合同期短、产量大，必须按时完成），但在我国劳动力市场上，要招用普通劳动力较为容易，而对企业急需的高精尖人才、有一定经验和资质的技工则存在招聘难的结构性矛盾，使得这些企业不得不违法安排现有的技工超时加班。三是企业保留证据的难度较大。按照《劳动合同法》的规定，企业要防止发生劳动纠纷时败诉，就必须加强证据管理，做好原始记录，所有可能会影响劳动关系的行为都必须有书面记录并要求员工签字，一些涉及双方利益的协商过程甚至要录像。于是，有的企业放弃了原来的"人性化管理"，转而制定较为严格的劳动规章制度。但上述举措却引发了员工的反感，不满和抵触情绪不断增加，与企业的感情也逐渐疏远，甚至加重了双方的

[①] 数据来源：全国工商联发布民营企业劳动关系状况调研报告. 网易财经, 2008-01-31, http://money.163.com/08/0131/19/43IFMSLL002524SD.html.

[②] 数据来源：国家统计局农村司. 2009年农民工监测调查报告, http://www.stats.gov.cn/tjfx/fxbg/t20100319_402628281.htm.

信任危机。四是由于不能收取抵押金,造成企业损失的增加。在此次被调查企业中,很多企业都曾发生过员工拿走企业贵重生产工具以及款项的情况。由于不能再使用事先向劳动者收取押金的管理办法,导致造成的损失很难追缴。五是社会保险制度不完善。由于社会保险异地转接困难,外地职工享受不到应得的保险待遇,缴费积极性也不高,给企业按照《劳动合同法》的规定缴纳社会保险带来一定困难。六是《劳动合同法》缺乏权威解释。对于一些重要的条款,司法部门、劳动部门、工会以及律师和一些专家学者的解释不一致,导致企业在具体操作过程中无所适从(陈兰通,2009:77-78)。

(三) 从完善体制机制的角度解决问题

基于对制度设计与安排的理论思考,一些学者曾提出了影响《劳动合同法》实施效果的主要原因。具体表现如下:第一,法律规定过于原则,导致法律适用上的不明晰,需要出台更加具体的法律解释加以明确。比如,适用范围中劳动者和用人单位的界定问题、无固定期限合同的订立问题、劳动合同变更的情形和适用等问题,以及非法解雇问题和劳动合同解除终止条件的问题等。第二,相关立法尚不配套,实践中对相关问题欠缺法律规定的问题。比如,劳务派遣用工中的相关问题、用人单位规章制度的制定和实施中的相关问题以及非全日制用工中的相关问题。第三,前后法律的矛盾和冲突,需要法律进一步修订的问题。比如,违法解除终止劳动合同的经济补偿金和赔偿金的计算和执行问题、经济性裁员中的相关问题等。

为此,我国一方面有必要采取更加积极灵活的劳动用工政策。有关部门应制定相应政策,放宽弹性工时制的使用,指导符合条件的企业实行综合计算工时工作制和不定时工作制;适当鼓励和支持企业使用非全日制用工、劳务派遣用工,从而提高企业用工效率、降低用工成本和用工风险。另一方面,应加快《劳动合同法》等就业保护法律的后续立法与政策制定工作。比如,对《劳动合同法》有关条款通过司法解释、部门规章、政策性文件等形式作出进一步明确解释,以解决企业实际操作中的困难;对不同地区存在的差异性较大的具体问题,可以鼓励各地在不违反《劳动合同法》基本原则的前提下,有针对性地出台地方实施细则或配套实施办法,因地制宜,解决问题。目前,吉林、山西两省和广东省深圳市已经出台了劳动合同地方性法规或者劳动关系促进地方性法规;广东省、广州市、上海市、江苏省、南京市、浙江省、北京市、山东省、重庆市等地方也通过法院与劳动保障行政部门、劳动争议仲裁机构联合或者单独下发专门的指导意见、会议纪要或者民事审判指导意见、会议纪要,出台当地适用的《劳动合同法》具体实施意见,指导当地劳动合同管理工作,调处劳动合同争议案件,促进当地劳动关系的和谐稳定。这些探索性的尝试都值得其他地区借鉴和参考。

第五章　中国劳动者被"过度"保护了吗？——对劳动关系法制严格程度的评估

此外，对于不同就业形式的劳动者，其工作安全性状况也存在较大差异。除了法律制度设计上的问题，执行环节的疏漏也不容忽视。近年来，我国相继颁布和出台了一系列调整非正规就业的政策措施，旨在保证灵活就业机制的前提下，提高非正规就业的工作安全感。但从一些实际调查的情况看，似乎这种预期并未完全达到。根据石美遐（2007）对某市非正规就业者劳动关系情况的调查，有80%以上的人无正式劳动合同和社会保险；约75%的人工作时间超出国家法定标准；多数人是在每日超时工作的前提下，才得到了高于当地最低工资的收入。Fang Cai et al. （2007）也发现，与正规就业形式相比，非正规就业的收入大都较低。如表5—5所示，非正规就业的小时收入明显低于正规就业；结合地区发展状况和劳动者身份进行比较，在快速发达地区正规就业的当地居民收入最高（10.54元），在其他地区非正规就业的流动人口收入则最低（2.70元），两者间相差约3.9倍；即使在劳动就业制度相对完善的快速发达地区且同为当地居民，劳动者是否正规就业也会造成1.8倍之多的收入差距。

表5—5　　　　　　正规就业与非正规就业的小时收入比较　　　　　　单位：元

正规就业				非正规就业			
快速发达地区		其他地区		快速发达地区		其他地区	
当地居民	流动人口	当地居民	流动人口	当地居民	流动人口	当地居民	流动人口
10.54	6.94	5.65	4.04	5.76	4.53	3.15	2.70

资料转引：申丹虹，2009：185。

五、研究的启示

当前，中国的经济体制、经济增长方式和社会结构等正在发生深刻的变革，而劳动力市场建设和劳动关系发展也正在经历新的变革，面临新的情况与挑战。这种变革既带来了巨大的发展活力，同时也蕴涵着深刻的社会矛盾。经济体制改革引发社会利益关系的重大调整和重组；多种所有制经济发展和市场竞争导致收入差距扩大和社会分化；二元经济结构转型伴随着大规模的人口流动，使千百年来处于停滞状态的农民生存方式发生革命性变化；经济增长方式转变和产业结构变化增加了就业的流动性（王梦奎，2007）。关注这些变化对我国劳动力市场带来的影响，以及在劳动关系法制不断健全完善的背景下，如何将提升劳动力市场竞争力同加强对劳动者的就业保护相结合，这将对理论和实务工作者提出极大的挑战。

基于本研究得到的结论和判断，建议中国政策制定者有必要从宏观高度明确未来我国劳动力市场发展的方向和模式，从而使劳动关系的演变步入和谐的轨道。

一是顺应全球化趋势，提升国家竞争力。我国推进市场经济建设的过程实际上也是"激活"市场机制功能的过程，应以加强劳动者就业安全性、提高工作质量为目标的社会政策，用于弥合各种社会矛盾集中反映出的利益关系调整的显失公平问题，促使劳动关系主体向着主动提升自身竞争力的目标迈进。

二是弥合制度性分野，增强社会凝聚力。社会凝聚力（social cohesion）是社会的一种能力，它能够确保社会全体成员在没有种族和宗教歧视下，平等享有社会福利，充分达成个人、工作及家庭目标，表达个人和集体的利益期望，进而参与社会利益的分享。因此，要建立城乡一体的劳动力市场，使劳动法律制度覆盖到所有劳动者，保护就业弱势群体、灵活就业者、农民工群体等的劳动权益不受侵害。

三是发展合作式机制，培育环境适应力。经济改革能增加市场活力和降低失业率，但也造成了贫富悬殊、社会排斥、工作贫困等一系列社会问题，并威胁到劳动者的就业安全和工作稳定。运用有针对性的就业保护立法为社会主体之间架设沟通互动的桥梁，以促使劳动关系双方可以随着外部经济环境的变动来积极做出适应性调整，将有助于双方获得更自由的发展空间和更有韧性的环境适应力。

第六章 中国劳动关系演变的省际及区域差异比较——基于1999—2010年省际面板数据的实证分析

一、问题的提出

改革开放30多年来,我国劳动关系形态和调整模式经历了由计划经济时期的"终身制"、行政化模式向"雇佣制"、市场化模式的快速转变。非公有制经济的长足发展,改变了劳动关系仅有一种公有制经济模式的历史,使其呈现多种类型并存的态势。2010年,私营企业(26.05%)、个体(19.17%)和有限责任公司(11.21%)已经成为除去国有企业(27.96%)之外的、劳动者在城镇地区就业的三大去向。目前,非公有制经济提供了超过80%的城镇就业岗位和超过90%的新增就业岗位。[①] 此外,就业观念的转变也使得劳动者的就业形式更加灵活和有弹性,非标准劳动关系[②]大量涌现。截至2010年年底,我国城镇非单位就业人员的数量达到了21 635.5万人,占就业人员总数的62.37%。

经济的市场化转型,既培育了劳动力市场,也使劳动关系双方主体日趋明确和独立。计划经济体制下以国家为核心的利益一体化的劳动关系,转变为企业和劳动者两个独立的利益主体之间的雇佣劳动关系,不同利益主体之间因利益差异所导致的利益矛盾和问题不断增加。如果将劳动争议案件数量作为衡量劳动关系状况的一个综合性指标,通过观察该指标的变化,可以发现以下两个重要的现象:一是作为劳资显性矛盾的一个突出表现,在1996—2010年的15年间,我国

---

① 数据来源:贾庆林在全国非公有制经济先进典型事迹报告会上的讲话。人民网,2011-12-02, http://politics.people.com.cn/GB/1024/16482588.html.

② 根据董保华(2008)的观点,非标准劳动关系是在灵活就业与制度转轨中产生出来的一种特殊类型的劳动关系。标准劳动关系在我国通常表现为用人单位与劳动者之间建立的、以一重劳动关系、8小时全日制劳动和劳动者只遵守一个雇主指挥为标准的劳动关系。因此,非标准劳动关系则是至少不满足上述一项条件的劳动关系,即:在非常规下,劳动者和一个用工单位或多个用工单位自由建立的劳动关系,是相互之间约定的一种工作时间不定、工作地点不定、工作方式不定、工作报酬不定的用工关系,比如多重劳动关系、灵活就业或劳务派遣等形式下的劳动关系等。

劳动争议案件及劳动者当事人数量都在迅速增加，其至远高于同期 GDP 的增长速度。这就意味着我国在经济规模迅速扩张的同时，劳动关系也日趋紧张，有可能成为制约经济社会发展的一大隐患。二是各地区劳动争议案件发生的频率存在巨大差异，在经济发达的东部地区，劳动争议案件的发生频率远远高于经济发展较为落后的中西部地区。

自推进社会主义市场经济体制改革以来，中国一直在探索适合的发展模式，并经历了连续多年的经济快速增长，然而，由于内部改革和外部环境的变迁，近年来开始频繁出现劳资冲突事件。就业的稳定以及劳动关系的和谐与长期增长密切相关，因而探讨经济、社会和人的发展对于我国劳动关系状况究竟会产生怎样的影响，将是一项十分有价值的研究议题。作为一个转型经济体，我国劳动关系也经历了转型发展，传统的计划经济体制下的单一劳动关系被类型多样、形式灵活、格局复杂的劳动关系所替代，劳资双方的利益冲突更加直接和尖锐。从文献检索结果来看，目前针对我国劳动关系状况的研讨成果颇丰，比如，乔健（2007）、董保华（2008）、常凯（2009）、李琪（2011）等。这些文献的共同特点是，研究者大都选取了某一个或某些角度和侧面分析劳动关系发展状况及特点，以及历史背景、经济和社会基础、市场和制度条件、组织因素、人的主观性与素质能力等演变对劳动关系的作用机制，但在这些研究中却鲜有综合、系统考察上述因素给劳动关系带来的影响及其程度。要揭示我国劳动关系发展的真实情况，不能仅仅关注某个方面可能对它造成的影响，而忽视多个方面作用效果的叠加可能对劳资冲突演变产生的"合力"。特别是面对经济危机和外部越发不确定的环境，最需要的是形成一个宏观、理性与客观的认识。为此，参考劳动争议研究前期成果（如郭金兴，2008；常凯，2009），以劳动争议发生频率表达劳动关系状况，通过一个简洁的计量框架探究劳动关系状况影响因素的多元性和影响效果的复杂性。研究发现，宏观经济增长放缓、经济不景气时期正是劳动关系愈发紧张的时间段，但是，经济发展水平高、劳动力市场机制健全又会平抑劳资之间的冲突性，即尽管经济下行会加剧劳资冲突，但是经济发达、社会进步和制度完善能够缓和矛盾纠纷。这一结论不仅具有理论意义，同时也具有现实价值，那就是，理性、客观地面对经济危机及由其导致的社会问题，不应该仅仅专注于在短期内解决矛盾问题，而忽视了从长期角度坚持推进经济社会发展阶段跃升的责任。本章的结构安排如下：第二部分综述劳动关系状况的主要影响因素及其作用效果；第三部分针对我国劳动关系状况影响因素的实证分析以及对结果的解释说明；第四部分是结论与启示。

二、文献综述

从西方市场经济国家劳动关系发展的历史经验看，劳动关系的演变必然是在工业化、信息化、城镇化、市场化和国际化等不断深入和共同影响之下发生的，因此，经济增长速度、经济发展水平、经济规模、劳动力市场状况等都是影响劳动关系状况的重要因素。Kochan，Katz 和 Mckersie（2008）指出，随着产业关系中创新力量的出现，使我们很难根据近期产业关系的变化来预测其未来的发展。但是有一点可以肯定的是，劳资双方都需要建立友善的经济环境和合作关系，希望通过行动对现存制度架构形成压力，从而影响未来产业关系的格局，因此，劳资冲突的发展变化不仅是劳动关系演进的主线，更是雇主、工会、工人和公共政策制定者构建未来产业关系的战略选择。Brown（2009）通过回顾英国劳资关系演变的历程，同样认为劳资冲突在其中起到了重要的推动作用，并将劳资冲突视为"改变英国劳动关系面貌"的一个不可或缺的"引擎"（engine）。比如，使雇主的权力开始受到制约、使工会的战略从对抗走向合作、使政府重视履行干预的责任、使雇主的利益相关方介入到劳资关系调整中等。此外，在近年发生的国际金融危机中，加拿大作为与美国经济联系较为紧密的国家，却是西方七国中受金融危机影响最小、失业率最低的国家。对此，Budd（2011）认为，如果比较加拿大与美国的产业关系特征，就会发现前者更加注重提高劳动力市场安全性，政府重视保护劳工权益，实行更严格的就业标准，注重劳动纠纷的预防和协调，发挥非政府组织的作用，特别是在国际金融危机中实行积极灵活的就业政策，致力于维护劳动就业中的性别平等。

相对于比较成熟的发达市场经济体制国家，对于经济转型国家、特别是正处于工业化、城市化进程中的发展中国家，由于面临经济体制与经济结构的双重转型，因此，影响劳动关系状况的因素，除了市场经济国家劳动关系发展过程中所体现出的客观规律性，市场化程度和城镇化水平的影响也不能被忽视（夏小林，2004；姚先国、赖普清，2004）。目前，影响中国劳动关系状况的各因素及其效果主要存在以下五方面的基本判断：第一，经济全球化会改变劳资力量的对比和劳动关系的调整模式，加剧劳动争议的发生（余晓敏，2006；肖文韬，2010）。第二，经济转型带来一系列体制性变革，打破固化的用工形式，导致劳资利益分化（陈诗达，2006；乔健，2007；常凯，2005，2009）。第三，经济发展状况决定劳动关系的不同特征，经济规模、经济发展水平和经济增长速度对劳资冲突演变存在差异的作用效果（郭金兴，2008；张秋惠、于桂兰，2010）。第四，劳动关系主体的特征和行为是贯穿劳动关系状况变化的关键要素，比如，劳动者的人口统计特征（比如，年龄、文化程度、来源地等）和价值观念（张建武、李永杰，2003；姚先国、赖普清，2004；杨正喜，2008；吴清军、许晓军，2010），各级工会在处理劳动关系问题上的态度和作用（夏小林，2004；乔健，2008；姚先国、李敏、韩军，2009；王少波，2010），政府治理劳动关系的理念思路、制度建设和行政作为（夏小林，2004；王长城，2006；罗明忠，2009；狄煌，2011）。第五，劳动力状况决定劳资博弈的力量对比，比如，供求关系影响劳动者就业环境（王长城，2006），劳动力流动性反映劳动关系灵活性（李月良，2010），劳动力成本上升表明其市场稀缺性（中国人民大学宏观经济分析与预测课题组，2010）。然而，由于我国劳动关系状况涉及历史背景、经济和社会基础、市场和制度条件、组织因素、人的主观性与素质能力等方方面面的内容，一项研究很难同时顾及和回答所有的问题，因而，大多数的研究者采取了视角式或层面化的研究思路；同时，由于一些公开统计数据，特别是与集体争议、劳动者群体事件、工资福利待遇等相关数据资源的匮乏，研究者只能尝试利用社会调研、媒体报道、个案/个例分析等方法和手段进行数据采集和论证支撑，这又可能导致对影响劳动关系状况的因素及其效用认识的偏颇。

因此，本研究认为，在处于转型期的我国，由于不同地区的经济增长速度、经济发展水平、劳动力市场状况、市场化程度、城镇化程度等都存在巨大的差异，因而这些因素可能会对该地区的劳动关系状况产生重要影响，并且叠加构成了全国劳动争议案件迅速增加、各地争议案件数量差异巨大的现状。本研究拟利用省际面板数据对上述因素的影响做一实证检验，以探讨我国经济社会转型进程中劳动关系变化的动态机理，考察经济形势和社会进步程度对劳动关系矛盾纠纷高发、频发的影响，展望今后一段时期我国劳动关系发展的趋向。就此而言，当前国内外相关或相似研究还未见到，故而本研究具有创新意义。

三、实证检验与分析

本研究共分为两个主要步骤：首先考察劳动关系状况的省际差异及其随时间变化的趋势，进而在初步评估结果的基础上，分析影响全国及区域劳动关系状况的因素及其作用效果。本文选取的样本是1999—2010年我国除港澳台之外的内地31个省市。数据来源为《中国劳动统计年鉴》《中国统计年鉴》等公开出版物。

（一）指标说明和数据描述

劳动关系状况的突出表现是劳资矛盾冲突，而冲突的各个方面均可形成劳动争议；劳动争议案件是劳资矛盾上升到一定程度后的表现，能直接体现劳资双方

第六章 中国劳动关系演变的省际及区域差异比较——基于1999—2010年省际面板数据的实证分析

的利益冲突；与其他指标相比，劳动争议案件更具综合性；在不同省区之间，劳动争议案件指标具备可比性，且数据资料更为完备。但考虑到各省的经济规模、就业人口等都存在巨大差异，单纯比较劳动争议案件绝对数量的现实意义不大，故而借鉴Brown（2009）的研究，分别以地区生产总值和就业数量为权重，计算产均劳动争议案件和劳均劳动争议案件，并作为本研究的考察指标。两者的数量都表明劳动争议案件发生的"频率"，可以更清晰、准确地反映不同地区的劳动关系状况。产均劳动争议案件为各省当年受理的劳动争议案件与该省当年国内生产总值之比。劳均劳动争议案件为各省当年受理的劳动争议案件与该省当年就业人口数量[①]之比。

以就业的城镇化水平和市场化程度分别刻画经济结构转型与经济体制转型对劳动关系状况的影响。就业的城镇化，即总人口中城镇就业人口所占比重；就业的市场化，即城镇就业人口中非国有单位职工所占比重。此外，非公有制企业是劳动关系市场化运行的经济部门，以城镇非国有单位就业人数衡量市场化劳动关系模式数量对劳动争议案件发生频率的影响。本研究预期，城镇化程度与市场化程度越高的地区，发生劳动争议案件的频率越高，并且城镇非国有单位就业人数越多的地区，也是劳动争议案件高发的地区。

发达国家的经验表明，经济处于不同发展阶段，劳动关系的状况和特征各异。在经济发展的初级阶段，往往是劳动关系较为紧张的时期。以各省的人均国内生产总值、国内生产总值规模及经济增长速度等三项指标刻画各地的经济发展水平，其中，人均国内生产总值能够直接反映经济发展对劳动关系的影响；经济规模与就业人口数量直接相关，其与劳动争议案件之间应呈正相关关系；实际国内生产总值增长率能够反映经济增长速度通过劳动力市场间接地对劳动关系产生的影响。

劳动力市场状况通过劳动力供求状况和劳动者的教育水平来刻画。考虑数据可得性，以城镇登记失业率指标表示劳动力市场供求状况。失业率与劳动争议的关系比较复杂。失业率越高，表明劳动力市场供大于求的状况越严重，劳动者可能会接受更苛刻的条件，使得劳动争议案件减少，但同时，劳动关系的状况更趋紧张，产生劳资矛盾纠纷的概率增加。此外，劳动者受教育程度越高，权利意识越强，行使各项法定权利的能力也越强，从而提高劳动争议案件的发生频率。以15岁及以上人口中非文盲的比重表示劳动者的教育水平，预期该指标与发生劳动争议案件的频率存在正相关关系。

[①] 在我国现行统计制度中，将农村农业部门（比如在大型农场劳动）的所有劳动人口都计入就业人口，但这种以家庭为主要作业单位的生产方式并非是以雇佣和被雇佣为特征的劳动关系，因而不作为考察对象。故此，本研究仅将第二、第三产业就业的人口之和计为就业人口数量。

此外，本研究涉及的地区因素，按照文献惯例，将31个省区分为东部、中部和西部三个地区①，以东部地区为参照组，设中部地区为虚拟变量1，西部地区为虚拟变量2。劳动争议案件数据源于各年度《中国劳动统计年鉴》，其他数据源于各年度《中国统计年鉴》，主要变量及描述性统计分析数据见表6—1，东部、中部、西部地区各主要变量的样本数据平均值的描述性统计分析数据见表6—2。

表6—1　　　主要变量及全国样本数据的描述性统计分析

变量	变量定义	平均值	中位数	最大值	最小值	标准差
劳均劳动争议案件 laborcase	劳动争议案件总数/第二、三产业就业人口（件/万人）	8.41	5.74	76.28	0.70	9.41
产均劳动争议案件 outcase	劳动争议案件总数/当年名义GDP（件/亿元）	1.39	1.13	7.02	0.31	0.93
城镇化 urban	城镇就业人口/总就业人口（%）	30.89	27.54	80.85	11.50	15.36
市场化 market	非国有单位就业人口/城镇就业人口（%）	56.20	55.83	86.88	25.41	13.18
人均GDP gdppa	人均名义GDP（元/人）	17 173.75	12 728.30	78 326.13	2 457.84	14 060.09
经济规模 gdp	当年名义GDP（亿元）	6 900.14	4 672.60	46 013.06	105.61	7 295.95
经济增长速度 growth	实际GDP增长率（%）	11.78	11.80	23.83	5.10	2.55
失业率 unemp	城镇登记失业率（%）	3.66	3.75	6.50	0.60	0.74
教育水平 edu	15岁及以上人口中非文盲的比重（%）	89.35	91.57	98.30	33.82	8.17
城镇非公经济就业量 empnogy	城镇非国有单位就业人口数（万人）	355.64	271.99	1 951.00	5.42	318.23

---

① 东部地区包括北京、天津、河北、辽宁、山东、上海、江苏、浙江、福建、广东、海南等11个省市；中部地区包括山西、湖南、湖北、吉林、黑龙江、河南、安徽、江西等8个省区；西部地区包括重庆、四川、广西、贵州、云南、陕西、甘肃、宁夏、青海、新疆、西藏、内蒙古等12个省区。

表6—2　　　　分地区样本数据的描述性统计分析（平均值）

变量符号（单位）	变量定义	东部（N=132）	中部（N=108）	西部（N=108）
laborcase（件/万人）	劳均劳动争议案件	14.04	4.45	5.92
outcase（件/亿元）	产均劳动争议案件	1.78	0.89	1.36
urban（%）	就业的城镇化	40.96	26.65	24.48
market（%）	就业的市场化	64.96	53.22	50.17
gdpa（元/人）	地区人均生产总值	27 376.17	12 418.29	10 991.83
gdp（亿元）	地区生产总值	11 368.48	6 360.40	3 163.98
growth（%）	经济增长速度	12.11	11.46	11.68
unemp（%）	失业率	3.43	3.71	3.87
edu（%）	教育水平	92.53	92.12	84.58
empnogy（万人）	城镇非公经济就业量	564.07	340.71	174.55

（二）计量模型和回归结果

分别以劳均劳动争议案件（Lnlaborcase）、产均劳动争议案件（Lnoutcase）作为被解释变量，以城镇化水平（Lnurban）、市场化程度（Lnmarket）、名义GDP（Lngdp）、人均GDP（Lngdpa）、实际GDP增长率（Lngrowth）、城镇登记失业率（Lnunemp）、教育水平（Lnedu）、城镇非公经济就业量（Lnempnogy）、中部地区虚拟变量（region_2）、西部地区虚拟变量（region_3）为解释变量，构建基本的计量模型：

$$Lnlaborcase_{it} = \alpha + \beta X_{it} + \varepsilon_{it} \tag{1}$$

$$Lnoutcase_{it} = \delta + \gamma X_{it} + \mu_{it} \tag{2}$$

$i=1, 2, \cdots, 31$; $t=1999, 2000, \cdots, 2010$; $\beta=(\beta_1, \beta_2, \cdots \beta_{10})^T$; $\gamma=(\gamma_1, \gamma_2, \cdots, \gamma_{10})^T$

$X_{it}=(Lnurban_{it}, Lnrnarket_{it}, Lngdp_{it}, Lngdpa_{it}, Lngrowth_{it}, Lnunemp_{it}, Lnedu_{it}, Lnempnogy_{it}, region\_2_i, region\_3_i)^T$

其中，α、δ为常数项；β、γ为系数列向量；ε、μ为随机误差项。

首先，计算1999年以来我国各省劳均劳动争议案件和产均劳动争议案件的变异系数、基尼系数和泰尔系数。见表6—3，三种测度基本上显示出了相似的变动趋势，1999—2005年大致趋向收敛，2006—2010年又趋向发散，即劳动争议案件的省际差异在逐步缩小后又开始扩大；再比较劳均劳动争议案件和产均劳动争议案件的差异系数，可以发现前者的差异程度要显著大于后者，说明若以前者衡量省际劳动争议案件的差异，则会显示更大。

表 6—3　　　　　　　　我国劳动争议案件的省际差异

年份\指数	劳均劳动争议案件			产均劳动争议案件		
	变异系数	基尼系数	泰尔系数	变异系数	基尼系数	泰尔系数
1999	0.827 7	0.466 9	0.384 0	0.656 8	0.376 4	0.262 7
2000	0.817 8	0.459 4	0.368 7	0.589 8	0.334 1	0.191 5
2001	0.818 3	0.457 9	0.360 4	0.490 5	0.277 4	0.128 1
2002	0.743 8	0.419 1	0.296 4	0.496 4	0.277 0	0.125 7
2003	0.767 0	0.415 8	0.283 8	0.553 5	0.286 0	0.132 4
2004	0.735 2	0.401 4	0.263 8	0.539 6	0.304 0	0.155 8
2005	0.724 3	0.396 6	0.262 2	0.530 0	0.299 1	0.154 5
2006	0.768 6	0.422 0	0.298 4	0.545 5	0.304 9	0.160 0
2007	0.694 3	0.387 3	0.256 7	0.493 8	0.278 0	0.125 7
2008	0.816 3	0.452 6	0.366 9	0.632 8	0.335 4	0.184 0
2009	0.725 1	0.428 0	0.339 9	0.563 3	0.312 5	0.167 8
2010	0.700 4	0.406 0	0.300 6	0.582 3	0.322 2	0.173 7

进一步比较劳均劳动争议案件和产均劳动争议案件反映劳动关系状况的可靠性，绘制了东部、中部、西部地区1999年以来劳均劳动争议案件和产均劳动争议案件的变化情况图。如图6—1和图6—2所示，劳均劳动争议案件和产均劳动

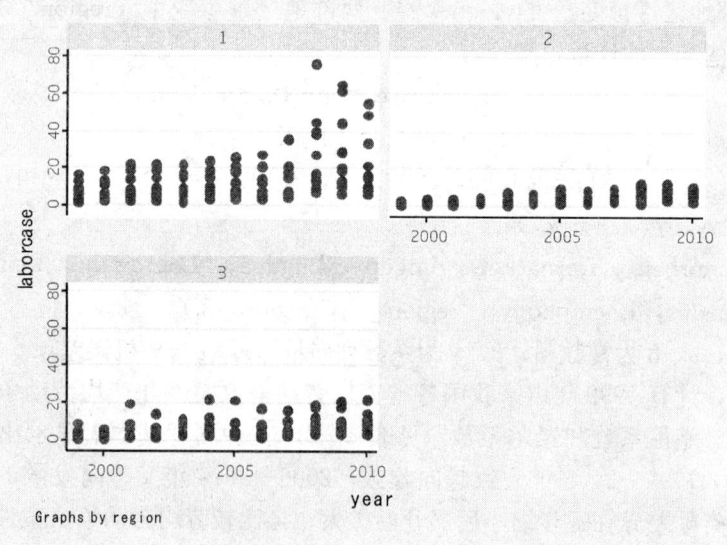

图6—1　分地区劳均劳动争议案件的变化情况

第六章　中国劳动关系演变的省际及区域差异比较——基于1999—2010年省际面板数据的实证分析

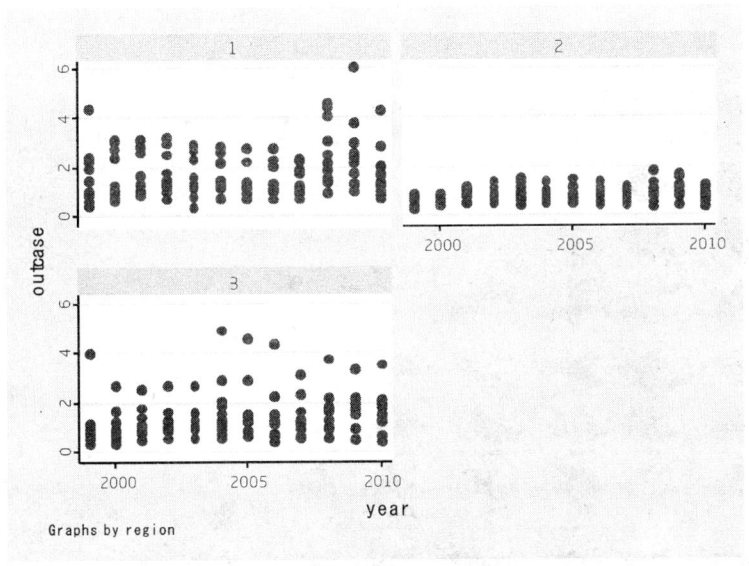

图6—2　分地区产均劳动争议案件的变化情况

争议案件的变动情况相似，即总体数量上升，且三地区之间的差异也在扩大；进一步观察发现，三地区劳均劳动争议案件的差异程度要显著大于产均劳动争议案件的差异程度。由于劳动争议与就业人口数量、结构等直接相关，劳均劳动争议案件的数量可能更准确地反映劳动关系状况。

本研究先行对样本面板数据进行整理，将名义GDP和人均GDP折算为可比价格；进而，以基本计量模型（1）和（2）为依据，绘制多变量散点图，劳均劳动争议案件和产均劳动争议案件分别与城镇化水平、市场化程度、名义GDP、人均GDP、实际GDP增长率、城镇登记失业率、教育水平和城镇非公经济就业量的相关性如图6—3所示，各变量的点值分布基本上均匀和规律。在模型选择上，由于各单位经济变量之间存在明显的空间关联性，如果采样单位过多，会使数据缺乏随机性，故而比较适宜采用固定面板（法比奥·卡纳瓦，2009）。在进行面板数据估计前，为保证计量的精度，方程对空间单位进行了横截面方差加权。使用最大似然估计方法和Stata11软件，对模型（1）和模型（2）中的相关参数进行估计和检验，以多元线性回归结果来反映劳动关系状况影响因素的作用方向及效果。回归结果见表6—4，同时汇报了固定面板（FE）、（部分）随机面板（RE）的估计结果，以及Hausman检验值。

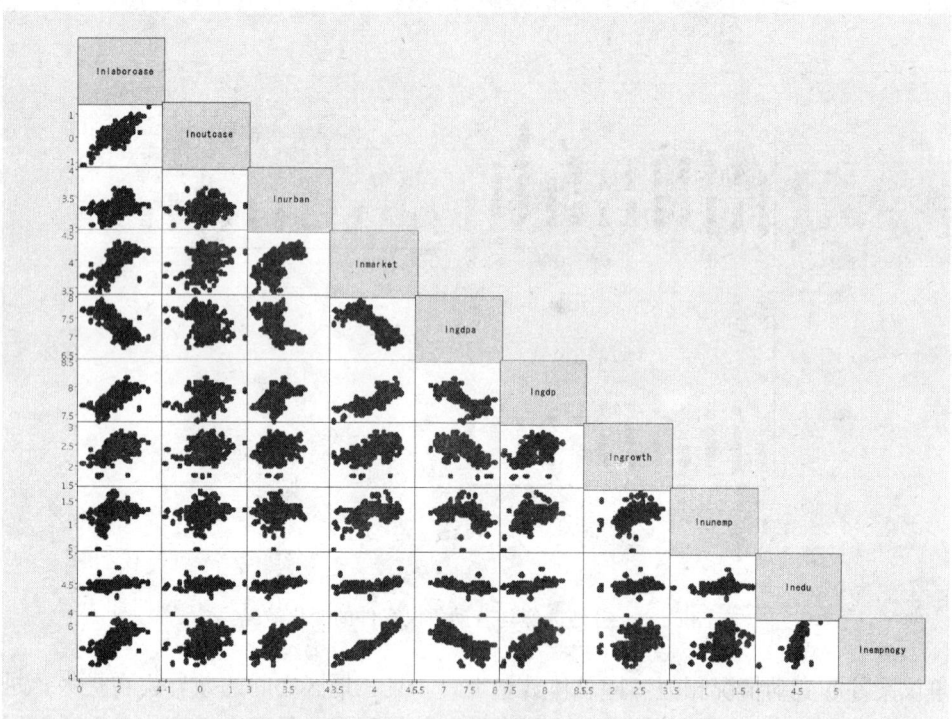

图6—3 计量模型各个变量之间的相关性

表6—4　　　　　我国劳动关系状况影响因素的省级面板检测

解释变量	被解释变量（模型选择）			
	Lnlaborcase (FE)	Lnlaborcase (RE)	Lnoutcase (FE)	Lnoutcase (RE)
Lnurban	0.788** (2.18)	0.923*** (5.29)	0.139 (0.42)	0.111 (0.63)
Lnmarket	1.840*** (4.21)	1.536*** (5.15)	1.533*** (3.80)	1.005*** (3.55)
Lngdpa	−1.174*** (−9.16)	−0.879*** (−9.41)	−0.231* (−1.96)	0.112 (1.26)
Lngdp	1.225*** (5.51)	1.720*** (9.71)	−0.704*** (−3.44)	−0.149 (−0.89)
Lngrowth	−0.298** (−2.53)	−0.190* (−1.68)	−0.221** (−2.03)	−0.091 (−0.87)
Lnunemp	0.229 (1.58)	0.216 (1.61)	0.056 (0.42)	0.064 (0.50)
Lnedu	−0.240 (−0.66)	−0.323 (−0.93)	−0.094 (−0.28)	−0.137 (−0.42)
Lnempnogy	−1.087*** (−3.67)	−0.958*** (−5.52)	−0.363 (−1.33)	−0.082 (−0.49)
region_2		−0.440** (−2.09)		−0.486** (−2.25)
region_3		−0.017 (−0.07)		−0.137 (−0.54)

续表

解释变量	被解释变量（模型选择）			
	Lnlaborcase (FE)	Lnlaborcase (RE)	Lnoutcase (FE)	Lnoutcase (RE)
常数项	−1.730 (−0.61)	−7.434*** (−3.37)	3.631 (1.39)	−2.497 (−1.17)
Hausman 检验 p 值		0.022		0.001
观测值	372	372	372	372
组数	31	31	31	31
R^2	0.71		0.19	
Adjusted-R^2	0.68		0.09	

注：括号内为 t 统计量；*、**、***分别代表 10%、5%和 1%的显著性水平。

Hausman 随机性检验结果显示，非常适合采用固定面板估计，所有固定面板估计参数都优于随机面板估计。正是基于此，在下面的实证分析中不再涉及随机面板估计结果。从回归结果[①]看，除了城镇登记失业率和劳动者受教育程度与劳动争议案件发生频率的关系不显著之外，就业的城镇化、就业的市场化、人均 GDP、GDP 规模、实际 GDP 增长率和非公经济就业量等都与劳动争议案件的发生呈现出明显的相关性。

具体而言，对于存在正向相关性的因素，首先，经济结构调整带来了大规模农村富余劳动力向城市转移，大量的雇佣劳动关系替代了原有的生产关系，必然推高劳动争议案件发生的频率。2010 年，城镇就业总人数为 34 687 万人，其中，外出农民工达 15 335 万人，占城镇就业总人数的 44.21%。与此同时，近年来农民工涉及各类劳动争议和监察案件的情况越来越多，比如在江苏省淮安市，2011 年私营企业发生的劳动争议仲裁案件占到受理数的 39.3%，比 2010 年同期增长 122.2%；股份制企业占到受理数的 26.7%，案件数同比增长 160.3%；其中涉及农民工的案件比例已达到 30%以上。

其次，经济体制转轨表现为就业的灵活化、多元化以及市场化程度的提高，城镇灵活就业人员以及在非国有单位就业人员的数量占比都在大幅上升，此时劳动争议案件的频繁发生，一方面意味着灵活用工形式、非国有单位更易出现劳动争议，另一方面也说明由于在经济转型过程中，原有的国有单位的劳动关系发生

[①] 总体而言，分别以劳均劳动争议案件和产均劳动争议案件为被解释变量的两个计量模型的回归结果大致相同，只是在测量经济规模（Lngdp）的影响上存在差异。考虑到劳均劳动争议案件指标的省际差异性以及其作为计量模型被解释变量的代表性，本研究侧重报告和讨论以该指标为被解释变量的计量模型回归结果。

了变化,这部分主体之间产生矛盾纠纷的可能性正在增加。截至2010年年底,我国城镇单位就业人员数为13 051.5万人,仅占城镇就业人员总数的37.63%,而非单位就业人员的数量占比则高达62.37%,相比前者超出了25个百分点。此外,雇佣方式的灵活化,除了表明家政服务业的非全日制用工、微型企业帮工等灵活就业者明显增加之外,更重要的一点,是导致某些用人单位内部出现了劳动者就业身份差异化的问题,比如国有企业中对劳务派遣工的大量使用。尤其是2008年以来,劳务派遣甚至成为一些企业的主流用工方式。① 目前,我国劳务派遣人员总量已跃升至6 000万人,并主要集中在国有企业和机关事业单位,部分中央企业甚至有超过2/3的员工属于劳务派遣工。② 但是,由于绝大多数派遣工都是低端就业,加上劳动关系和劳动就业分离,与正式工相比,常常在工资上同岗不同薪、在社保上同薪不同基数、在福利上同单位不同待遇,这些问题构成了劳动争议发生的重要诱因。③

最后,经济规模的扩张暗含了投资的增加以及就业人口数量的扩大,同样也会提高劳动争议案件发生的频率。1999—2010年,我国东部、中部、西部地区各省市自治区平均地区生产总值分别为11 368.48亿元、6 360.40亿元、3 163.98亿元,城镇平均就业人员总数分别为816.54万人、628.52万人、333.09万人;在经济规模上,东部地区几近中部地区的2倍,是西部地区的3.6倍,而在城镇就业人口数量上,东部地区是中部地区的1.3倍,几近西部地区的2.5倍。而同期,我国东部、中部、西部地区平均劳动争议案件数分别为21 832.71件、5 911.75件、4 126.63件,东部地区又几近中部地区的4倍,是西部地区的5倍多。由此可见,经济规模大、就业人口集中的东部地区同样是劳动争议案件高发、频发的区域。

对于存在负向相关性的因素,第一,人均GDP表明了一个地区的经济发展水平,经济越发达,劳动关系双方越表现出合作共赢的关系,劳动争议案件发生的频率越低。第二,实际GDP增长率能够反映宏观经济形势和经济景气状况,经济增长强劲,劳动力需求旺盛,劳动关系趋向缓和,而如果经济增速放缓,则

---

① 在国外,劳务派遣工一般占劳动者总数的2%~3%。

② 数据来源:去年劳动争议稳中有降,劳务派遣或成主流用工方式. 人民网,2012-01-04,http://acftu.people.com.cn/GB/67561/16788112.html.

③ 当前派遣工的劳动争议大都集中在两个方面:一是用工单位随意退工,二是派遣工对实际工资薪酬不满意,即存在"同工不同酬"现象。据上海市黄浦区人民法院发布的《2010年度黄浦区劳动争议诉讼情况白皮书》显示,该区2010年受理的劳动争议案总量有所下降,但劳务派遣、集体合同逐渐成为矛盾多发地。 (资料来源:滥用劳务派遣导致劳动争议多发. 人民网,2011-05-18,http://acftu.people.com.cn/GB/67574/14668857.html)

第六章 中国劳动关系演变的省际及区域差异比较——基于1999—2010年省际面板数据的实证分析

劳动关系会趋向紧张。第三，非公经济就业量折射出市场化劳动关系模式的数量，劳动关系双方越能在劳动力市场上进行公平的利益博弈，政府越能向弱势的劳动者给予充分、完备的就业立法保护，工会越能有助于提升劳动者的谈判地位和议价能力，则劳动争议案件发生的频率就越会下降，而如果政府实施的就业保护不够，工会的力量不足以使一些劳动纠纷得到及时有效地化解，那么就会演变为劳动争议案件。

对于不具有统计上显著相关性的因素，代表劳动力市场供求状况的城镇登记失业率与劳动争议案件发生的频率呈较小的正相关关系，可能说明失业率上升使劳动者面临更不利的就业环境，劳动关系趋于紧张。另外，劳动者的教育水平与劳动争议案件发生的频率呈较小的负相关关系，可能的原因是，受教育程度的提高表明劳动者的素质和人力资本在增加，有助于提升谈判地位和主张权益的能力，扭转不利的劳动关系状况。但是，由于两个因素的影响都不显著，说明劳动力市场状况对劳动关系状况的影响十分复杂，其中可能还会存在其他一些因素的干扰（比如制度、信息等），特别是这些因素对劳动关系双方主体的影响。

从表6—2以及图6—1、图6—2可见，转型时期，我国东部、中部和西部地区劳动关系状况存在明显的差异。为进一步探究影响劳动关系状况的因素及其效应是否也存在明显不同，在前面选择固定面板检验的基础上，进一步分地区估计劳动关系状况影响因素的作用方向及效果，继而说明不同经济社会发展阶段与地区劳动关系状况的关系。三种情况的回归结果见表6—5。

表6—5　　　　　分地区劳动关系状况影响因素的省级面板检测

解释变量	被解释变量（模型选择）					
	Lnlaborcase（FE）			Lnoutcase（FE）		
	东部地区	中部地区	西部地区	东部地区	中部地区	西部地区
Lnurban	−0.512 (−1.02)	3.075*** (3.98)	3.407*** (3.80)	−1.021** (−2.13)	1.400 * (1.75)	1.899** (2.37)
Lnmarket	1.266 * (1.79)	5.935*** (5.12)	4.603*** (3.86)	0.683 (1.01)	3.955*** (3.29)	3.292*** (3.09)
Lngdpa	−1.562*** (−7.32)	−0.775*** (−4.04)	−1.539*** (−3.77)	−0.635*** (−3.12)	0.069 (0.35)	−0.496 (−1.36)
Lngdp	1.524*** (2.77)	1.275*** (3.56)	1.112*** (3.03)	−0.681 (−1.30)	−0.890** (−2.40)	−0.721** (−2.20)
Lngrowth	−0.875*** (−4.42)	−0.096 (−0.68)	−0.106 (−0.37)	−0.769*** (−4.07)	−0.056 (−0.38)	−0.041 (−0.16)

续表

解释变量	被解释变量（模型选择）					
	Lnlaborcase (FE)			Lnoutcase (FE)		
	东部地区	中部地区	西部地区	东部地区	中部地区	西部地区
Lnunemp	0.133 (0.69)	−0.162 (−0.57)	0.026 (0.07)	0.042 (0.23)	−0.115 (−0.39)	−0.087 (−0.27)
Lnedu	−1.466 (−1.34)	1.806* (1.75)	0.027 (0.05)	−1.378 (−1.31)	1.605 (1.50)	−0.021 (−0.05)
Lnempnogy	−0.617 (−1.49)	−3.846*** (−4.69)	−3.567* (−3.86)	0.182 (0.46)	−1.887** (−2.22)	−1.956** (−2.37)
常数项	10.879 (1.50)	−22.401*** (−3.38)	−7.511 (−1.30)	19.000*** (2.76)	−10.024 (−1.46)	−0.547 (−0.11)
观测值	132	108	132	132	108	132
组数	11	9	11	11	9	11
R^2	0.75	0.85	0.66	0.25	0.28	0.26
Adjusted−R^2	0.71	0.82	0.61	0.13	0.16	0.14

注：括号内为 t 统计量；*、**、***分别代表10%、5%和1%的显著性水平。

从回归结果[①]来看，首先，经济体制转型、经济发展水平、经济规模等三个因素对各地劳动争议发生频率的作用及其效果与全国样本的面板数据检测结果一致，其中，经济体制转型在中部地区的作用效果最大，经济发展水平和经济规模在东部地区的作用效果最大。其次，经济结构转型、经济增长速度、城镇非公经济就业量等三个因素对东部与中、西部劳动关系状况的作用及其效果出现了显著不同，其中，经济结构转型和城镇非公经济就业量的作用在东部地区并不明显，而经济增长速度的作用在中、西部地区并不明显。之所以出现上述情况，可能与我国东部、中部和西部地区的工业化发展进程不同有关。参考陈佳贵、王钦（2009）的研究结论，东部地区最早开始工业化，北京和上海已经进入后工业化阶段，广东、浙江、福建、江苏等处于工业化后期阶段，而中部、西部地区省市大都处于工业化前期或中期的某个阶段，特别是西藏还处于前工业化阶段。而比较表6—2中三个地区劳动争议案件发生频次的状况也会发现，东部、中部、西

[①] 同前，侧重报告和讨论以劳均劳动争议案件指标为被解释变量的计量模型回归结果。

第六章 中国劳动关系演变的省际及区域差异比较——基于 1999—2010 年省际面板数据的实证分析

部地区劳均劳动争议案件分别为 14.04 件/万人、4.45 件/万人、5.92 件/万人，产均劳动争议案件分别为 1.78 件/亿元、0.89 件/亿元、1.36 件/亿元，其中，东部地区劳均劳动争议案件是中部地区的 3 倍多，是西部地区的 2 倍多。由于我国经济体制改革的中心环节进行工业经济改革，所以各省市/地区工业经济发展速度、对外开放程度以及国际竞争力实际也是我国劳动关系市场化发展程度的一种外在表达方式。研究推想，工业化综合指数越高的地区，政府越可能扮演好社会公共利益的保护者、法律的制定者和裁决者的角色，并且当地越可能对应着相对健全和完善的工业管理体制机制，那么，劳动关系双方就越可能在相对公平的劳动力市场上进行利益博弈，越能理智地处理劳资矛盾纠纷。因为"公平的市场竞争环境"和"完备的相关法律制度"是我国始终强调的发展改革目标，也是推动企业履行社会责任和强化地方政府创新社会管理的重要原因。此外，当前我国中西部地区的快速发展在很大程度上是依靠投资高增长、资源和要素高强度消耗拉动，这种发展方式不仅不利于带动劳动力市场需求增长，更会为生态环境治理埋下隐患。最后，反映劳动力市场状况的两个因素对各地劳动关系状况的作用及其效果与全国样本的检测结果略有差异，其中，中部地区城镇登记失业率与劳动争议案件发生频率呈微弱的负向相关关系，而劳动者的教育水平在该地区样本数据的面板检测中，表现出显著的正向相关性，即劳动者受教育程度提高会增加劳动争议发生频率。出现这一情况，一方面表明就业环境对劳动关系状况的影响确实比较复杂，劳动者的人口统计特征或可成为导致劳动争议一个关键因素，但另一方面也说明本研究选取的指标和数据可能不够科学，比如，城镇登记失业率并不能客观、全面地反映劳动力市场供求状况。

综合表 6—4 和表 6—5 以及相关分析不难发现，国内生产总值和城镇非国有单位就业人数比重对劳动关系状况的影响都显著为正，而人均国内生产总值对劳动关系状况的影响则显著为负，前两个指标的数据变动总体上对劳动关系紧张程度以及劳动争议案件的发生有显著的正向预测作用，而后一个指标则有显著的负向预测作用。同时，更多因素的影响效应表现出了鲜明的区域差异性：一是作为宏观经济变量的经济增长速度和作为转型发展变量的城镇单位劳动关系市场化程度对劳动关系状况的影响始终为负，但是前者的负向预测作用在东部地区表现更为显著，而后者的负向预测作用则在中部和西部地区表现更为显著；二是作为劳动就业变量的城镇就业人数比重对劳动关系状况的影响始终为正，但在中部和西部地区这种正向预测作用更加显著；三是与劳动力素质相关的受教育水平和与劳动力市场状况相关的城镇登记失业率对劳动关系状况的影响都显示出了明显的区域差异化，前者仅在中部地区表现出了显著正向预测作用，而后者在各地的预测作用都不显著。本文的实证研究结果汇总见表 6—6。

表 6—6　我国及分地区劳动关系状况影响因素效应的结论汇总表

	解释变量	全国	东部地区	中部地区	西部地区
宏观经济	国内生产总值	显著加剧	显著加剧	显著加剧	显著加剧
	人均国内生产总值	显著缓和	显著缓和	显著缓和	显著缓和
	经济增长速度	显著缓和	显著缓和	弱缓和	弱缓和
劳动就业	城镇就业人数比重	显著加剧	弱缓和	显著加剧	显著加剧
	城镇非国有单位就业人数比重	显著加剧	显著加剧	显著加剧	显著加剧
	城镇登记失业率	弱加剧	弱加剧	弱缓和	弱加剧
转型发展	城镇单位劳动关系市场化程度	显著缓和	弱缓和	弱缓和	显著缓和
	劳动者受教育水平	弱缓和	弱缓和	显著加剧	弱加剧

注：主要依据以劳均劳动争议案件指标为被解释变量的计量模型回归结果整理得到。

四、结论与启示

本文立足 1999—2010 年的省际面板数据，利用最大似然估计方法对我国劳动关系状况影响因素及其作用效果进行了分析，并进一步分区域，针对东部地区、中部地区和西部地区的三组同期样本作了区域性的研究和比较。以衡量劳动争议案件发生频率的两个指标——劳均劳动争议案件和产均劳动争议案件作为对劳动关系状况的综合性考察，探究转型时期影响劳动关系变化发展的因素及其作用。最终得到如下几点主要结论：（1）我国劳动争议案件发生频率存在较大的省际差异，比较变异系数、基尼系数和泰尔系数等三种测度对这种差异程度的衡量结果，发现以劳均劳动争议案件作为频率指标，表现出了比产均劳动争议案件更大的差异性；再结合分东部、中部和西部地区的比较分析，认为劳均劳动争议案件更贴切表达劳动争议案件发生频率，更准确反映劳动关系状况。（2）基于实证结果，从全国层面看，经济结构调整、经济体制转轨、经济规模扩张显著导致劳动争议案件发生频率提高，即劳资关系趋向紧张；经济发展水平、经济增长速度、城镇非公经济就业量（劳动关系市场化运行程度）显著导致劳动争议案件发生频率降低，即劳资关系趋向缓和；城镇登记失业率、劳动者受教育水平与劳动争议案件发生频率关系不显著，劳动力市场状况对劳资关系演变的影响复杂多变。（3）从地区层面看，经济体制转型、经济发展水平、经济规模等对劳动争议案件发生频率的影响与全国层面的情况一致；其他因素的影响存在鲜明的区域差异，在东部地区，只有经济增长速度与劳动争议案件发生频率显著负相关，其他因素的影响都不显著；在中部地区和西部地区，经济结构调整与劳动争议案件发

第六章　中国劳动关系演变的省际及区域差异比较——基于 1999—2010 年省际面板数据的实证分析

生频率显著正相关,城镇非公经济就业量与劳动争议案件发生频率显著负相关,经济增长速度的影响不显著,而劳动者受教育水平仅在中部地区与劳动争议案件发生频率显著正相关。(4)中国正处于经济社会转型关键阶段,以投资拉动型经济增长模式为主导,特别突出体现在中部和西部地区,强化经济增长对就业数量和质量的带动作用、健全劳动力市场机制任务重要且紧迫。

综上所述,转型时期影响中国及区域劳动关系状况的因素及其作用,在全国与区域层面表现出了部分的差异性,这种分析有助于客观把握影响中国劳动关系变化的宏观机制,清晰展望"十二五"时期乃至到 2020 年我国劳动关系发展变化的情况。具体而言,可以得到两个方面的重要启示:

首先,应该从宏观的角度把握和看待劳动关系演变。尽管劳动关系更普遍的面貌是介于用人单位和劳动者之间的一种经济关系,但是用人单位和劳动者实际上都无法脱离宏观经济环境的影响,并且从人口学的意义上说,劳动者的人口统计特征还会以劳动力供给的方式作用于劳动关系。"十二五"时期,我国要加快转变经济发展方式,促进制造业由大变强、淘汰落后产能,同时,提高产业集中度,促进企业组织结构优化,这就将使一些行业和企业的劳动关系处于多变状态,加剧劳动关系的紧张程度。此外,随着 2008 年以来我国经济开放程度的日益提高,使得国外经济运行至下行阶段时,我国东部和中部地区企业(主要是外向型企业)就会因产业升级而减少对非技术劳动者的需求,以至于出现雇佣停滞甚至下降,易于发生劳动争议。而从劳动力供给方面看,2009 年以来,在农村劳动力进入城镇就业规模不断扩大的同时,农民工内部也出现了代际更替,1980年以后出生的外出农民工被称为"新生代农民工",有调查显示,2009 年,新生代农民工总人数达 8 487 万人,占全部外出农民工总数的 58.4%[①],已经成为外出农民工的主体。他们有不同于父辈的对工作和生活的诉求,而面对工资收入偏低、工作缺乏民主权利和人文关怀等问题,很可能演化成为对社会的不公平感,以至于引发劳资冲突事件。

其次,要以理性和发展的思路应对和处理劳动关系问题。尽管宏观经济放缓的时期劳资冲突会明显增多,但是纵观发达市场经济国家劳动关系发展历史,体制机制的破旧立新,发展理念的再审视,经济系统的自我调整……这些"破坏性创新"的过程无不发生在困难的时期。劳动关系的紧张化、甚至是劳资矛盾冲突的增多,并不意味着劳动者工作状况的恶化,而是一种特定发展阶段的现象。只要我们能够抓住当前加快市场扩张、形成创新发展模式的战略机遇期,大胆推进

---

① 也就是年龄在 16～29 岁之间的外出农民工占全部外出农民工的比例。

社会管理创新，以发展和合作的理念引导劳动关系双方，以法治化的途径、通过搭建更有效的制度平台来处理和规范劳资冲突，就能够使劳动关系和谐发展。从这种意义上说，劳动关系政策和工作的核心点就是顺应改革与发展的需要，推进防范与处理相结合的劳资矛盾冲突应对机制。为此，一是尽量减少引发劳动关系矛盾冲突的诱因，比如，在转型与改革过程中要注重方法科学和过程稳妥有序；二是充分给予发挥扩大就业作用的中小企业以政策扶持，比如，在产业结构调整中着力完善企业发展的政策环境；三是针对现阶段集体劳动争议多发，劳动者群体事件高发、频发的状况，尽快健全集体劳动关系协调机制；四是面对新兴媒体、国际贸易规则、国际劳工标准等新的因素开始深入影响我国劳动关系，2020年应该形成由政府、工会、企业组织、劳动者、社会组织、媒体等多个主体参与的劳动关系问题多方治理结构。

第七章　中国劳动关系模式的评估与国际比较

从制度变迁的视角审视欧洲国家产业关系演变的历程，可以梳理出四种伴随劳动力市场转型和发展过程，对"灵活—安全"劳动关系制度组合的多方面、多维度、多侧面的政策诠释。为实施就业优先战略，促进劳动者体面就业、幸福劳动，构建和谐劳动关系，有必要对我国劳动关系[①]模式（实际上也可以说是劳动力市场灵活安全性模式）[②]作一宏观的把握。

一、研究的设计

既往研究（比如，Blanchard and Tirole，2004；Tangian，2007）大都首先针对灵活性与安全性各选取一个代表指标，并构建一种"灵活性—安全性"的波士顿矩阵（交易曲线实际上是矩阵的另一表达方式），进而将一个国家在两个指标上的表现描述于矩阵图中，最后以点值分布的情况确定该国劳动力市场上劳动关系的特征和模式。这种方法的优点在于，研究者依据"连续统思路"[③]，从两个角度对劳动关系双方的诉求进行了内部解构（王阳，2011：153）；然而，不足之处则在于，因为指标选取比较随意，并且每个指标的针对性都太强，导致两个指

[①] 欧洲国家一般称为"产业关系"（industrial relations），而我国通常使用"劳动关系"（labor relations），本章统一使用"劳动关系"表述。同理，对于"产业关系模式"的表达，变换为"劳动关系模式"，但是含义相同。

[②] 在第二章中，笔者已经阐明一国产业关系模式与劳动力市场灵活安全性模式之间存在密切的制度关联性，只是两者的侧重点有所不同。前者更聚焦在产业关系状况以及其演变的轨迹，而劳动力市场灵活安全性模式则更关注于综合的劳动力市场制度系统对市场主体的意识、行为以及决策的影响。在本章中，笔者并不刻意将两种模式进行十分清晰的区分，原因在于，从欧洲国家产业关系的发展趋向看，以一个更宏观、更综合的视角观察劳资关系的演变，将是更加具有前瞻性和战略性。

[③] 借助两极化概念，难免导致将真实的世界分成两个相互独立的部分，但劳动关系的状态不可能是非A即B的逻辑，也就是说，不充分灵活的劳动关系也不一定就是充分稳定与合规的。可以预见，劳动关系的完全灵活状态会同完全安全状态一样少，劳动关系存在的常态应该是更多地介于两者之间，呈现一种多元和动态的市场形态集合。由此，连续统假设可能才是真正符合劳动关系运行常态的假设。若按此思路将两个概念作为两端，那么两极及其中间的连线就组成了一个"连续统"，其中，连线上的每一点都可能代表真实世界的一种状态，而连线就构成了整个丰富多彩的世界。

标对劳动关系的涵盖性明显不足，所以"指标组合"往往不太便于准确把握一国劳动关系的样态。本章将尝试从指标选择和评估维度两个方面，对这一问题进行探索性"修复"。

（一）评估指标的选取

借鉴 Eamets 和 Masso（2005）的研究思路，指标选择将集合客观与主观两因素；由于影响一国劳动关系特征的因素较多，指标还要具有较强的代表性和含纳性；此外，劳动关系模式与国家制度架构紧密相关，故而也强调指标的国际可比性。

在具体指标的考虑上，吸取 Clark 和 Postel-Vinay（2009），以及 Pierre 和 Scarpetta（2004，2006）的观点。首先，就业保护立法（EPL）是劳动者在工作中可直接获得的"保护"，并且劳动者对就业保护立法严格程度的提高也常常反映积极，因而可以作为一国劳动关系状况的重要表达。其次，雇主对劳动力市场规制的反应是就业保护立法真实情况的写照，透过企业的行为就可以洞悉劳动力市场的灵活性和效率。

基于此，本研究再次将经合组织的指标方法（后文简称"经合组织指标法"）（2008）与《全球竞争力报告》的主观调查方法（后文简称"竞争力报告调查法"）（2008—2009）进行整合，并引入两种方法中符合本研究思路的相关评估指标。由于传统的经合组织指标法在指标涵盖广度上略显薄弱，本研究选用了其修正指标，也即由 Venn（2009）提出的指标作为替代。

（二）评估指标的描述

Venn（2009）主要是对经合组织指标法（2008）中"就业保护立法的严格程度"的三个分项指标（即正规就业、短期就业和集体解雇）进行了修正。主要的做法是：第一，在衡量角度上，将就业保护作为调整就业水平的雇主的成本看待；第二，在衡量层次上，不仅考虑国家层面的制度，也会考虑地方、区域和行业的情况；第三，在衡量内容上，增加了针对就业保护法律执行情况的指标，比如失业补偿的受益率、不公正解雇的处理结果、劳动仲裁和监察机构的作用等。Venn（2009）的方法部分地弥补了经合组织指标法（2008）在劳动力市场灵活性和效率衡量上的薄弱，同时也进一步丰富了其在就业保护和工作安全程度描述中的考量。

Venn（2009）新确立的三个分项指标如下：

指标1：正规就业者的个体解雇（individual dismissal of workers with regular contracts）：包括与解雇保护有关的三个方面，即解雇程序、提前通知时间和赔偿金，以及解雇难度（仲裁和司法机构的干预程度）。

指标2：集体解雇的额外成本（additional costs for collective dismissals）：

当雇主准备解雇大量劳动者时，面临的来自时间、经济、通知程序等的额外开销。但该指标并不反映集体解雇规制的总体严格程度。

指标3：短期合同的规定（regulation of temporary contracts）：针对固定期限劳动合同和短期劳动合同的合法性和持续时间等方面的规定。该指标同时包括政府管理、约束劳动力市场中介机构和派遣单位的措施，以及要求对短期工作劳动者提供"同工同酬"待遇的规定。

此外，各国就业保护立法的总指数是依据上述三个分项指标计算得出的。

《全球竞争力报告》（2008—2009）提供了针对一国"劳动力市场效率"（labor market efficiency）的评估结果，恰恰与经合组织（2008）、Venn（2009）的评估处于同一个时间段，并且也是全球竞争力指标体系的组成部分之一。该指标由若干分项指标构成，评估项目基本涵盖了与劳动力市场灵活性和规范性相关的各种因素，比如劳动/雇佣关系的合作程度、工资决定的灵活性、非工资的劳动力成本、就业刚性、雇佣和解雇行为、解雇成本、薪酬和生产效率、专业化管理程度等。该指标可以成为针对一国劳动关系发展平衡劳资双方诉求效果的综合表达。

（三）评估指标的运用

本研究确立了"劳动关系双方之间存在此消彼长的利益博弈关系"的基本认识。

首先，由于Venn（2009）的指标相对更侧重于衡量劳动关系稳定性的一个维度——工作安全性（即就业保护立法的严格程度），这显然不能充分支撑对一国劳动关系状况的总体判断，但是当该国的工作安全性发生变化时，却又可以从侧面表明其劳动关系的灵活性程度受到了多大的影响。因此，将Venn（2009）的指标作为"灵活性"的表达。

其次，《全球竞争力报告》（2008—2009）提供的指标的特点是具有较强的"含纳性"，并且其评估项目基本涉及了劳动力市场灵活性与劳动关系稳定性、安全性的各个要点，但这也导致了该指标的"对立统一性"。当然，《全球竞争力报告》（2008—2009）指标在问题的设计和答案的处理上，针对两类指标的衡量方向作了协调和统一，形成了"以安全性指标反映灵活性状况和市场效用"的结果，进而在理解该指标的意义时就应特别注意。指标的数值并非是越高（或越低）越好（即坐标轴的两端区域），而应该保持适度（即坐标轴的中间区域）。一国高水平的劳动力市场效率不应以牺牲劳动关系稳定性、安全性为代价，在短期看有助于宏观经济增长的灵活化进程，可能从长期看并不符合帕累托改进。相反，一味突出保护劳动者、僵化劳动关系而无视劳动力市场效率，也不利于实现持续发展。理想的劳动关系状况应该是"有安全性保障的灵活性"。

二、中国劳动关系模式的评估与特征描述

(一)基于一维指标的评估与比较

依据"就业保护立法的严格程度"这一评估指标,本研究首先对中国劳动关系模式作一灵活性视角的描述。为能从总体上更准确地把握我国劳动关系稳定性和安全性的基本状况,横向比较研究将从以下两个层面展开:

第一层面——评估和比较中国同经合组织的一些典型欧洲国家各自劳动关系的情况和差异。

第二层面——评估和比较中国同日、韩、美等经合组织的非欧洲国家,以及"金砖国家"各自的劳动关系的情况和特点。

1. 中国与经合组织部分欧洲成员国之比较

基于四种劳动关系模式,从经合组织成员国中选取部分典型的欧洲国家作为样本。表7—1列举了Venn(2009)方法对这些典型的欧洲国家及中国的评估结果。《全球竞争力报告》(2008—2009)提供了2007年各国劳动力市场严格性的评估数据,与Venn(2009)的方法存在一定的横向可比性,故而一并列出。《全球竞争力报告》(2008—2009)的指标名称为"就业刚性指数"(Rigidity of Employment Index),指标取值范围是0~100,0表示完全不严格,100表示极为严格。

表7—1　　就业保护立法严格程度的评估与比较(第一层面)

国家	严格程度指标				
	就业刚性指数 (0~100)	保护长期合同工免遭解雇/正规就业 (0~6)	对短期用工形式的规制/短期就业 (0~6)	对集体解雇的特别要求/集体解雇 (0~6)	就业保护总指数 (0~6)
奥地利[b]	37	2.19	2.29	3.25	2.41
比利时[b]	20	1.94	2.67	4.13	2.61
丹麦[a]	10	1.53	1.79	3.13	1.91
芬兰[a]	48	2.38	2.17	2.38	2.29
德国[b]	44	2.85	1.96	3.75	2.63
希腊[d]	55	2.28	3.54	3.25	2.97
爱尔兰[c]	17	1.67	0.71	2.38	1.39
荷兰[a]	42	2.73	1.42	3.00	2.23

续表

国家	严格程度指标				
	就业刚性指数 (0~100)	保护长期合同工 免遭解雇/ 正规就业 (0~6)	对短期用工形式 的规制/ 短期就业 (0~6)	对集体解雇的 特别要求/ 集体解雇 (0~6)	就业保护总指数 (0~6)
挪威[a]	47	2.20	3.00	2.88	2.65
葡萄牙[d]	48	3.51	2.54	1.88	2.84
西班牙[d]	56	2.38	3.83	3.13	3.11
瑞典[a]	39	2.72	0.71	3.75	2.06
英国[c]	7	1.17	0.29	2.88	1.09
OECD国家	32.10	2.09	2.07	2.96	2.23
中国	24	3.31	2.21	3.00	2.80

说明：各国的上标符号分别代表其所属的劳动力市场灵活安全性模式：[a]表示"北欧国家及荷兰模式"；[b]表示"大陆国家模式"；[c]表示"盎格鲁—撒克逊国家模式"；[d]表示"地中海国家模式"。"OECD国家"代表了表中所列经合组织国家在各项指标中的平均水平。

数据来源：World Economic Forum，2008；Venn，2009（笔者进行整理）。

从《全球竞争力报告》(2008—2009)的评估结果看，2007年，我国就业刚性指数为24，大大低于经合组织国家的平均水平32.10。相比较而言，在单个国家层面上，我国劳动关系的灵活性程度与比利时的情况最为接近（该国的就业刚性指数为20，属于大陆国家模式），而若在劳动关系模式的综合层面上，我国劳动关系的灵活性程度则似乎又与盎格鲁—撒克逊国家模式更为接近（英国和爱尔兰都属于这一模式，两个国家的就业刚性指数分别为7和17，皆低于我国的水平）。可见，以《全球竞争力报告》(2008—2009)提供的"就业刚性指数"进行比较和考量，可以认为我国的劳动力市场和劳动关系比较灵活。

再从Venn（2009）的评估结果进行分析。鉴于Venn（2009）提供的就业保护严格程度指标共有4个（前3个为分项指标，后1个为总指标），本研究的讨论将就4个指标分别进行（各指标皆基于2009年的情况）。

第一，我国"保护长期合同工免遭解雇/正规就业"的就业保护严格程度指数为3.31，除了低于葡萄牙的3.51以外，全部大大高于表7—1所列的其他典型国家，特别是高于英国（1.17）、爱尔兰（1.67）和丹麦（1.53）。属于盎格鲁—撒克逊国家模式的国家（英国和爱尔兰）似乎对正规就业的保护力度，普遍不如分属其他劳动关系模式的国家，而德国（2.85）和瑞典（2.72）是除我国以外的比较重视保护正规就业的国家。不论是北欧国家及荷兰模式的几个国家，或者是大陆国家模式的几个国家，再或者是地中海国家模式的几个国家，在保护正规就业问题上的表现都不太集中，较难体现这三个劳动关系模式的各自特点。

第二，我国"对短期用工形式的规制/短期就业"的就业保护严格程度指数为2.21，仍高于经合组织国家的平均水平2.07（但超出的幅度已大大低于正规就业的情况），明显高于英国（0.29）、爱尔兰（0.71）、瑞典（0.71）等国家，与奥地利的情况（2.29）最为接近。属于地中海国家模式的三个国家——西班牙、希腊和葡萄牙的短期就业保护严格程度指数分别为3.83、3.54和2.54，大大高于经合组织国家的平均情况，可见，这些国家比较重视保护短期就业形式；而属于盎格鲁—撒克逊国家模式的国家（英国和爱尔兰）在保护劳动者短期就业方面仍然比其他国家宽松得多；属于大陆国家模式的国家对短期就业的保护力度相对比较取中，德国、奥地利和比利时的短期就业保护严格指数分别为1.96、2.29和2.67，其平均水平约为2.31，是我国最为接近的劳动关系模式表现。

第三，我国"对集体解雇的特别要求/集体解雇"的就业保护严格程度指数为3.00，小幅高于经合组织国家的平均水平2.96，与荷兰的情况（3.00）相同。属于盎格鲁—撒克逊国家模式的国家在保护集体解雇方面不如其他OECD国家（英国和爱尔兰的集体解雇严格程度指数分别为2.88和2.38，低于OECD国家的平均水平），而葡萄牙是表7—1所列国家中集体解雇严格程度指数最低的（1.88）。此外，同保护正规就业的情况类似，由于其余三个劳动关系模式下的各个国家对集体解雇保护的力度存在较大的差别，所以也不易把握这三个模式的各自特点。

第四，综合前3个分项指标的情况，我国"就业保护总指数"为2.80，显著高于经合组织国家的平均水平2.23，与葡萄牙（2.84）的情况最为接近。可见，从总体上看，我国劳动力市场是不太灵活的，劳动关系也比较稳定，或者说政府对劳动力市场施以了比较严格的制度管控。此外，全面评估四种劳动关系模式的表现，发现我国劳动关系的灵活情况与北欧国家及荷兰模式和盎格鲁—撒克逊国家模式最为不相近，我国对劳动关系的规制要严格于这两个模式下的代表国家；同时，尽管我国劳动关系的灵活情况与大陆国家模式和地中海国家模式也不尽相同（比大陆国家模式的三个典型国家的总体情况要高，而比地中海国家模式的三个典型国家的总体情况要低），但由于是依托单一指数，且该指数仅限于法规和政策层面的"理论"考量，所以尚难以否定我国与这两个模式之间可能存在的任何类属关系。

通过分指标的细致讨论，可以反映出一种情况。由于近两年来我国加快了劳动法律制度体系建设的进程，对劳动者的保护特别是对正规就业的保护力度正在日益增加，这为我国就业保护严格程度指数的显著提升奠定了坚实的制度基础。

以 2008 年正规就业中"解雇难度"项目①下的"赔偿金"和"审判期"两个子项目为例。通常情况下，赔偿金会按照 20 年任期来计算，按月数支付。目前，接近半数的国家赔偿金的支付标准在 4~8 个月，但是中国、瑞典和印度的解雇成本却是非常高，支付的赔偿金超过了 30 个月以上（见表7—2）。再考察审判期的情况。审判期是衡量解雇难度的另一个重要指标，审判期越短，表明雇员越能够在最短的时间里获知不公平解雇的裁定，并且得到相应的赔偿或其他的补救。所以，时间跨度越短的审判期，表明一国对正规就业雇员的保护力度越强。如表7—3，大多数国家的审判期都在 2.5~5 个月（含 5 个月），而审判期仅在一个半月以内的国家有意大利、奥地利、新西兰和智利，是审判期最短的四个国家；而审判期超过 9 个月的国家有丹麦、英国、爱尔兰和伊拉克，是审判期最长的四个国家，中国的审判期在 5~9 个月。

表 7—2　　　　　　　解雇的赔偿金（2008 年）

支付标准	国家数量	百分比（%）	国家
不超过 3 个月	1	2.7	波兰
4~8 个月	17	45.9	韩国、智利、奥地利、新西兰、荷兰、希腊、瑞士、印度尼西亚、巴西、俄罗斯、爱沙尼亚、日本、捷克、澳大利亚、伊拉克、英国
9~12 个月	6	16.2	南非、西班牙、挪威、斯洛伐克、匈牙利、丹麦
13~18 个月	7	18.9	墨西哥、意大利、法国、芬兰、比利时、德国、斯洛文尼亚
19~24 个月	2	5.4	葡萄牙、爱尔兰
25~30 个月	1	2.7	土耳其
30 个月以上	3	8.1	瑞典、中国、印度

说明：缺少美国、冰岛和加拿大的相关数据。

数据来源：Online OECD Employment Databases（http://stats.oecd.org/），笔者进行了整理和计算。

---

① 在经合组织的指标体系中，考察就业保护法规对不公平解雇的定义、限制以及补救措施，主要包括 5 个子项指标，即不公平解雇的界定、审判期、赔偿金、复职、认定不公平解雇的最长期限（maximum time to make a claim of unfair dismissal）。

表 7—3　　　　　　　　　　　审判期（2008 年）

月数	国家数量	百分比（%）	国家
9~12 个月（含 12 个月）	4	11.1	丹麦、英国、爱尔兰、伊拉克
5~9 个月（含 9 个月）	6	16.7	卢森堡、德国、斯洛文尼亚、中国、澳大利亚、印度
2.5~5 个月（含 5 个月）	16	44.4	比利时、斯洛伐克、土耳其、冰岛、瑞典、加拿大、俄罗斯、芬兰、爱沙尼亚、匈牙利、挪威、捷克、日本、葡萄牙、巴西、印度尼西亚
1.5~2.5 个月（含 1.5 和 2.5 个月）	6	16.7	波兰、荷兰、瑞士、西班牙、希腊、法国
1.5 个月以下	4	11.1	意大利、奥地利、新西兰、智利

说明：缺少美国、韩国、墨西哥和南非的相关数据，共 36 个国家。
数据来源：Online OECD Employment Databases（http：//stats.oecd.org/），笔者进行了整理和计算。

尽管这种指标数量上的变化，只能说明我国在法律和政策层面上加强了对劳动关系的规制，但是也折射出政府在规范企业劳动用工行为、加强对劳动者就业保护上的基本信念和积极作为。

另外，一个明显的问题还值得重点关注，即《全球竞争力报告》（2008—2009）与 Venn（2009）在评估我国劳动力市场就业保护严格程度的结果上存在左右两种矛盾的判断。前者认为，当前我国劳动力市场比较灵活，而后者则认为我国劳动力市场是不太灵活的。之所以会出现这一情况，可能的原因在于，两者所基于的评估体系是存在本质上的差异的。《全球竞争力报告》（2008—2009）的评估设计是立足于社会调查，是对被调查者感性认识的把握，而 Venn（2009）的评估设计则是立足于法律和政策规定，是对一国刚性制度体系的理性分析。可以想象，当一国比较严格的劳动法律法规并未在其实践中得到充分的贯彻和执行，那么"理论"与"现实"之间的"分歧"就会难免出现。

2. 中国与日、韩、美及其他四个"金砖国家"之比较

选取日本、韩国和美国等经合组织的非欧洲成员国家，以及巴西、印度、俄罗斯联邦和南非等其他四个"金砖国家"作为比较对象。与表 7—1 相似，表 7—4 列举了 Venn（2009）方法对这些国家及中国的评估结果。《全球竞争力报告》（2008—2009）提供了 2007 年对各国劳动力市场规制严格性的评估结果，同样作为对比，仍将该数据与 Venn（2009）评估的结果一并列出。《全球竞争力报告》（2008—2009）的指标名称为"就业刚性指数"（Rigidity of Employment Index），

指标取值范围是 0～100，0 表示完全不严格，100 表示极为严格。

表 7—4　　就业保护严格程度的评估与比较（第二层面）

国家	严格程度指标				
	就业刚性指数 （0～100）	保护长期合同工免遭解雇/正规就业 （0～6）	对短期用工形式的规制/短期就业 （0～6）	对集体解雇的特别要求/集体解雇 （0～6）	就业保护总指数 （0～6）
日本	17	2.05	1.50	1.50	1.73
韩国	37	2.29	2.08	1.88	2.13
美国	0	0.56	0.33	2.88	0.85
OECD 国家	32.10	2.09	2.07	2.96	2.23
中国	24	3.31	2.21	3.00	2.80
巴西	46	1.49	3.96	0.00	2.27
印度	30	3.65	2.67	0.00	2.63
俄罗斯联邦	44	2.79	0.79	1.88	1.80
南非	81	1.99	0.5	1.88	1.25

说明："OECD 国家"代表了表中所列经合组织国家在各项指标中的平均水平。
数据来源：World Economic Forum，2008；Venn，2009（笔者进行整理）。

（1）比较中国与日本、韩国和美国的情况

首先，从《全球竞争力报告》（2008—2009）的评估结果来看，同为亚洲国家的日本和韩国对本国就业保护的严格程度相差较大，而我国则处于两者之间的状态。2007 年，韩国的就业刚性指数为 37，是三个亚洲国家中最高的，这一水平还超出了经合组织国家的平均值（32.10），表明该国劳动力市场相对不太灵活；而日本的就业刚性指数仅为 17，与一般预想的高水平刚性有所差距，甚至低于我国的情况，表明该国劳动力市场最为灵活、劳动关系受到的规制最少；美国在该指数上的表现为 0，充分显示了该国在劳动力市场规制中的主导思想——充分的自由、灵活与政府的低干预策略。

其次，从 Venn（2009）的评估结果进行分析。在亚洲的三个国家中，无论是对正规就业的保护，还是对短期就业的保护，又或是对集体解雇的保护，我国在立法上都是最为严格的，甚至大幅高于韩国和日本。日本是三个亚洲国家中施以劳动者最低严格程度就业保护的国家，该国三个就业保护严格程度指标分别只有 2.05、1.50 和 1.50，全部低于经合组织国家在这些指标上的平均值。再分析美国的情况，该国对正规就业、短期就业和集体解雇的就业保护严格程度相差较大，对前两者的保护较少（美国对"正规就业"和"短期就业"的就业保护严格程度指数分别仅为 0.56 和 0.33，甚至是经合组织国家中最低的），但却比较重视加强对集体解雇的保护力度。美国"对集体解雇的特别要求/集体解雇"的就业保护严格程度指标为 2.88，仅略微低于经合组织国家的平均水平（2.96），但已大大超过了日本（1.50）和韩国（1.88）。

经过比较和分析，可以发现与之前第一层面讨论时相类似的一个有趣的矛盾情况。也就是，若依据《全球竞争力报告》（2008—2009）的评估结果，相比韩国的情况，我国的劳动力市场和劳动关系要更加灵活；而若依据 Venn（2009）的评估结果，则会发现与韩国相比，我国实际上对劳动力市场施加了更为严格的运行治理，以及对劳动者提供了更加周全的立法保护。由此可见，我国在劳动法律政策执行上的"不理想表现"已经明显影响到了两种评估方法所得出的结论；而日本、韩国和美国因在两种评估方法中得到了一致性的结果，也进一步印证了分别运用《全球竞争力报告》（2008—2009）的方法和 Venn（2009）的方法，从实践和理论两个角度，评估一国劳动力市场和劳动关系的灵活性程度以及劳动立法的严格程度的辩证性及其判断结果的可靠性。

（2）比较中国与其他四个"金砖国家"的情况

近年来，在西方发达国家经济增长普遍乏力的背景下，"金砖五国"（BRICS）的经济成长动力斐然，国际社会围绕"金砖五国"（BRICS）的市场表现也进行了持续和广泛的讨论，有鉴于劳动力市场是最重要的三个要素市场之一，本章再结合《全球竞争力报告》（2008—2009）的评估结果与 Venn（2009）的评估结果，对中国同其他四个"金砖国家"的劳动关系状况作一比较和讨论。

首先，从《全球竞争力报告》（2008—2009）的评估结果来看，中国的就业刚性指数最低，仅为 24，而南非的就业刚性指数则最高，达到 81，巴西和俄罗斯联邦的该项指标值比较接近，分别为 46 和 44。这至少能够表明，在"金砖五国"当中，中国的劳动力市场和用工情况是被企业雇主们认为最灵活的，而南非的劳动力市场则被认为是最不灵活的。

其次，从 Venn（2009）的评估结果来看，在保护正规就业方面，印度的立法规制力度要大于我国，该国的"保护长期合同工免遭解雇/正规就业"的就业保护严格程度指数高达 3.65，超出我国的 0.34，而巴西保护正规就业的力度最低，该国的该项指数仅为 1.49。在保护短期就业方面，与前述正规就业的情况恰好相反，巴西的立法规制力度最大，该国"对短期用工形式的规制/短期就业"的就业保护严格程度指数高达 3.96，印度次之（2.67），中国处于第三位（2.21），而南非的该项指数最低，仅为 0.5。在保护集体解雇方面，则是中国的立法规制力度最大（3.00），随后是俄罗斯联邦和南非，两国"对集体解雇的特别要求/集体解雇"的就业保护严格程度指数都是1.88；而比较意外的是，巴西和印度的该项指标指数却都是0.00。究其原因，可能在于两国还没有相关方面的劳动法律制度或政策规定，使得对雇主的集体解雇行为缺乏制度约束和规制依据。最后，综合比较"金砖五国"的就业保护总指数，可以发现，中国较其他四个国家拥有最为严格的劳动就业法律制度（2.80），印度次之（2.63），巴西再次（2.27），俄罗斯联邦第四（1.80），南非最后（1.25）。这表明，我国劳动力市场的制度体系相对更为健全，劳动法律侧重保护劳动者的力度更大，劳动关系更加稳定。

由于比照《全球竞争力报告》（2008—2009）和Venn（2009）发现，两种方式的研究对于"就业保护严格程度"得到的明显相反的结论，即主观评价就业保护最严格的南非，却是客观评价最不严格的国家，而主观评价最不严格前两个的国家——中国和印度，却是客观评价最严格的前两个国家。因此，有必要反思一下"金砖五国"在劳动法律制度执行中的各自表现。尽管从就业保护总指数上看，我国较其他四个"金砖国家"拥有最严格的劳动法律，但执行的薄弱却使这些法律的严肃性和神圣性在现实中被大打折扣；印度的劳动法律严格程度仅次于我国，但该国的就业刚性指数也并不太高，说明法律执行不足的难题似乎在该国也同样存在；此外，虽然南非和俄罗斯联邦的就业保护总指数都比较低，但或许由于两国在落实法律政策、强化制度执行以及对市场主体的行为监管等方面的成绩较好，令民众特别是雇主们感受到了法律的严肃性，因而两国的就业刚性指数普遍较高。

综合两个层面的讨论，至少可以得出以下三个基本判断：

其一，当前，我国劳动关系的状况可能与北欧国家及荷兰模式、盎格鲁—撒克逊国家模式相差较远，而与大陆国家模式或地中海国家模式更为接近。

其二，随着我国加快劳动法律制度体系建设的进程（比如，2008年以来，《劳动合同法》《就业促进法》《劳动争议调解仲裁法》等的先后颁布和实施），对劳动者的保护力度，特别是在正规就业方面的保护力度已经显著增加，这使得我国就业保护严格程度指数较高。

其三，我国的劳动力市场已经实现了"理论上"的灵活性降低，劳动法规的严格程度甚至超越了经合组织国家的平均水平，比其他四个"金砖国家"的水平也高，但劳动法律未充分落实、执行比较薄弱的问题却十分突出。因此，未来我国政府规制劳动力市场以及保护劳动者利益的工作重点，有必要转移到加强劳动法规政策的贯彻落实，以及保证劳动力市场制度被"不折不扣"地切实执行上来。

（二）基于二维指标的评估与比较

下面引入《全球竞争力报告》（2008—2009）的"劳动力市场效率"指标，并与 Venn（2009）的"就业保护总指数"指标构建二维坐标系。将表 7—1 和表 7—4 中各个经合组织国家和中国的情况分别描述在该坐标系中，并且参照四种劳动关系模式的典型国家归属，将经合组织部分欧洲成员国家作一分类标志。

如图 7—1 所示，分别以不同形状的图标代表分属四种劳动关系模式的 13 个欧洲国家（如表 7—1 所列）。同时，为便于更准确地把握我国劳动关系模式的特征，图 7—1 一并绘制了美国、日本、韩国的点值分布情况。

针对二维指标的评估将从以下三个步骤展开：第一步，对四种劳动关系模式的各代表国家作一点值集中度的分析，以论证二维坐标系（如图 7—1 所示）的理论可及性和空间可靠性，并定位最佳的劳动关系模式；第二步，依据中国的点值位判断中国劳动关系模式的可能类型，并结合近似国家劳动关系演变的实践，作一简要的机制介绍和他国借鉴；第三步，参看美国、日本、韩国和法国的点值位，对上述国家劳动力市场及劳动关系的特色性表现和制度设计进行一定程度的价值性剖析，一方面，旨在"延展"前文围绕表 7—4 所作的偏理论化的指标分析，另一方面，针对国外劳动学界在法国劳动关系模式上的观点分歧，提出本研究的判断。

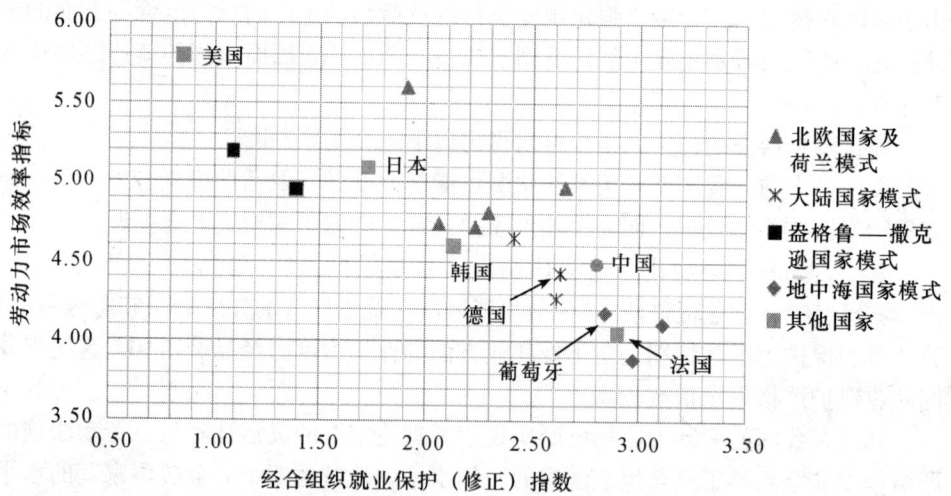

图 7—1　经合组织的就业保护指数与《全球竞争力报告》的劳动力市场效率指标

数据来源：World Economic Forum, 2008；Venn, 2009.

1. 二维坐标系的可靠性分析

如图 7—1 所示，不同的劳动关系模式，其在坐标系中的点值分布区域确实存在比较明显的差异，并且，同属于一种劳动关系模式的经合组织国家，也基本上比较集中地分布在相近的区域内。比如，属于北欧国家及荷兰模式的国家大都集中在坐标系中部偏右上的区域；属于大陆国家模式的国家大都集中在坐标系中下部偏右的区域；属于盎格鲁—撒克逊国家模式的国家集中在坐标系的左上部区域；属于地中海国家模式的国家则集中在坐标系的右下部区域。由此认为，基于"经合组织就业保护（修正）指数"和"劳动力市场效率指标"两项指标所构建的坐标系，不仅能够将理论化的四种劳动关系模式分别描述于二维空间图形之上，而且还能够从地理上将不同模式之间的"差异"作一区隔，从而为把握中国劳动关系模式奠定工具性的基础。

结合四种劳动关系模式的各自特点及其点值分布区域，发现居于二维坐标系图形中间的北欧国家及荷兰模式，因其既能为劳动者提供必要的就业和工作安全，也能确保劳动力市场存在弹性机制和灵活空间，所以是平衡"灵活—安全"组合的最佳劳动力市场实践和劳动关系状况，即以最低的社会成本建设灵活安全的劳动力市场（flexicure market）和使劳动者有安全感的劳动关系。尽管大陆国家模式也相对靠近图形的中间区域，但该模式下相对严格的法律规制会在一定程度上有损劳动力市场运行的效率，因而只能谓之次优的劳动力市场实践和劳动关系状况。而比较强调劳动力市场自由、灵活和低规制的盎格鲁—撒克逊国家模式和注重对劳动就业施以严格保护的地中海国家模式，若要实现劳动关系的灵活稳定状态，则有必要在提升就业稳定性抑或放松对劳动力市场规制上多做努力。

2. 中国劳动关系模式的评估

依据 Venn（2009）的指标——"经合组织就业保护（修正）指数"，中国劳动关系的灵活性状况同属于地中海国家模式的葡萄牙最为接近，即我国和葡萄牙在图7—1的横坐标上最为接近；若再结合考虑"劳动力市场效率指标"，就会发现我国劳动关系的状况更类似于大陆国家模式，特别是与德国劳动力市场上劳动关系的表现相近。本研究倾向于此一判断，即我国劳动关系模式类属于大陆国家模式，该模式的总体特征可以被概括为较低水平的灵活性与中等水平的安全性/稳定性。

当然，尽管从综合判断劳动关系状况的角度出发，可以认为我国同德国模式存在类同性，但是如若考察该国劳动关系在长期的历史发展过程中所形成的各种"磨合机制"，那么就有理由相信，未来我国推进和谐劳动关系建设的重要工作将在于完善社会对话机制和发挥工会组织功能。

在现代市场经济中，雇主和雇员的关系决定着一国经济增长和社会福利的发展环境，而德国的社会市场经济体制将其定位为"伙伴关系"，双方的组织分别为工会和雇主联合会。两个组织的主要任务就是决定并审时度势地代表其各自会员的利益，通过社会对话形式解决劳资纠纷，维护劳资关系平衡。

德国民法典对劳资双方的权利义务作了原则性规定。此外，德国还制定了70多部全国性法律、法规规范雇主与雇员之间的劳动关系，其内容涉及劳动关系的确定、劳资协议管理规定、工作时间及带薪休假、解雇保护和劳动保护等。法律强调雇员与雇主权利义务的平衡和对等性。劳资之间的斗争与谈判主要是通过雇主协会与工会谈判（即集体合同制）的方式来达成劳资协议。劳资谈判一般都是按照行业进行组织。每隔一段时间，分别由雇主协会与工会组织代表开展劳资谈判，达成劳资协议。一般而言，多数协议都能使劳资双方的权益达到最大化的平衡，比如在规定给予雇员更有利的工资、休假及各类补贴的同时，在工作时间安排等方面，雇主也能获得更大的自主权。协议对劳资双方具有强制约束力。另外，企业与雇员也可根据自愿原则，单独约定工资收入及其他权益。根据有利适用原则，比劳资协议更有利的契约式约定不受劳资协议影响。

德国劳资关系的显著特点是利益集团高度组织化，参与协商谈判程度较高。这种"集体合同制"可以起到三个作用：一是保护雇员。集体合同旨在保护与强有力雇主相抗衡的雇员，近年来，集体合同不仅在岗位维护和工资给予上保障所有雇员，而且还从缩短工时、使工时更有弹性等方面保护雇员。二是合理化作用。集体合同使劳动合同模式固化，降低劳动者了解合同内容的成本，使劳动生活趋于秩序。三是保持和平作用。只要集体合同有效，就能避免劳动纠纷的出现和劳资双方提出新要求。

总体上看，德国的社会市场经济制度框架和模式决定了其劳资关系的"伙伴"特点，从而使工会在劳资关系中拥有很大的发言权，并在国家政治和经济中获得制度化的地位。德国工会在增加工人福利、改善工人生活质量和劳动条件、提高工人社会地位、缓和社会矛盾、营造相对稳定和谐的社会大环境中起到了举足轻重的作用，从而保证了德国经济可持续、高效发展和社会持续稳定的态势。

反观现阶段我国劳动力市场领域的社会对话机制——连接劳动者、企业和政府之间的三方沟通机制，仍然还未能充分发挥应有的劳资矛盾调解和疏导功能，而作为劳动者利益代表的工会组织，其在独立性和代表性、劳动者权益维护、干部职业化和社会化等方面，也还存在诸多问题有待探讨和解决，德国伙伴式的劳资关系、稳定社会运转的工会组织及其运动等实践经验，值得我国的深思和借鉴。

3. 劳动关系模式的国际比较

根据图7—1所描述的美国、日本、韩国和法国的点值分布情况再做进一步的比较和讨论。

首先，尽管宽松的劳动力市场规制有助于创造美国高效率运行的劳动力市场，但该国的劳动关系状况却并非是最优。以美国工资决定机制和政府干预情况为例。美国是传统的自由市场经济国家，劳动工资一直由劳动力市场供求决定。特别是随着工业革命和工业化进程对劳动力需要的大幅增长，和作为19世纪和20世纪全球移民的主要目的地，美国的资方在劳动工资博弈中始终占据明显上峰。直到20世纪30年代，工会和工会主导的罢工一直被视为非法，并遭到残酷的镇压。1929年的大萧条使美国劳资矛盾空前尖锐，劳资冲突不断恶化。为缓和社会矛盾，罗斯福在"新政"中通过了一系列保护劳工权益的立法，不仅首次承认工会和劳工集体谈判的合法性，也使政府越来越多地参与了劳动工资博弈，包括制定最低工资标准、建立社会保障体系、完善政府对劳工供求和工资的信息披露，以及对劳资纠纷的规范，逐步奠定了美国现代工资福利决定机制的基础。

尽管工会的兴起和政府的干预使劳资博弈的格局发生重大变化，但总体而言，劳动力市场供求仍然是工资决定的基础。近年来，美国劳工阶层在劳资博弈中再次处于下风。原因是：其一，美国产业结构的调整使就业结构和劳动者收入状况发生了较大变化，制造业外移造成产业工人数量的大幅减少；工人技能差异扩大和员工持股增加等因素造成的劳工阶层收入两极化，弱化了工人的整体凝聚力；灵活就业方式的出现加大了工会组织的难度。其二，经济全球化使企业主有了更多的投资选择和谈判筹码。其三，大量合法和非法移民（拉美裔为主）的流入使普通劳动者面对更加严峻的市场竞争。于是，各种不利于劳工方面的因素导致了工人实际工资水平增长的停滞，甚至下降。纽约劳动研究学会根据美劳工部数据整理测算，1970—2004年的美国实际年工资水平（1982年美元价值）持续下降，由30 252美元减少到27 757美元。[①]

劳动合同集体谈判是美国劳工工资机制的重要组成部分，也是工人争取工资福利权益的重要手段，而工会往往是集体谈判的发起者和组织者。集体谈判的核心内容是提高工人工资、福利待遇和改善劳动条件。有不少企业将"争取3~4年的工资持续增长""工人培训""参与管理"等内容作为集体谈判的主要目标。近年来，美国工会也发生了一些变化，比如会员人数持续下降、劳资谈判高度分散化，以及罢工数量和规模明显下降。尽管美国仍存在各种行业工会和全国性跨行业工会，但其影响力已大不如前。目前，绝大多数劳资集体谈判都由企业工会直接主导，甚至一些自发、松散的非工会组织也经常成为集体谈判的主角。由于工会组织程度不高，实际行使集体谈判权力的雇员比重远低于此。根据经合组织的一项研究表明，2003年，美国集体谈判占工资合同的比率比工会覆盖率略高

[①] 数据来源：美国的薪金制度——企业薪资管理知识. 中国MBA网, 2008-12-17, http://www.mba.org.cn/mbahtml/01400620/33968_1.html.

两个百分点,也即集体谈判覆盖率不超过15%。① 该数据不仅是发达国家中最低的,也是美国社会收入差距不断扩大、就业状况恶化以及劳动关系稳定性不足的重要原因。

其次,如图7—1所示,与美国和中国的点值位相比,日、韩两国的点值位基本上处于中间区域,因此说明两国在平衡劳动关系的灵活化与稳定性上的表现都比较出色,既非美国劳动力市场在安全性上的薄弱,也非我国劳动力市场在就业保护立法上的偏于严格。进一步比较日本和韩国的点值位,发现日本劳动关系的状况要好于韩国,即前者劳动力市场的效率和灵活程度比后者高。

劳资关系是工业化国家的重要社会关系,直接影响到生产秩序、社会安定及国家安全。20世纪70年代,日本已形成了比较完整的劳动法律体系和完善的劳动保护机制和劳资纠纷调解仲裁机制。随着社会生产的发展,法律制度、组织保障和协商谈判成为日本预防和解决劳资纠纷、实现稳定合作的劳资关系的"三大法宝"。日本劳资关系由五个独特的制度组成,即终身雇佣制度、年功序列工资制度、考核评分制度、调和的工会组织以及职工持股的利益共享制度。一切社会问题无不可以归结为劳资关系。社会经济问题中最基础的就是劳工问题。日本劳资双方建立有定期的机制化沟通渠道,其中"春斗"这种集体谈判方式最具日本特色且最有效,主要形式是由工会在每年2月开始与资方进行集体谈判。② 此外,日本以法律形式确保集体谈判的地位和有效性,并规定了集体谈判的程序。集体谈判主要在企业内部进行,全国性工会和产业工会基本不参与,这在很大程度上避免了工会活动的政治化。

反观日本劳动力市场建设和发展历程,给予我国的启示主要有:其一,独立的、作用强大的工会组织是协调劳资关系所必需的。工会的目标主要是提高工资和增加工会成员的就业,工资和就业是工会同雇主之间集体谈判的最终结果。其二,健全完善的劳动法律体系是处理劳资关系的硬性规范。诉讼是司法最终解决劳资争议的途径和形式,政府直接干预是解决劳资纠纷、保护弱势群体的最后防线。其三,追求公平是协调劳资关系的一个重要目标。使职工与公司形成利益共同体;实行职工持股制度,企业内部管理实行劳资平等、共决的企业组织制度等,通过这些手段缓解劳资矛盾,促进社会公平。其四,要有行之有效的劳资关

---

① 数据来源:经合组织国家劳资集体谈判的变化.大中华人才网,2011-11-10,http://www.job110.cn/AspxPub/InfoSingle.aspx? Key=9292.

② 所谓春斗,就是对日本"春季争取提高工资的斗争"的简称。在财政年度开始的春季,日本全社会中的劳动者都会为了增加工资或者改善劳动条件等要求而与资方进行谈判和斗争。相关信息可参看:日本每年"春斗"争取涨工资. http://www.thebeijingnews.com/news/dqzk/2008/01—27/021@092200.htm.

系协调、制衡机制。由政府的劳动行政部门、工会组织、雇主组织组成的三方协调机制是劳资关系的基本格局和主要运行机制。

最后，针对法国劳动关系模式的判断问题，本研究认为，依据"经合组织就业保护（修正）指数"和"劳动力市场效率指标"两项指标评估，法国劳动关系在灵活性与安全性的表现上更贴近于地中海国家模式。虽然这一判断与欧洲委员会（2006）的观点[①]有所不同，但是却与 Visser（2001）对法国产业关系模式的判断[②]达成了一致。

三、研究的思考与启示

（一）在劳动力市场中发现问题

在经济转型的进程中，我国劳动力市场效率得到了极大的提高，但随之而生的非正规化趋势及劳动者保护相对薄弱的现实，也促使我国强化了针对市场运行的干预力度。欧盟国家的经验表明，建立和完善统一的、具有灵活安全性的劳动力市场，是一国实现就业数量和质量同步增长、保障劳动者权益的战略性举措；而我国培育劳动力市场的实践也证明，不断提高劳动力市场的一体化程度、平衡劳动力市场灵活化与对劳动者的就业保护，是激发市场机制在资源配置中作用、有效解决就业不足难题、化解劳资矛盾冲突、构建和谐劳动关系的重要途径。

当前，我国劳动力市场还存在一些制度性障碍，以至于在很大程度上造成了部分劳动者群体劳动关系的紧张状态，不利于社会的和谐稳定。

1. 各种分割现象依然存在

我国劳动力市场的分割主要表现为城乡分割、地区分割和体制分割等。在二元结构下，城乡分割、地区壁垒造成了我国劳动力市场的行政性分割，城乡之间、不同城市之间，以及不同农村社区之间，劳动力的自由流动都受到诸多制度和政策的限制。进城务工就业的农民工需要办理各种证和卡并交纳费用；农村劳动力无法同城市劳动力一样，进入同等待遇的职业领域并获得相应的劳动报酬等。此外，我国劳动力市场还明显分化为体制内和体制外两个市场。体制内的劳动力市场主要指在正规部门就业，工作条件好，就业稳定，权益有保障，有规范的管理体系和管理制度等。体制外的劳动力市场则主要指在非正规部门就业，工作条件差，工资低，就业不稳定，缺乏管理规范等。在体制内，有完善的劳动和

---

① 欧洲委员会（2006）认为，法国产业关系的状况类属于大陆国家模式。
② Visser（2001）的研究认为，法国的劳动关系状况属于拉丁对抗型，而这一劳动关系模式正好与劳动力市场灵活安全性模式之地中海国家模式存在内在一致性。

社会保障管理机构和管理制度，劳动者与企业一般都签订规范的劳动合同，并享有相应的劳动权益。而在体制外，比较缺乏有效的，在就业机会、就业登记、劳动关系处理、工资支付和社会保障等方面的制度保障和社会氛围。在体制外就业的劳动者与企业间的劳动关系更可能出现"失范"行为，比如不签劳动合同，合同中没有工资收入、社会保险和福利等实质内容，人为压低劳动者工资，甚至拖欠工资，不承担社会保险责任等。

2. 市场运行机制尚待完善

我国劳动力市场机制仍然较不完善，主要表现在以下三个方面：

一是市场主体的自主性不高。作为劳动力市场供给主体的劳动者，还不能充分享有自身的劳动力产权，从而抑制了其自主参与市场交易、追求自身利益最大化的主观能动性；而作为劳动力市场需求主体的企业特别是国有企业，也因为市场主体地位尚不够明确，而影响用工自主性；此外，我国政府在界定劳动力产权、保护劳动者权益及制定和维护劳动力市场规则等方面仍有一定空白，"多头管理""管理真空"和行政性干预同时存在。

二是市场制度体系不健全。有效的价格与竞争机制是劳动力市场良性运行的根本保证，但我国劳动力的市场歧视却导致了劳动力价格并不能真实反映劳动力资源的稀缺程度和市场供求关系，从而影响了劳动力资源的合理流动和有效配置。社会保障制度不健全、社会保险覆盖率较低等，不仅增加了劳动力流动的制度成本，也不利于维护各类劳动者的合法权益；私营企业、灵活就业者、进城务工农民以及广大农村居民参加社会保险的比例还不高；全国统一、专门的劳动力市场管理法规体系也尚未形成，劳动法律的实际效用仍比较低。

三是市场监测体系发展滞后。我国劳动力市场的信息传递功能还没有充分发挥，劳动力市场管理信息系统建设较为滞后，并且还限于信息收集和发布方面，缺乏对就业信息、就业形势的科学分析和预测。此外，作为劳动力市场主要指标的失业率统计，也不能准确反映失业状况和国民经济运行效率。

3. 劳动政策偏差仍须调整

我国劳动力市场政策一直存在一定的体制性偏差。过度保护、灵活不足的劳动力市场和过度灵活、缺乏保护的劳动力市场都不利于市场功能的正常发挥。我国劳动力市场建设并非要完全消除就业和工作保护，而是应兼顾劳动力市场的灵活性和稳定性。目前，以积极的劳动力市场政策为主体的就业政策体系已经在我国初步形成，劳动力市场保护政策也从以"保护就业为主"转变为以"提高就业能力为主"。但是，随着经济成分的日益多样化，我国的劳动力市场政策却并没能同等照顾到所有的经济成分。劳动力市场保护的不平等现象正在加剧，不同身份劳动者群体受到保护程度的差别也在扩大。国有企业下岗职工似乎成为再就业政策扶持的重点，而非国有企业下岗职工和农民工则被排除在外。尽管劳动力市场保护政策理应对因体制改革和结构调整而遭受巨大利益冲击的国有企业下岗职工给予偏重补偿，但从发展的角度看，这种带有偏向性的劳动力市场政策应具有阶段性，即以国有企业改革完成为政策偏向的结束点。

（二）以就业安全促进劳动关系和谐

1. 确立就业安全优先理念

经济全球化带来了劳动力市场的灵活化，从而使工作场所暴露于日益激烈的全球竞争之下，各国劳动力市场都在经历持续性的调整，面临着诸如工作替代、岗位减少等一系列挑战和难题。新、旧工作往往因知识、技能、年龄、性别等条件的不同而有所差别，劳动者只能在岗位的交叠与替代中学会如何快速地适应，劳动关系也因此趋于不稳定和短期化。此时，与以劳动合同期限长短为衡量标准的工作安全相比，就业安全的重要价值及战略意义就被放大了。

根据经合组织2004年进行的相关研究，发现积极的劳动力市场政策对扩大就业的作用最为直接、有效，而就业保护立法对总失业率的净影响却是"模棱两可"，这种情况在经济不景气的时期表现尤为突出。因此，从重视工作安全性向强调就业安全性的转变，成为经合组织国家劳动力市场政策调整的发展方向。特别是在金融危机影响不断蔓延及长期失业率居高不下的当前时期，如果劳动者能够拥有较高的可雇佣性技能，就不必恐惧失业和公司裁员，而雇主也不必因人员结构僵化损失市场竞争力。欧盟各国在建立开发区、设置诸多优惠政策的一个重要目标，就是解决区域内的就业问题。作为欧盟区域政策一个重要的政策工具——结构基金对四个领域的项目优先进行援助，其中就包括对人力资源的开发领域进行援助。欧洲社会基金的宗旨是开展职业培训和再培训，培训的对象包括刚刚走出校门的年轻人，由于经济结构的变化而失去工作职位的人，长期失业者，就业条件有欠缺以及女性求职者等。

面对不容乐观的就业形势，我国应将"就业安全优先"的理念贯穿于劳动就业的各项工作之中，特别是将其作为预防劳资矛盾冲突的先导理念，运用政策手段影响劳动者的就业行为，增加就业机会，提高就业能力。由于积极的劳动力市场政策有助于增加雇佣双方的劳动力市场安全感，我国可以开发、利用这一政策工具，在进一步增加劳动就业政策的公共财政投入的基础上，切实落实针对不同劳动者特点的创业扶持和宏观调控政策，着力实施人力资源开发战略，建立统一规范人力资源市场，完善就业准入和信息服务等政策。

2. 增强劳动就业政策效用

有研究（比如，Bertola et al., 2000; Auer, 2006; Origo and Pagani, 2008）表明，稳定的劳动关系对劳动者而言并非意味着就业安全，无论劳动者的合同期限长短,对其最重要的是能够"感受"到就业安全。从总体上看,全球化、技术革新和组织变革导致了各国劳动力市场供求差距的进一步扩大,人们对失业、公司裁员等的忧虑不断增加。从个体看,劳动者职业生涯的不同阶段对灵活性、稳定性和安全性的需要程度也是不同的——年轻时看重灵活的工作,成家后渴望稳定的工作,而变换工作期间又需要有保护的流动(Auer,2006:36)。所以,劳动力市场政策的制定,一方面应结合国内外总体的经济形势和走向,另一方面也要考虑目标群体就业安全感的时期特征,特别是,应注意就业保护法律(以劳动合同期限、解雇与雇佣难度等为重点衡量依据)对不同职业生涯阶段劳动者的内在影响。

当前,我国的劳动关系仍处于不稳定、不和谐的阶段,而劳动力市场的结构性矛盾[①]、供求双方地位的明显失衡是导致这一现象存在的重要原因。为此,我国的劳动力市场政策应该在促进就业和调控市场方面的支撑和引领作用,抓住失业的"结构性"特点,以培育劳动者的就业能力为突破口,集中就业与失业相关政策和制度力量弥合"供求缺口",促进统一规范的人力资源市场形成。

一是针对不同层次劳动者实行差异化的就业能力提升策略。对下岗人员和农民工群体,除了丰富就业信息的发布渠道,应积极开展技能促进型就业培训。对大学毕业生群体,我国已采取了如提供小额贷款鼓励创业、"村官"制度等政策,但从长期来看,应重视对教育体制机制的优化。比如,根据国家经济发展战略和社会需求,进行大学专业设计和课程改革;提高职业技术教育质量,培养学生职业技能的实际操作水平和熟练程度,而德国的"双轨制"、面向青年的职业预备培训项目[②]以及日本的技术教育制度值得借鉴和学习。

二是加大培训资金投入,加强职业培训的法制建设。在扩大就业范围的同时,加强对劳动关系遭受冲击的失业人员的就业培训。比如,德国政府为鼓励中小型企业创造培训学徒的岗位,规定多创造一个培训岗位可申请 310 万欧元的贷款,同时制定了新的《职业教育法》等法律条文,规范全国的职业教育培训,加强职业培训,提高失业者的再就业能力。[③] 对于接受培训的失业者,还可以根据《劳动促进法》得到生活补贴和培训费用补贴;对于参加职业继续培训者,如果能够提供较多的资格证书,并通过一个阶段的义务劳动来证明个人能力,德国劳

---

① 突出的表现是较高水平的失业率(主要指实际失业率)和劳动力市场"供求缺口"的逐渐扩大。

② 德国在欧盟职业培训项目的框架内设计了多种项目带动职业培训工作,其中比较有代表性的就是"双轨制"和面向青年的职业预备培训项目。"双轨制"是一种再就业培训项目。它是德国职业培训的核心,在企业和职业培训学校同时进行;面向青年的职业预备培训项目指的是德国政府面向青年失业者所开设的三种培训项目,即职业预备培训、职业培训支持和企业内培训。

③ 魏爱苗. 职业教育提升德国竞争力. 经济日报,2007-02-14.

动部门还可以协助其找到一个较为理想的工作。当然，也需要注意强调失业者个人在职业培训中应负担的责任。为此，部分政府采取了强制培训的措施，规定将接受培训作为对失业者进行救助的条件之一。比如，瑞典实行了不培训不就业、不培训不享受失业救济，免费培训、发给全工资及生活补助的培训政策。

三是强化信息管理，建立高效的就业市场。提高就业服务机构的服务质量，降低管理成本；加强对失业基金、救助金支付等的监管力度；不断加强职业服务机构、基金管理机构的信息化建设，探索设立专门的就业失业信息收集和管理部门；积极建立区域性、全国性职业信息网络，完善失业管理信息系统，及时为失业者提供大量的就业信息。比如，德国劳动局每年拨5 000万欧元开办和发展就业情报资料工作。劳动局内设有庞大的就业信息系统，除国内各地区外，还与许多国家的就业信息系统相连，出版各种职业情报资料；英国人力委员会下属的职业辅导中心每月两次为失业者提供就业市场的最新资料和求职信息。

四是保证政策和制度的切实落实，加强对执行情况的监督和检查。即使政策质量较高，如果疏于执行也会打折效用。围绕政策执行环节可能出现的问题，比如宣传不力、资金和人员不足、流程繁杂、成本过高、甚至与其他政策存在"竞合"现象等，应从政策制定之初就加以注意。此外，还应加强对政策执行和监察人员的工作培训和指导，提高劳动管理机构的管理服务水平。

3. 权变实施就业保护法律

经合组织曾指出，就业保护立法的实施目的在于增加劳动者福祉和改善就业环境。因为长期、稳定的雇佣关系更有助于雇主开展在职培训，提高劳动者的工作能力。目前，我国劳动力市场无论在机制还是形式上都还很不完善，户籍制度和不同性质所有制对劳动者的"身份"约束，导致了就业竞争不充分，在城乡、地区和所有制之间的劳动力市场分割尚难被打破。劳动力市场分割造成了农村和外地劳动力的就业歧视，制约了劳动人口的合理流动，也伤害了劳动者平等自由的就业权利。基于此，我国应充分发挥就业保护立法的积极因素，利用法律手段营造竞争与公平的就业环境，但同时也须注意，法律制度是一把"双刃剑"，如果对劳动力市场的规制力度超过了当前经济发展水平和市场承受力，那也会损伤国家的发展动力。

反映我国就业保护法律严格程度的另一部重要的法律，是于2008年5月1日起实施的《劳动争议调解仲裁法》。该法对我国的劳动争议处理制度进行了诸多方面的变革，形成了与以往劳动争议处理制度不同的框架，同时也在协商程序、劳动争议调解委员会的人员构成、劳动关系三方协调机制等方面进一步强调了工会的作用。随着席卷全球的国际金融危机的爆发，我国的劳动争议呈现出了与以往不同的新变化、新特点，比如劳动争议案件数量激增、劳动争议案件类型、诉求多元化、案件处理难度加大、劳动争议仲裁机构处理能力与案件数量及疑难程度明显不匹配的矛盾进一步突出等。面对当前的新形势，我国劳动关系工作应探索建立一种"以调解为阵地、以协商为未来工作重点、以仲裁和诉讼为辅助"的劳动争议处理新模式，其中，协商作为劳动争议处理的第一道防线，将成为解决所有类型劳动争议的一种最理想方式，这将有助于实现就业保护法律对劳动力市场的"柔性"规制。

此外，衡量就业保护立法严格程度的最终标准在于，其是否在提供了适度的劳动力市场安全性的基础之上，鼓励和发展市场的竞争性（王阳，2011）。所以，中国要实现劳动力市场灵活化与劳动者权益保护的平衡，首先要强调不降低就业保护法律的严格程度，但是，可以针对国内外经济环境的景气状况，对就业保护法律的执行对象或适用对象作一"弹性"设计。

一是中小企业可以"豁免执行"部分就业保护法律。已有研究证明，就业保护立法对小型企业的影响不如大、中型企业（Clark and Postel－Vinay，2009），并且，中小企业还"天然"具有对就业保护立法的"过滤机制"，即使强行推行，也未必能取得很好的效果（Pierre and Scarpetta，2006），因此，可以赋予中小企业执行就业保护法律的豁免权。从国际上看，很多国家都有保护中小企业的政策或者"例外"法规。比如，日本在雇佣期限、福利或养老保障等方面对中小企业都有侧重保护，这些制度对中小企业的要求远远低于对大企业的要求。

中小企业作为创造就业主力军，历来受到欧美等国家政府的普遍重视。中小企业是欧盟私营部门的主要就业来源，并且在创造新的就业方面更具活力，因为中小企业比大企业更具灵活性，更容易适应经济环境的变化。欧盟就业特别首脑会议提出，拨出一定的资金帮助中小企业创造就业岗位。1998 年，欧盟组建特别工作小组协调欧盟各国行动，清除现存社会保障体制中不利于创办中小型企业的障碍，加大对科技创新行业的支持。另外，欧盟还提出从简化法律和行政程序、增强劳动力市场的灵活性、增加对劳动者职业培训投资等方面来支持中小企业的发展，使中小企业能够在降低欧盟高失业率方面发挥更大的作用。比如，法国在 1997 年推出"青年就业计划"，在 3 年内为 30 岁以下失业者提供 35 万个就业岗位，为每个岗位提供为期 5 年的 80% 的工资津贴（顾颖、董联党、雷敏等，2008：235）。

在美国，小企业被认为是社会的弱者，但同时又是社会就业的主体和最活跃的创新者。为保护小企业的利益，1953 年，美国国会通过了《小企业法案》和《小企业融资法案》。依据法案，并成立了小企业委员会和美国联邦小企业管理局。按照《小企业法案》和《小企业融资法案》的规定，联邦小企业管理局有四项基本职能：一是负责小企业信用担保体系的运行，以担保方式帮助小企业从商业银行获得贷款；二是保证小企业获得政府采购，美国法律规定联邦政府采购中必须保证小企业获得23%的份额，并要求大企业获得的政府采购份额也必须将其中的20%转包给小企业；三是资助社区建立小企业微型贷款中心等机构，帮助少数民族、妇女、退伍军人创办和经营小企业；四是为小企业提供信息以及免费培训、咨询等公共服务，资助小企业发展中心和帮助小企业投资公司开展业务。在劳动法律制度方面，美国的有关种族、性别和年龄等歧视法规都不适用于小企业，而对于中型企业，则着力降低其违法成本。

二是劳动法律对高层次劳动者要"淡化保护"。在一定范围和幅度内的人才流动有助于区域经济和行业发展。高层次劳动者往往可能是用人单位的核心员工，比如技术骨干、高级管理人员等，他们在劳动力市场上具备较强的竞争力，即使与单位发生了争议，其在诉讼中也会显示出更强的维权意识和与单位抗衡的能力。显然，与过多的工作保护相比，该类劳动者更需要劳动力市场存在一种能激发其才能发挥、尊重其发展需要的机制；而如果按照《劳动合同法》所强调的"广泛保护所有劳动者"的思路，这部分劳动者的真正需要将可能被压抑和限制。保护劳动者的根本实质在于保护其最迫切的需要。因此，对于技术和知识类的高端人才，我国应构建以创新为核心的体制性环境，尊重知识和能力，鼓励学习和自我能力开发，从而保持其市场竞争优势。随着高端劳动者素质的提升，用人单位的人力资源管理也会走向柔性化，而最终获益的将是在复杂多变的国际竞争环境中我国整体国家竞争实力的增强。

实际上，"淡化保护"除了从不同条件劳动者的不同需要考虑之外，还有另一重含义，也就是要避免某些高层次劳动者凭借《劳动合同法》的"庇护"而出现投机行为，从而损害用人单位的利益。以企业的高级管理人员为例。在实践中，我国有许多关于高级管理人员（含董事和监事）的劳动争议，且大量此种劳动争议仲裁或诉讼的结果，一般都是将高级管理人员的劳动关系作为《劳动法》或《劳动合同法》的调整对象，最终都是依据《劳动法》或《劳动合同法》之规定予以裁定或判定。在司法实务中，高级管理人员索要加班费、经济补偿金等诉讼请求，均获得了劳动争议仲裁委员会和人民法院支持，巨额的加班费和经济补偿金让用人单位非常"胆寒"，这无疑对用人单位来说非常不公平。虽然《劳动法》或《劳动合同法》强调对劳动者的倾斜保护，但是其对象应当是处于弱者地位的一般劳动者，并不是要倾斜保护处于强者地位的人员。《劳动法》在保护劳动者利益的同时，也要考虑用人单位的利益，如果将高级管理人员纳入《劳动法》的保护范畴，势必忽略了用人单位的利益，使不该保护的人员受到了保护，违背了法律的公平和正义原则。此外，在实践中还不乏高级管理人员"解雇自己"的案例。一些高级管理人员之所以能够成功地通过"恶意"解雇自己而获得巨额的经济补偿金，其原因就在于，我国司法实践中将高级管理人员的劳动关系纳入《劳动法》调整范畴。

域外的很多立法都将高级管理人员划归雇主的范畴，排除适用《劳动法》，有力地印证了高级管理人员是不应当由《劳动法》调整。《加拿大劳工（标准）法》不适用下述受雇佣的人员：经理、厂长或执掌经营管理职能的人员。《新加坡就业法》不包括经理、管理或保密岗位上受雇的任何人。《西班牙劳动者宪章》不适用于在企业中仅仅从事雇佣工作，或者是有法人地位的社团的领导成员。《印度劳动合同法》规定，雇主指工厂的厂主和经营者，或根据1948年《工厂法》任命的厂主经理或矿场的场主、代理人或被任命为经理或任何其他企业的管理人员和领导人员。《菲律宾劳工法》将这些人员称为管理雇员，明确规定这些人员是非普通雇员，不适用劳工法。俄罗斯劳动法虽然没有明确规定高级管理人员的劳动关系，但是《俄罗斯联防劳动法典》第11条第8款却采用排除的立法方式规定：单位董事会（监事会）董事不适用劳动立法和包含劳动法规范的其他文件。同时，该条明确规定："根据民事法律合同工作的人员"也不适用劳动立法和包含劳动法规范的其他文件。笔者照此可以推断，高级管理人员一般签订的是民事聘用合同，是不适用劳动法的。我国劳动法可以借鉴俄罗斯的这一立法经验，明确规定签订民事合同的人员是不适用劳动法的，这样就将高级管理人员的劳动关系排除适用劳动法了。

高级管理人员应当属于雇主的范畴，不能将其认定为"劳动者"或"雇员"而纳入劳动法的调整范畴；并且，高级管理人员在企事业单位中代表或代理雇主从事管理活动，其与劳动者（雇员）的关系也不符合劳动关系所具有的"人格从属性"这一本质属性。《劳动法》的立法宗旨是为了保护劳动者的利益，更加注重的是倾斜保护弱者的权益，而高级管理人员根本不能算做是一般的劳动者，他们不具有弱者的身份。借鉴域外法例证，我国的就业保护立法应该对该群体"淡化保护"，并且在今后的劳动立法或法律修改时，有必要考虑将其排除在《劳动法》和《劳动合同法》的适用范围之外，其关系可以用民法上的委托合同来调整，而《劳动法》则重点保护比较弱势的劳动者。

4. 发挥社会对话机制功能

社会对话机制有助于提高社会伙伴的参与度，增强劳动者及其代表的话语权，这对转型国家尤为重要（OECD，2007）。随着我国社会经济关系的多元化，劳动关系主体也表现出多样、多变的利益诉求，而要平衡这种复杂甚至交织的利益关系，就需要依托健全、有效的社会对话机制。

一是完善劳资关系协调机制。为使雇佣决策和工资形成机制能够最大限度地发挥作用，我国应在建设总体机制架构——探索建立宏观、中观与微观相结合的三层级系统——的同时，重点培育各层级的主体机制，即在微观层面激活以企业为核心的工资生成和争议处理机制，在中观层面健全以区域及行业为核心的三方协商与集体谈判机制，在宏观层面加强就业保护法律的健全和落实。

市场经济体制的建立需要完善我国劳动关系协调组织。功能互补、多层级、网络化的工会系统是实现区域和行业劳动关系管理规范化的组织基础。无论区域还是行业都有一定的地域和经济特点，我国可在业已形成的人才集聚区或行业集中地着力推广区域性、行业性三方协调机制。比如，浙江温岭市在羊毛衫、轴承、水泵、鞋服等多个行业建立了三方协商机制，将工资集体谈判作为交流平台，促使雇佣双方形成了"利益共同体"和"社会伙伴关系"。此外，网络化工会组织有助于提高劳动者的就业能力，促进区域及产业发展，和谐社会关系。行业工会可提供专业技能培训、制定劳动标准和进行资格认证等；区域工会可结合本地区的政策和资源条件，有针对性地开展职业技能培训、规范区域劳动力市场运行及指导企业雇佣和解雇行为。以上海市普陀区星云经济区为例。近年来，该区探索建立了重大情况和突发事件的三方代表紧急约见制度、三方代表监督巡视制度、缓解重大劳动争议的三方代表调解沟通制度、培训、基金使用和定期汇报等10项保障制度，初步形成了三方协商、沟通、监督及经济区上下联动的良性运转机制，营造了良好的区域投资环境。

二是运用社会对话机制协调培训、教育等社会政策，促进劳动者的发展和就业质量的提高。当涉及教育和培训方面的问题时，社会对话机制的参与者（或称为社会合作伙伴）可以就"利用职业培训消除或减少社会失业"等事宜提出各自的观点和意见，经过协商与沟通，以最终形成联合意见，从而为制订劳动者就业能力和适应能力提升计划提供政策依据。

1998年，"以教育和培训促进劳动者就业能力和适应能力的提高"等被列入到了欧盟的一份《就业指南》中，并成为欧盟解决就业问题政策的重要组成部分。欧盟职业培训是知识经济和欧洲社会模式的综合产物，一方面，知识经济促使欧盟加强了职业培训的政策措施；另一方面，欧洲社会模式又使得职业培训必然成为解决欧洲就业问题的重要手段。欧盟职业培训政策反映在两个层面上，一是欧盟职业培训的政策机制与措施；二是以各成员国为主的职业培训政策实践。欧盟职业培训是以成员国为主导的，以欧盟委员会相关政策为协调机制的、全面提高欧洲人技术水平和增强人们就业能力的活动。欧盟层面职业培训和成员国职业培训之间是促进和协调以及执行和行动的关系。

知识经济带动了技术革新。近几十年来，欧盟产业结构发生了巨大变化，直接表现为第三产业所需劳动力明显增加，而且在第三产业中，高级服务业（如金融、保险、电子商务等）的技术更新速度明显加快；同时，欧盟范围内农业和工业技术革命的迅速发展,对劳动者的技能要求也有了明显提高,欧盟范围内利用职业培训实现人力资源合理配置成为当前重要的课题。欧盟先后以条约、文件及项目带动等多种形式加强欧盟范围内的职业培训活动,提高欧盟人的劳动技能,使其更便于跨国流动。1992年2月7日,欧盟在马斯特里赫特共同签署了《欧洲联盟条约》。这一条约的签订,意味着在欧盟范围内针对教育、培训和青年人问题,开始有了欧盟层面上的"联合行动",而利用社会对话机制协调培训政策正是其中一项比较有代表性的工作。

我国有必要借鉴欧盟的经验,利用社会对话机制建立基于教育和培训的互动平台,"了解"和"倾听"受训者、教师、培训者、管理者等各个利益相关方的意见,以提升职业培训政策的效能和可行性。立足我国现实,职业培训措施应围绕"增长、竞争力和就业"的思想进行,供考虑的具体方式有:终生学习;为青年人和成年人提供相应的职业和技术指导;加强培训,包括对受训者的理想教育培训和在一定程度上的职业引导培训,进一步提高职业资格证书认证的透明度和使职业资格证书真正发挥效用等;保证培训资源,包括充足的基金资助、联合管理、合作投资等。

第八章 中国劳动关系发展的趋势及应对之策

引言

从分析和研究问题的角度看,相对于比较成熟的发达市场经济国家,作为一个正在建立完善的社会主义市场经济体制的转轨国家和正处于工业化进程中的发展中国家,我国的劳动关系状况必然是不断变化的。通过横向与纵向的比较发现,我国劳动关系的发展既具有一定的客观规律性,也与我国自身的体制机制基础和发展路径选择密切相关。对我国劳动关系发展趋势进行客观判断,是当前及今后调处劳资矛盾纠纷、构建和谐劳动关系的基本依据,而客观判断的作出则在很大程度上有赖于对劳动关系一般性发展规律的理性把握,以及对我国经济社会环境、劳动力市场供求关系以及劳动力结构等影响劳动关系发展和走向程度的深入分析与透彻理解;最后,以此为逻辑起点和研究线索,探讨科学应对我国劳动关系发展趋势的思路和具体措施。

因此,本章重点依托 Dunlop(1958)的产业关系系统论以及该理论所使用的投入产出法,对中国劳动关系发展的趋势展开讨论。本章结构大体分为两大部分:第一部分以分析影响中国劳动关系发展的主要因素的变化趋向为线索,讨论中国劳动关系发展的趋势,并且通过判断这些主要因素作用的时效性和空间性,将中国劳动关系发展的趋势作一短期(主要指"十二五"时期,到 2015 年)与中长期(主要指 2020 年和 2030 年两个时间节点)的划分。第二部分为应对今后一段时期我国劳动关系的发展变化,从劳动关系工作的总体目标、减小劳动关系波动风险的举措,以及建立健全劳动关系协调机制的近期和中远期任务等角度,提出对策建议。

研究的逻辑路线如图 8—1 所示。重点结合中国经济社会发展的内、外部环境和阶段性特点,分析讨论影响劳动关系状况的主要因素[①]的变化,进而展望近期和中长期我国劳动关系的基本状况和发展趋向。最后,针对不同时期中国劳动关系发展可能出现的情况和问题,以构建和谐劳动关系为总体目标,提出应对劳

---

① 影响因素的选取主要源于本书前面章节以理论和实证研究方式所作出的分析和验证的结论。

动关系发展变化的措施建议。

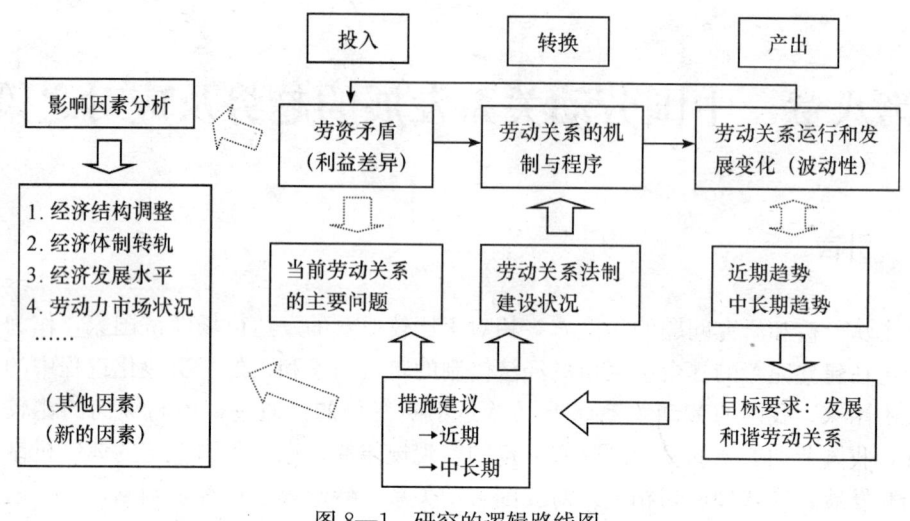

图8—1 研究的逻辑路线图

一、中国劳动关系主要影响因素的变动趋向及作用

从世界各国劳动关系发展的历史经验来看，劳动关系的变化必然是在工业化、信息化、城镇化、市场化和国际化等不断深入和共同影响之下而发生的。因为劳动关系的主体、外部环境、主体的意识、工作地点、技术条件等都在伴随这些趋势发生着变化，从而使劳动者与劳动力使用者之间的矛盾和冲突也在发生改变，于是，为了能找到某种规则来促使双方化解矛盾和达成妥协，劳动关系的制度和程序就要进行动态的、适应性的调整，因此，规则的破旧立新就成为应对上述一系列变化之后的结果。

自我国推进社会主义市场经济体制改革以来，劳动关系逐步转型发展。当前，我国正处于加快市场扩张、形成创新发展模式的战略机遇期。如何调整经济结构，扩大消费需求，实现公平与可持续的科学发展，是"十二五"乃至今后一段时期我国转型与改革的关键任务。同时，当前也是我国劳动关系领域矛盾凸显和矛盾多发期，企业组织形式、用工方式、分配方式日益多样化，劳动者来源和结构出现新变化，劳动关系领域面临更多的新情况、新挑战。立足我国经济社会发展的阶段性特征，以及对劳动关系发展现状的考察和分析，展望今后一段时期影响我国劳动关系的主要因素的变动及其带来的影响将呈现以下几个方面的特点：

(一) 产业结构调整使劳动关系处于多变状态

"十二五"时期,我国要加快转变经济发展方式,促进制造业由大变强、淘汰落后产能,同时,提高产业集中度,促进企业组织结构优化。以此为基本要求,我国出台了一系列节能减排、淘汰落后产能、引导企业兼并重组等举措,这就使原已形成的劳动关系受到冲击,易于产生劳动争议。根据蔡昉、都阳和王美艳(2010)对节能减排影响就业情况的估算(见表8—1),因关停造纸、化工和纺织印染企业而可能损失的就业人数分别为 108 689 人、25 556 人和 43 215 人,总计影响到 177 460 人的就业稳定性。而淘汰落后生产能力同样也会造成大量的就业损失。以小火电、水泥、炼铁、炼钢和平板玻璃等五个淘汰落后生产能力较为突出的行业为例(见表8—2),根据蔡昉、都阳和王美艳(2010)的推算,因淘汰落后生产能力可能会损失总共 196 265 个就业岗位。如果将上述两项措施导致的就业损失加总,那么在 2007 年,至少会有 37.4 万名劳动者的原有劳动关系受到了直接冲击。需要注意的是,由于该项研究所涉及的关停企业和淘汰落后产能都仅限于少数行业,因而在实际操作中会有更多行业和更多企业劳动者(尤其是中小企业的劳动者)的就业遭受冲击,由节能减排政策带来的对劳动关系稳定性的负面效应会远高于此估算。根据笔者在山西省临汾市调研了解的情况,随着经济结构调整加快,"十二五"期间,该市产业转型的工业企业、资源枯竭的矿山和关闭破产的困难企业转岗失业的职工总数将达 2.5 万人,这些职工的岗位安排、待遇补偿、社会保险等问题如果解决不好,很容易成为诱发争议的隐患。

表8—1　　　　　关停企业可能损失的就业人数　　　　　单位:个,人

行业	2004年全部企业单位数	2005年各行业就业人数	2007年关停企业数	损失就业人数
造纸及纸制品业	39 721	2 139 368	2 018	108 689
化学原料及化学制品制造业	75 179	3 842 559	500	25 556
纺织业	83 103	8 978 160	400	43 215
合计	—	—	—	177 460

资料来源:蔡昉、都阳、王美艳,2010:308.

表8—2　　　淘汰落后生产能力可能损失的就业人数

行业	2007年生产量	2000年各行业就业人数(人)	2007年各行业就业人数(人)	淘汰生产能力	损失就业人数(人)
电力生产业	32 815.53亿千瓦	1 472 632	1 572 837	1 438万千瓦小火电	—

续表

行业	2007年生产量	2000年各行业就业人数（人）	2007年各行业就业人数（人）	淘汰生产能力	损失就业人数（人）
水泥制造业	136 117.3万吨	1 670 526	1 784 196	5 200万吨水泥	68 161
炼铁业	47 651.6万吨	488 421	521 655	4 659万吨铁	51 003
炼钢业	48 928.8万吨	832 632	889 288	3 747万吨钢	68 102
玻璃及其制造业	53 918.1万重箱	698 947	746 507	650万重箱平板玻璃	8 999
合计	—	—	—	—	196 265

资料来源：蔡昉、都阳、王美艳，2010：308。

再进一步而言，"十二五"规划中关于产业结构调整的核心内容，在于以提升技术为特点的结构升级，那么国有大中型企业、尤其是国有大企业就成为主要载体。比如，强调引导企业兼并重组，提高产业集中度，发展有核心竞争力的大中型企业；制造业由大变强，淘汰落后产能，依托国家重点工程发展重大技术装备，对象也是指改造国有企业；而淘汰落后产能的重点，同样是集中于以国有大中型企业为主的钢铁、水泥和电解铝行业等。国有企业兼并重组，在提升技术的同时，必然会伴随资本替代劳动、大量职工下岗失业的现象，这些都容易引发劳资冲突，如不能妥善解决，势必会给企业劳动关系的和谐稳定带来挑战。从近年来国有企业发生的停工事件来看，主要原因就是由于企业改制、重组，大批职工面临着解除合同、失业、买断工龄等经济转型期所带来的一系列问题，处于经济制度和结构的转型期，很可能一个在短时期内的巨大转变，就会激化企业内部经营者与劳动者之间的矛盾和纠纷，从而引发停工。

2009年，我国大型企业之间的并购重组加速推进，仅当年就在钢铁、有色金属、建材、石化、装备制造、汽车、轻工、纺织、电子信息等行业进行了50多起大型企业之间的并购重组。特别是央企，自2003年国资委成立以来，仅央企之间的重组速度就达到每年10家左右，若加上央企重组地方国企，则数据更为可观（黄志钢，2011：231）。然而，值得注意的是，同样是在2009年，因国企改制、重组等而引发了多起出现暴力情况的劳资冲突事件，其中，尤以通钢集团和林钢集团在改制过程中发生的暴力事件造成的社会影响最为强烈。国有企业的市场化改革导致了企业经营者与劳动者双方权利和利益的迅速分化，若再加之企业管理手段苛刻、粗暴，政府部门工作失误和行政不作为，以及职工利益表达渠道不畅通等几重因素，那么劳动者很可能会自发采取集体行动来表达自己的诉求，甚至在劳动者的利益被严重侵害而又缺乏任何有效的救济渠道之时，铤而走险地采取暴力手段解决问题,从而对社会稳定造成消极影响。2010年2—7月,在来京重复非正常上访的数据中,其中有3个月,仅因国企改制引发的上访事件就接近甚至超过长期居于第二位的因"农村土地征用"和"城镇房屋拆迁"引发的集体上访事件(乔健,2011)。

从总体上看,当前国有企业劳动关系处理中的不稳定因素主要有以下三个方面:一是国家政策调整过程中不同群体的利益调整不均;二是贯彻执行国家法律法规中出现分歧;三是企业改革改制重组时影响到职工的既得利益。从笔者在湖北省荆州市调研了解的情况看,该市一些国有企业在改制过程中就存在比较严重的侵犯职工收入分配权和不能切实保障职工社会保障权的问题。比如,企业改制中对职工的经济补偿标准偏低或不按规定支付;改制后大幅提高劳动时间和劳动强度,但职工工资增长缓慢;改制时在未能解决分流职工的社会保险接续问题的情况下,就与职工解除劳动关系,导致部分下岗分流职工基本生活得不到保障。另据笔者在山西省临汾市了解的情况,该市部分国有企业改制后,导致一些停薪留职、长期挂名、长年病假人员等遗留问题存在,原劳动合同既不终止又不重签,企业既不为其发放生活费又不为其缴纳社会保险费,导致了大量劳动争议案件的出现(王阳,2012)。此外,重庆市一些国有企业在改制中强行将企业原有劳动关系转轨为劳务派遣关系,致使集体劳动争议快速增长。①

2010年9月《国务院关于促进企业兼并重组的意见》公布,汽车、钢铁、水泥、机械制造、电解铝、稀土等行业成为推动国有企业兼并重组的重点领域。"十二五"期间,在实现上述产业结构优化升级的同时,有必要关注并妥善处理由此而带来的劳动关系的变动。

(二)国外经济波动冲击劳动关系运行稳定性

2001年我国加入世贸组织以来,经济开放程度日益提高,货物进出口总额的增长速度始终保持在20%以上。2008年下半年金融危机波及我国,导致外部需求锐减,2008年和2009年的货物进出口总额增速分别降至17.8%和-13.9%。② 当国际市场订单出现大幅减少时,出口企业若以减少劳动雇佣作为应对策略,那么就会对企业原有的劳动关系形成冲击。我国出口企业大都为民营中小企业,因此受到的金融危机影响也最为明显。根据吴要武和都阳(2010:202)对金融危机影响民营中小企业雇佣行为的研究发现,2008年,我国东、

---

① 资料来源:推进劳动合同制度,促进劳动关系和谐. 重庆市人力资源和社会保障局公众信息网,2010-10-22, http://www.cqhrss.gov.cn/u/cqhrss/news_38094.shtml.

② 数据来源:国民经济和社会发展统计公报(2001—2010年). 国家统计局网站,http://www.stats.gov.cn.

中、西部三地中小企业内的非技术劳动者（比如企业的一线生产人员、服务人员等）数量较 2007 年分别增长了 4%、6.2% 和 6.2%，但是到 2009 年，三个地区的该项指标值就分别下降为 -0.6%、-0.54% 和 2.2%，除了西部地区的中小企业仍在增加对非技术劳动者的雇佣数量以外，东部和中部地区企业的雇佣数量都在下降。相比专业技术人员，企业内的非技术劳动者的劳动关系更为脆弱，成为企业经营效益下滑后被首先"剔除"的对象。

尽管难以全面估测金融危机对我国企业原有劳动关系影响的总体情况，但是可以谨慎地做出一点判断：在国外经济运行的下行阶段，我国东部和中部地区企业（主要是外向型企业）可能会因产业升级而倾向于减少对非技术劳动者的需求，以至于出现雇佣停滞甚至下降，易于发生劳动争议，而西部地区企业（主要是外向型企业）依托传统的产业结构，仍然可以扩大对非技术劳动者的雇佣量，劳动关系运行相对稳定。根据李丽林等（2011：80-81）[①] 对 2004—2010 年我国典型停工事件情况的分析发现，发生在 2008 年以后的典型停工事件达 36 起，几乎占到研究者所收集到的全部事件总数（共 73 件）的 50%；在停工事件发生的地域上，华南地区以 33 起（占 45.2%）成为停工事件的高发区，其次是华中地区，有 10 起（占 13.7%）；再具体到各个省市，广东省共发生了 32 起（占 43.8%），是停工事件的重灾省份，其次是湖北省，共发生了 5 起（占 6.8%）。虽然李丽林等（2011）的研究并非完全针对金融危机后发生的典型停工事件，但是仍然能够借助停工发生时间分布、高发区的停工数量占比等几项指标的数值，从侧面反映出金融危机后我国东、中、西部三地劳动关系的波动情况。我国东部地区由于多劳动密集型产业和外向型企业，当面临金融危机冲击时，这些产业以及其中的企业（尤其是中小企业）会更加脆弱，以至于影响到原有劳动关系的稳定性。

金融危机对我国实体经济的影响，可以从工业增加值增长速度的变化情况得到一定的支撑，并且这一指标值的变化态势也折射出，金融危机后的近两年，我国经济在经历了复苏阶段的高速增长后开始有序回落，但与金融危机前的情况相比，工业生产的增速已经放缓。图 8—2 描述了 2007 年 2 月以来我国工业增加值的月度增长态势，可以看到，2007 年全年和 2008 年上半年，全国工业增加值的月度增长速度一直保持在 15% 以上，2008 年 7 月以后开始逐月下降，同年 11 月增速降至 5% 左右，达最低点，2009 年年初开始恢复，11 月增至 19.2%，仅次于 2007 年 6 月时的高点 19.4%，此后又逐步回落，2010 年 6 月以来基本保持在

---

① 由于我国目前尚无涉及劳动者罢工或停工事件的官方统计数据，只能利用二手数据进行论证。

14%左右。2011年全年工业增加值增长13.9%[①]，与上年同期相比回落1.8个百分点。现阶段，我国工业生产在小幅波动中缓慢下行。

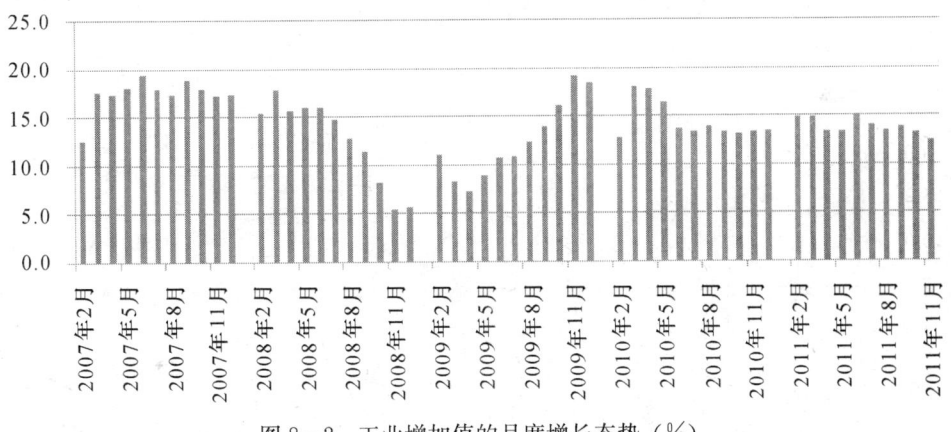

图8—2 工业增加值的月度增长态势（%）
数据来源：国家统计局网站，http://www.stats.gov.cn.

遭遇金融危机的冲击，我国工业增加值出现了剧烈波动的时期。在此期间，观察不同所有制类型经济组织的生产变化情况可以发现，国有企业、私营企业和外资企业的表现各异，其中，尤以外资企业受创最为严重。在经济复苏阶段，不同所有制类型企业的工业生产都得到了大幅回升，但从总体上看，增速普遍趋缓。图8—3描述了2007年2月以来我国不同所有制类型企业的工业增加值增长态势，可以看到，在金融危机之前，私营企业的工业生产一直保持着最高增速，工业增加值的增长速度基本都在23%以上；外资企业次之，工业增加值的增速基本都在15%以上；国有企业最低，基本都在12%以上。当遭遇金融危机冲击后（2008年8月以后），三类企业的工业增加值都出现了不同程度的下降，但私营企业的下降幅度明显小于国有企业和外资企业，前者表现出了最强的承受力。2008年第四季度，私营企业的工业增加值增长速度保持在15%左右，而国有企业却从5%左右一直跌至负增长（−0.6%）。在经济复苏阶段，私营企业又成为经济强劲反弹的先导者。2009年6—12月，国有企业和外资企业的工业增加值增速都开始反弹，前者由5.7%上升到21.7%，后者由5.3%上升到15.7%，而私营企业却一直保持了20%左右的增长率。进入2010年，国有企业的工业增加值增速一度超过金融危机前的水平，3月达到18.3%，但随后逐月递减，2011年11月降至7.8%。外资企业的情况类似。2010年4月，外资企业的工业增加

---

① 数据来源：2011年国民经济继续保持平稳较快发展. 国家统计局网站，2012-01-17，http://www.stats.gov.cn/tjfx/jdfx/t20120117_402779443.htm.

值增速上升至高点16.8%,之后逐月回落,2011年11月降至8.4%。相比前两者,私营企业的工业增加值增速变化平稳,基本保持在19%左右,2011年11月为19.1%。现阶段,三类企业的生产都出现了减速的迹象。

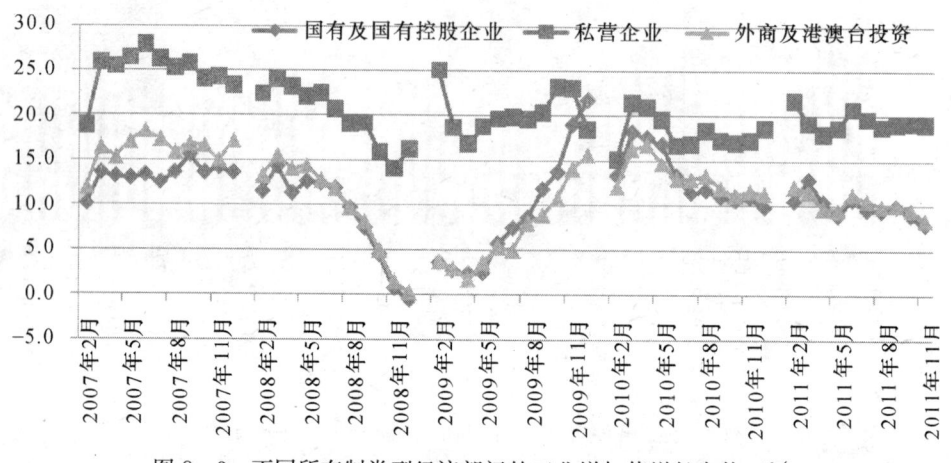

图8—3 不同所有制类型经济部门的工业增加值增长态势(%)
数据来源:国家统计局网站,http://www.stats.gov.cn.

综合上述证据表明,其一,金融危机对外向型经济冲击更大,外资企业由于工业增加值增速下滑的幅度最大,因而成为受金融危机冲击最严重的经济部门。其二,私营企业由于工业增加值增速的快速回升,表现出了最好的应对危机的能力。其三,无论立足我国总体的工业生产,还是针对某一类型的经济部门,都会发现经济增长趋缓的风险正在加大。

而另一方面,外需放缓的可能性也在进一步增加。根据世界银行发布的《2012年全球经济展望》报告的预测,2012年全球经济前景全面恶化,2012年和2013年全球经济增长率将降至2.5%和3.1%,低于2011年6月份预测的3.6%,而发展中国家和高收入国家的经济增长率则分别降至5.4%和1.4%,同样低于之前预测的6.2%和2.7%。[1] 该报告还认为,全球增长与世界贸易已大幅减速,将对发展中国家产生不利影响,世界经济前景不明朗;并且,欧债危机的影响已部分扩散到了欧洲以外的新兴国家,包括一些主要的新兴国家(比如巴西、印度、俄罗斯、南非和土耳其等国),导致这些国家的增长率较复苏初期明显减速,而这些风险可能在积累叠加中演变成第二波金融危机。[2]

---

[1] 数据来源:世行发布《2012年全球经济展望》全球经济将放缓,中国经济网——经济日报,2012-01-19,http://finance.ce.cn/rolling/201201/19/t20120119_16707631.shtml.
[2] 资料来源:2012年全球经济前景恶化. 21世纪经济报道,2012-01-16.

第八章　中国劳动关系发展的趋势及应对之策

国际市场的需求是我国经济增长的重要动力之一。然而，世界经济形势复杂多变，一些主要经济体增速下降，欧洲主权债务问题持续恶化，各种形式的保护主义明显增多，这些因素交织在一起又对我国的外需构成了较大的影响。2010年，我国货物进出口总额的增长速度已经回升至34.7%，贸易出口额较2009年增长31.3%，其中，外商投资企业和其他企业的贡献率分别达到50.5%和38.0%，而国有企业的贡献率仅为11.5%。①民营企业和外资企业等非公有制经济组织是我国出口企业的主体，一旦国际市场需求疲软导致我国出口增速回落，那么这些企业也将面临最大的冲击，如若再加上生产经营成本攀高、融资枯竭等问题②，则企业很可能会采取减少劳动雇佣、削减人工成本等策略来应对，那么国外经济增长持续下滑的风险就会传递到我国的劳动力市场，破坏原有劳动关系运行的状况。根据笔者在湖北省襄阳市和荆州市调研掌握的情况看，受国际金融危机和人民币持续升值的影响，国际市场需求大幅下降，襄阳市不少出口型企业的订单减少，再加上原材料和人工成本大幅上涨，企业效益急剧下滑，生产经营面临严重困难，长期处于停产和半停产状态。因资金枯竭而难以承担职工的工资、生活费（离岗退养人员）发放和社保缴费，目前该市已有17家企业实施了经济性裁员，被裁减的劳动者数量超过3 000人。而在荆州市，一些出口企业为了节约成本，在技术革新创新方面投入不足，劳动安全设施滞后，员工缺乏相应的劳动保障措施，致使职业病、工伤事故连连发生，对劳动者的健康造成了伤害。

以长三角、珠三角为代表的东南沿海地区是我国传统的出口导向型企业最集中的区域，而随着中部地区承接境外和沿海产业转移，以湖北省为先导的中部地区正在成为新兴的外向型经济的集聚区，可以预计，在今明两年世界经济复苏继续放缓的大背景之下，加之我国国内经济增长动力不足，因出口需求下降而产生的冲击，将会主要影响到这些地区的就业情况，造成就业数量的损失或是质量的下降。此外，据笔者近期的观察，2011年第四季度在我国的长三角、珠三角、上海、广东等地连续发生的数十起员工群体罢工事件，主要涉及的就是外商投资企业，罢工的表面原因大都是因企业迁址引发再就业和利益补偿纠纷，而深层次原因则是由欧美市场低迷带来的企业效益下滑和生产经营受损，从而促使向内地

---

① 数据来源：根据《国民经济和社会发展统计公报（2009—2010年）》整理和计算得到。
② 实际上，我国的民营经济已经开始面临这些问题了。根据"2011—2012年中国民营经济发展形势分析会"上发布的信息，目前，我国民营经济特别是中小企业遇到的主要问题可以概括为"两高两难"，即生产经营成本高、税费过高、融资难以及招工难。（资料来源：全哲洙：破除行业不合理准入壁垒. 新浪网, 2012-01-11, http://finance.sina.com.cn/hy/20120111/152911178435.shtml）

转移。此时,如果不能妥善处理因企业效益下滑带来的裁员、搬迁、减薪等一系列问题,那么这些问题将很可能演变成引发劳资冲突甚至是群体性事件的一条导火索。①

(三) 劳动关系主体结构变化增加劳动关系波动风险

1. 用工主体结构变化带来的影响

从企业的构成方面看,非公有制经济特别是私营企业已经成为我国最大的企业群体,并且也是吸纳社会就业的主要渠道。

如图8—4所示,1978年以来,我国城镇不同所有制类型就业人数的变动情况明显,以私营企业、个体和有限责任公司等为主体的非公有制经济的用工规模逐年大幅攀升,而国有单位和集体单位的就业人数却在经历一段时期的小幅增长后,基本上自1997年开始逐年下降。2010年,私营企业就业人数的增长率达到9.5%,而国有企业仅为1.5%,前者大大高于后者。截至2011年9月,全国登记注册的私营企业已超过900万家,个体工商户超过3 600万户,占全国企业总数的70%;从业人员接近1亿人,占城镇就业人员总数的1/3。② 与此同时,在外商及港澳台商投资单位就业的人员数量也在快速上升,特别是我国加入世贸组织以后,从2002年开始,该类型单位的就业人数增长率基本保持在13%以上,受金融危机的影响,2008年增长率降至2.5%,但目前已经回升至7.3%。外商及港澳台商投资单位正在成为吸纳社会就业的另一条快速成长的通道。

然而,作为我国目前最大的劳动用工主体,非公有制经济的劳动关系状况却并不乐观,特别是私营企业已经成为我国劳动争议案件高发的经济部门。冯喜良(2011)分析了2007年和2008年北京市某区劳动争议仲裁科结案的631起劳动争议案件的情况,发现民营企业是劳动争议发生最多的企业类型,其次是国有企业,并且注册资金在30万~500万元的中小型企业发生劳动争议的数量最多。2007年,民营企业和国有企业发生的劳动争议案件数量占比分别达到70.2%和23.3%;2008年《劳动合同法》颁布,国有企业发生的劳动争议案件数量明显下降,而民营企业的争议数量却大幅上升,但该年度两类企业发生的劳动争议案件数量占比仍居前两位,分别是80.3%和10.6%(见表8—3)。2009年,全国各级劳动争议仲裁机构当期受理的劳动争议案件为68.4万件,有超过1/3的案

---

① 老板携款失踪,导致劳动者群体讨薪事件大增,给社会稳定带来不少隐患。(资料来源:推进劳动合同制度,促进劳动关系和谐. 重庆市人力资源和社会保障局公众信息网,2010-10-22, http://www.cqhrss.gov.cn/u/cqhrss/news_38094.shtml.)

② 数据来源:工商联:建议对中小企业实施税收普惠制. 21世纪经济报道,2012-01-12

第八章 中国劳动关系发展的趋势及应对之策

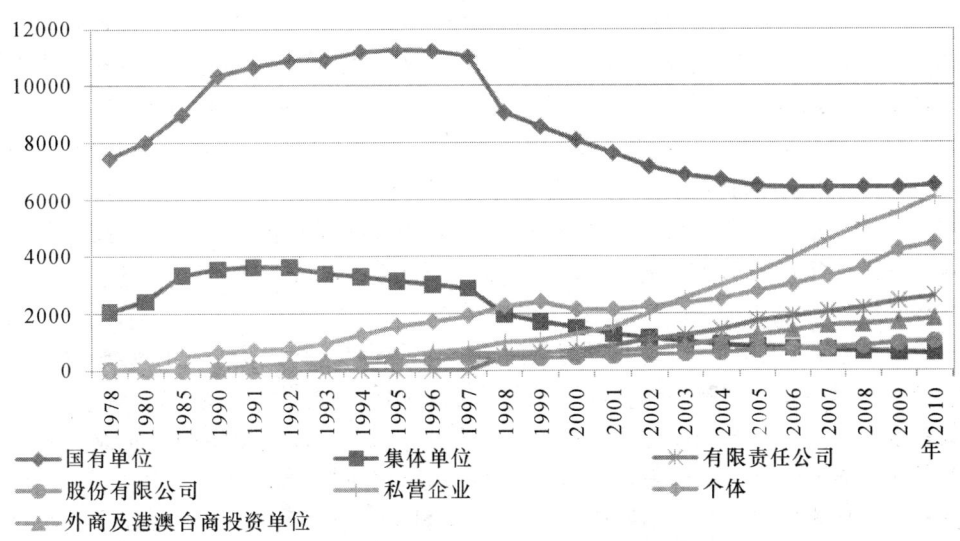

图8—4 我国城镇不同所有制类型就业人数的变动情况（万人）

数据来源：中国统计年鉴（2011），笔者计算。

件发生在私营企业。[①] 根据笔者在襄阳市的调查，截至2011年10月，该市两级劳动仲裁机构共立案受理劳动争议案件1 512件，从涉及单位的性质上看，私营企业的劳动争议案件居首，共831件，占55%；机关事业单位、社会团体323件，占21%；国有企业292件，占19%；其他类型的单位66件，占5%。

表8—3　　　北京市某区分单位性质的劳动争议案件数量及分布　　单位：件，%

	总体		2007年		2008年	
	件数	占比	件数	占比	件数	占比
国家机关	5	0.7	1	0.3	4	1.2
国有企业	108	16.6	72	23.3	36	10.6
事业单位	18	2.9	8	2.6	10	2.9
民营企业	490	75.5	217	70.2	273	80.3
外资企业	3	0.5	1	0.3	2	0.6
合资企业	12	1.9	5	1.6	7	2.1
非营利组织	6	1.0	5	1.6	1	0.3
其他	7	1.1	0	0	7	2.1

资料来源：冯喜良，2011.

---

① 数据来源：白皮书：中国公正及时解决劳动人事争议. 中国网络电视台，http://news.cntv.cn/china/20100910/103484.shtml.

劳动争议事件高发的部门同样也是爆发停工、罢工事件最多的单位。在李丽林等（2011）的分析报告中指出，私营企业和外商及港澳台商投资企业发生停工事件的比例最高，两者占全部停工事件总数（73件）的比例都达到了37.9%，国有企业排名第三，占24.2%。李琪（2011）整理了2004—2010年我国发生的450余起工人集体行动个案，认为发生在国有企业（包括国有控股企业和改制企业）的工人集体行动个案正在呈下降趋势，而发生在私营企业（包括外商投资企业）的工人集体行动比重则逐年上升，并在2006年以后的各年度占比均超过了70%。

对于非公有制经济劳动关系存在的主要问题，从总体上看，可以归纳为以下三点：一是劳动合同和集体合同的签订率低及操作不规范。根据2011年全国人大常委会对《劳动合同法》执法检查报告显示，部分劳动密集型中小企业及非公企业劳动合同签订率仍然偏低，部分已签的劳动合同内容不规范、履行不到位；此外，集体合同覆盖范围不够广，签订集体合同的企业所占比例不高，小企业和外资企业中所占比例更低。[①] 二是劳动者的劳动报酬、劳动安全、休息休假等的权益受损。王长城（2011）调查了湖北省三市民营企业的劳动关系状况，发现一线员工普遍存在劳动强度大、超时工作以及劳动报酬偏低等问题。被调查的企业共有17家，涉及制造、化工、纺织、商贸、食品、餐饮服务等多个行业，被调查的劳动者共354人，其中，17.6%的劳动者平均每月要工作22～25天，有48%的人要工作26～29天，甚至还有34.4%的人全年无休。安排劳动者加班加点成为很多民营中小企业的惯常做法。三是劳动关系管理违规违法问题突出。据笔者在山西省临汾市翼城县了解的情况，一些民营中小企业将从事季节性工作的劳动者视为临时工，不为其缴纳社会保险费并随意辞退，由此引发了多起劳动争议案件；还有一些效益较好的民营企业只为其管理层员工缴纳社会保险费，而让大多数普通员工"自愿投保"，劳动者的社会保险权益难以得到保障（王阳，2012）。

再从笔者在荆州市调研掌握的情况看，非公有制经济在劳动关系方面的上述问题几乎都存在。所不同的是，荆州市的国有企业和外资企业的劳动关系相对规范，而问题主要集中在民营企业和个体经济组织。比如，不与员工签订劳动合同或虽签订了合同但不规范；不参加各项社会保险，取而代之以现金的形式发放职工或双方约定在工资中包含社会保险费；延长工作时间，不按规定支付劳动报酬和拖欠员工工资，甚至变相强制员工加班加点而不支付报酬，以及随意解除劳动合同，无理辞退或开除员工等。综合这些证据说明，非公有制经济，尤其是私营

---

① 资料来源：全国人大常委会执法检查报告显示劳动合同法实施尚存四问题.人民日报，2011-11-02.

企业、中小企业等的劳动关系问题已经十分集中和普遍。

经过30多年的改革开放，我国企业的所有制类型已经从单一的公有制经济转变为多种所有制经济共同发展，随着私营企业、外资企业等数量的不断扩大，它们也成为我国企业构成中的重要主体。然而，同国有企业相比，由于私营企业等受到计划经济体制的影响较小，其劳动关系更多地体现出了市场化和动态化的特征，比如企业和劳动者自由建立劳动关系，劳动力的价格高低由市场供求关系决定，企业新建、破产、兼并、联营合并、转让等经营活动频繁，导致就业不稳定等，这就使得劳动关系双方始终处于一种利益博弈的状态。当前，私营企业等非公有制经济在劳动关系方面仍然存在的诸多问题，既反映出我国劳动力市场总体供大于求、强资本弱劳工的基本格局还没有改变，也反映出企业雇主在人力资源管理的观念、手段和方式等方面依然落后。如果这些问题得不到足够的重视和及时的纠正，那么很可能会在长期的累积叠加中转化为劳资矛盾和冲突的聚焦点，进而加剧劳动关系波动的风险。当前，我国的劳动争议已经从以国有、集体改制企业劳动争议为主，向以私营企业、外商投资企业等劳动争议为主转变，非公有制经济存在的劳动关系问题应该及早得到重视和有效解决。

此外，还有一个改革动向值得特别关注，那就是2011年我国提出的分类推进事业单位改革。目前，全国共有事业单位约126万个，工作人员超过3 000万人，其中专业技术人员约占事业单位人员总数的67%。[①] 按照分类推进事业单位改革的意见，我国将对现有事业单位进行清理规范，对未按规定设立或原承担特定任务已完成的，予以撤销；对布局结构不合理、设置过于分散、工作任务严重不足或职责相同相近的，予以整合。可以预见，随着事业单位改革的进行，围绕人事制度和绩效工资制度的改革也将开始，而这又会涉及大量职工（特别是下岗分流职工）的利益调整、分配和补偿等问题，容易发生人事争议，诉求不一，处理难度大。如果在改革过程中缺乏相应的国家法律法规作为依据，职工的权益不能得到公平合理的保障，那么此次事业单位的改革很可能会成为诱发我国劳动关系不稳定的政策动因，从而加剧今后一段时期劳动争议易发、高发的风险。[②]

---

① 数据来源：2012年事业单位改革前瞻：新步伐，新举措，新气象. 中央政府门户网站，2012-01-23，http://www.gov.cn/jrzg/2012-01/23/content_2051483.htm.

② 根据重庆市人力资源和社会保障局对该市《劳动合同法》执行情况的抽查结果显示，私营企业和事业单位已经成为目前该市劳动争议案件数量增幅最大的两类单位。同时，重庆市也是我国事业单位改革起步较早的地区，目前已被列为新改革方案的试点地。（资料来源：推进劳动合同制度，促进劳动关系和谐. 重庆市人力资源和社会保障局公众信息网，2010-10-22，http://www.cqhrss.gov.cn/u/cqhrss/news_38094.shtml；中央分类推进事业单位改革调研组到重庆调研. 中国机构编制网，2011-09-30，http://www.scopsr.gov.cn/gzdt/201109/t20110930_22589.htm）

2. 劳动者主体结构变化带来的影响

作为劳动关系主体的另一方,劳动者的年龄、素质能力、组织性、思想意识、与劳动力使用者博弈手段的选取,以及在劳动争议中的对抗能力等同样会影响劳动关系运行的态势,而上述这些因素又同劳动者的结构密切相关。从总体上看,近年来我国劳动者主体结构主要发生了以下五个方面的变化:

一是劳动者受教育程度普遍提高,初中学历者增幅最大。如图8—5所示,比较2009年与2005年全国就业人员受教育程度的构成情况可以看到,初中及以上学历的劳动者数量占比都有不同程度的增加,2009年全国初中以上学历就业者占全部就业者的比重为68.9%,较2005年增长近6个百分点,其中,初中学历就业者占比增长最多,从2005年的44.1%增加到2009年的48.7%。

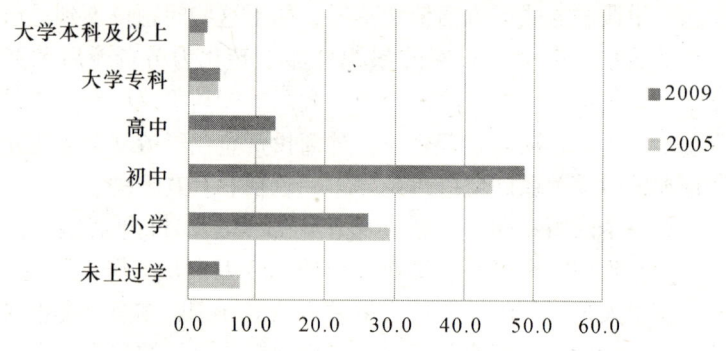

图8—5 全国就业人员受教育程度构成(%)

数据来源:中国劳动统计年鉴(2006,2010).北京:中国统计出版社,2006,2010.

二是第二、第三产业就业者数量明显增加,第二产业就业者占比增幅最大。如图8—6所示,2001年以来,在第一产业就业的劳动者数量占比逐年下降,而在第二、第三产业就业的劳动者数量占比则逐年上升,2010年三次产业的就业人数占比分别为36.7%、28.7%和34.6%。10年间,劳动者在第二产业就业的比重增加最大,增幅达到7.1%。

三是青壮年劳动者就业行业高度集中,制造业劳动力年轻化趋向有所缓和。考察2005年以来16~34岁城镇就业者的行业构成①会发现,制造业、农林牧渔业,以及批发和零售业一直是该年龄段劳动者就业最集中的三个行业,特别是制造业,2005年,16~19岁、20~24岁、25~29岁和30~34岁等四个年龄段的城镇劳动者在制造业就业的比例曾分别高达45.0%、32.9%、25.8%和23.9%。

---

① 根据《中国劳动统计年鉴(2006,2010)》计算得到。

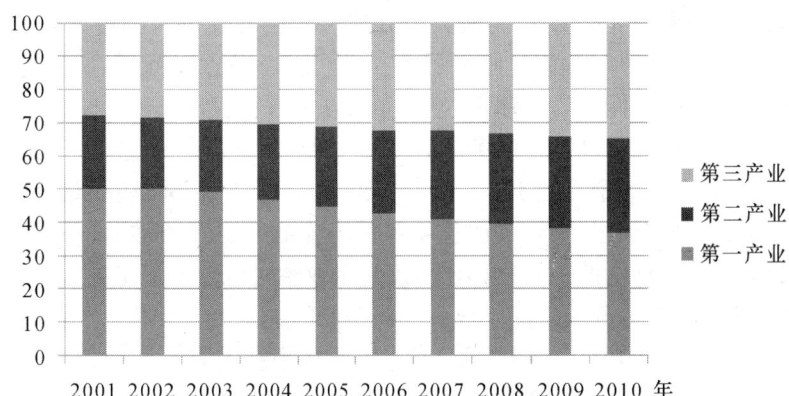

图8—6 按三次产业分城镇就业人员结构的变动情况（%）
数据来源：中国统计年鉴（2011）. 北京：中国统计出版社，2011.

2009年，制造业仍然是青壮年劳动者就业的首选行业，四个年龄段的城镇劳动者在制造业就业的比例，较其他行业仍是最高的，分别为37.4%、29.1%、24.3%和22.9%。但是，相比2005年的情况，制造业劳动力年轻化的趋势有所减弱，如图8—7所示，比较2005年与2009年制造业城镇就业人员的年龄构成情况可以发现，34岁以下的制造业就业者的比重都有不同程度的下降，2005年，制造业中16~34岁就业者的总占比为70.1%，但到2009年，该项指标值已降至62.3%。

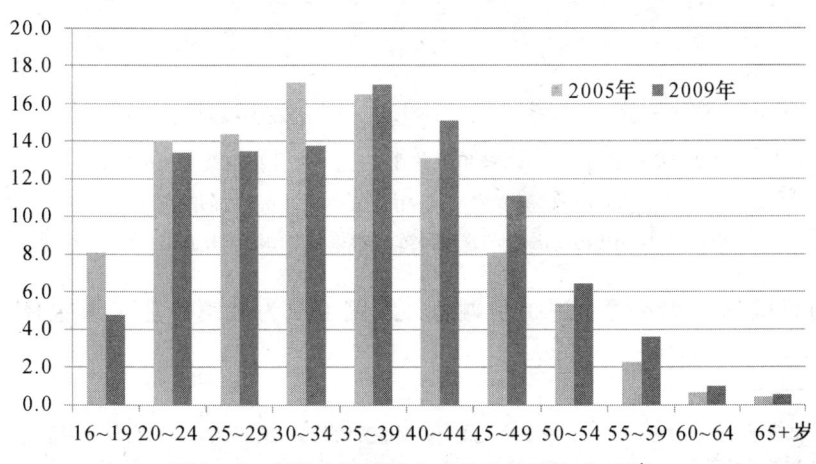

图8—7 制造业城镇就业人员的年龄构成（%）
数据来源：中国劳动统计年鉴（2006，2010）. 北京：中国统计出版社，2006，2010.

四是城镇非单位就业者大量增加，单位内部劳动者就业身份差异化。随着我国劳动力市场的发育，城镇就业人员中非单位就业者数量大幅攀升，如图8—8所示，1994年城镇非单位就业者数量占比为18.2%，而到2010年已增至62.4%，与之相比，同年，城镇单位就业者数量占比仅为37.6%。这种差距也同时意味着，非标准劳动关系的劳动者数量①占比（至少）超过标准劳动关系的劳动者数量占比近25个百分点。雇佣方式的灵活化，一方面使家政服务业的非全日制用工、微型企业帮工等灵活就业者明显增加，另一方面也使一些单位内部出现了劳动者就业身份的差异化，比如国有企业中对劳务派遣工的大量使用。尤其是2008年以来，劳务派遣甚至成为一些企业的主流用工方式。②目前，我国劳务派遣人员总量已跃升至6 000万人，并主要集中在国有企业和机关事业单位，部分中央企业甚至有超过2/3的员工属于劳务派遣工。③

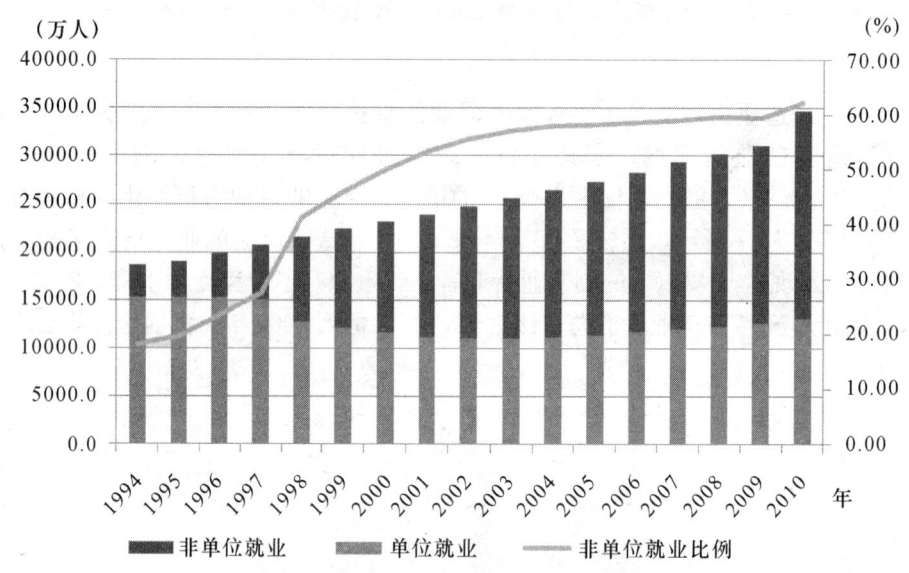

图8—8 城镇单位就业和非单位就业的变动情况
数据来源：中国劳动统计年鉴（2010）. 北京：中国统计出版社，2010.

五是城乡劳动者就业进一步融合，农民工成为城镇产业工人主体。如图

---

① 城镇非单位就业者的劳动关系必然是属于非标准劳动关系的范畴内，但单位就业者的劳动关系不必然属于标准劳动关系。
② 在国外，劳务派遣工一般占劳动者总数的2%~3%。
③ 数据来源：去年劳动争议稳中有降，劳务派遣或成主流用工方式. 人民网，2012-01-04，http://acftu.people.com.cn/GB/67561/16788112.html.

8—9 所示,2000 年以来,外出就业农民工的数量逐年递增,城镇就业人员中的农民工比例也基本呈现上升趋势。2009 年,城镇就业总人数为 31 120 万人,其中,外出农民工为 14 533 万人,占城镇就业总人数的 46.7%。当前,农民工已经成为我国城镇产业工人的主体。

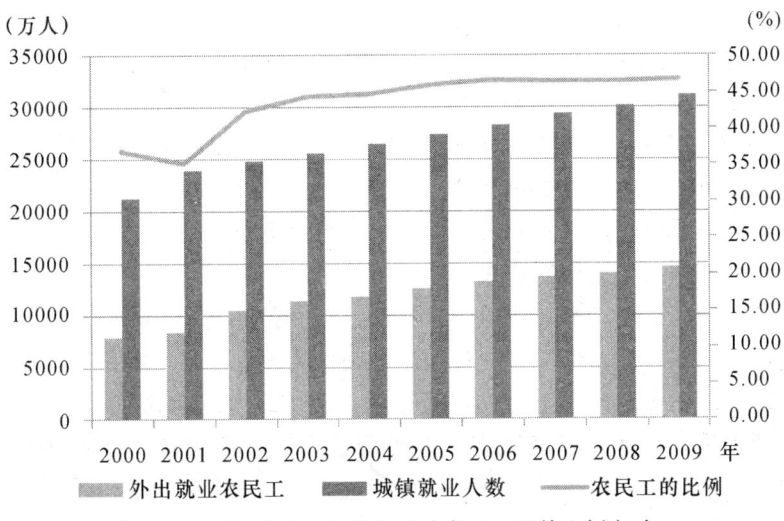

图 8—9 城镇劳动力市场的流动农民工及其比例变动

数据来源:国家统计局农民工统计监测调查(2001—2010).

另据统计,在第二产业从业的农民工占 57.6%,在加工制造业从业的占 68%,在建筑业从业的占 80%。第三产业从业人员中,农民工占 52%,在城市环保、家政、餐饮服务等行业,农民工的比例更是高达 90%(迟福林,2011:167)。此外,一个值得注意的现象是,在农村劳动力进入城镇就业规模不断扩大的同时,农民工内部也出现了代际更替,1980 年以后出生的外出农民工被称为"新生代农民工",有调查显示,2009 年,新生代农民工总人数达 8 487 万人,占全部外出农民工总数的 58.4%[1],已经成为外出农民工的主体。[2]

然而,由于我国劳动关系领域还存在一些问题尚未解决,从而使得来自劳动者主体结构的变化,很可能转变成为增加劳动关系波动风险的原因。

就目前我国劳动关系领域尚存的问题,结合笔者在湖北省调研掌握的情况[3]

---

[1] 也就是年龄在 16~29 岁的外出农民工占全部外出农民工的比例。

[2] 数据来源:新生代农民工的数量、结构和特点. 国家统计局网站,2011-03-11,http://www.stats.gov.cn/was40/gjtjj_detail.jsp?channelid=5705&record=9897.

[3] 2011 年 3—6 月,湖北省总工会围绕"构建和谐劳动关系"的主题,对省内 235 家企业,5 000 名在岗职工进行了问卷调查。下文涉及的数据资料源于此次调查的部分结果。

看，主要有以下四个：

一是一线职工的工资收入偏低。一些企业参照当地最低工资标准确定一线职工工资，有的企业不按《企业最低工资规定》进行必要扣除，造成部分职工的实际收入低于最低工资标准。一些企业通过制定过高的劳动定额、过低的计件单价等手段，压低劳动力成本。据湖北省总工会的调查显示，29%的企业用不低于最低工资标准折算计件单价，61.2%的职工认为只有加班才能完成定额任务。在被调查的235家企业中，普通职工月均工资低于1 500元的有58家，占1/4；低于1 200元的有23家，占1/10；在被调查的5 000名职工中，月工资低于1 500元的占30%，低于1 000元的占6%。

二是劳务派遣工同工不同酬。一些国有企业把职工划分为正式职工和非正式职工，非正式职工主要包括农民工、劳务派遣工、短期合同工、临时工等，存在同岗不同薪、同工不同酬的现象。[①] 特别是一些企业违反《劳动合同法》关于劳务派遣适用"临时性、辅助性、替代性"岗位的规定，在一线生产岗位大量使用劳务派遣工。据湖北省总工会的调查显示，80%以上的派遣工是2005年以后的新增派遣人员。比如，该省某市的石油分公司有职工931人，其中派遣工719人，占到全部职工总数的77.2%。劳务派遣工在工资上同岗不同薪、在社保上同薪不同基数、在福利上同单位不同待遇。再比如，某市邮政局的合同工年均收入为3.5万元，而派遣工只有1.9万元。绝大多数派遣工都是低端就业，管理和技术人员较少，加上劳动关系和劳动就业分离，职业发展受到很大局限，往往缺乏安定感和归属感，该类劳动者群体的权益保障问题亟待解决。

三是部分企业劳动条件差，职业危害严重。一些企业对安全卫生基础建设投入不足，大量职工在"三高"（高噪声、高温、高粉尘）环境中作业，严重损害职工的健康。根据湖北省人力资源和社会保障局的相关统计，该省涉及31个行业、10多万家企业、约250万名从业人员面临职业危害，其中60%以上集中在中小非公企业。主要职业危害因素为粉尘、噪声、毒物、尘肺病，在每年新发职业病中占80%以上。截至2009年年底，湖北省累计报告尘肺病21 760例，已死亡4 834例。

四是部分企业忽视职工民主权利，缺乏人文关怀。在笔者调研时，有年轻职

---

① 笔者2011年11月在湖北省荆州市和襄阳市调研时，曾就劳务派遣问题与走访的某国有企业人力资源部经理进行深度访谈。据对方表示，近几年，劳务派遣的用工形式的确在很多企业、特别是国有企业显示出勃勃生机，究其原因在于，该制度规避了国有企业合同制用工的弊端，能有效解决国企职工能进不能出的劳动争议等问题，减少了各项综合成本，且其机制灵活，便于管理，为企业用人提供了各项便利条件。

工反映，企业实行"三班三运转"、甚至"两班倒"，上班就像机器人，每天就是车间—食堂—宿舍"三点一线"的工作生活方式。另外，一些企业领导不关心职工生活，企业与职工不能共建共享，也使他们存在失落感和相对剥夺感。① 还有一些企业管理人员态度简单粗暴，缺乏人格尊重，使职工产生了抵触、甚至对立情绪。一些企业不重视企业文化和职工文化建设。据湖北省总工会的调查显示，41.8%的职工认为管理人员与普通职工关系不够融洽，44.8%的职工认为业余文化生活单调。一些企业职工体面劳动得不到充分实现，甚至有被"边缘化"的倾向。

那么，上述这些问题又是如何与劳动关系主体结构的变化相互交织和作用，而造成劳动关系波动加剧的呢？

第一，目前劳动关系领域的痼疾——工资过低，已经成为引发劳动争议，甚至是集体停工、罢工事件的主要原因。在冯喜良（2011）整理的631起北京市某区劳动争议仲裁科结案的劳动争议案件中，以劳动报酬作为争议主要内容的案件数量占比，2007年和2008年分别达到70.9%和75.5%，明显高于处于第二位的经济补偿金。② 从李丽林等（2011）收集的73起典型停工事件的情况看，诱因排名前三位的是工资及福利（44起）、工作条件（11起）和工作时间（9起）。2010年春夏以来，我国频频发生的罢工及对抗事件都与劳动者要求提高薪酬有关。比如，在汽车行业发生罢工的企业，其实并不是行业中劳动条件和工资水平最低的，但是企业的工资状况却大体一致，即每月的基本工资都是当地政府规定的最低工资标准，每天工作10～12个小时，每月工作28天，收入的多寡在很大程度上取决于加班的多少。③ 另据笔者在湖北省了解的情况，该省由于加薪问题同样引发了多起职工集体停工事件。2010年6月，武汉某汽车配件公司职工先后两次停工要求加薪，经与企业协商，职工工资两次共增加1 000元，目前一线职工月工资均超过了1 700元。可见，利益分配显失公平已经成为当前劳资矛盾

---

① 另据全国总工会于2010年5—6月对全国25个城市的1 000家企业的新生代农民工进行的专题调研结果显示，在新生代农民工中，认为企业"不怎么关心自己"或"完全不关心自己"的比例为16.9%，高出传统农民工3.3个百分点。此外，认为管理者和普通员工之间关系不融洽的最主要原因是"管理者不关心职工疾苦"的新生代农民工比例达32.4%，而传统农民工则认为是"收入及福利待遇差距过大"，占比为23%。

② 2007年和2008年以经济补偿金作为争议内容的案件数量占比分别为51.5%和55.0%。

③ 在汽车行业，一线工人反映的问题主要有三个：一是基本工资低，在一个汽车产销两旺的企业，工人工资并没有随着汽车行业的快速增长、利润大幅增长而提升。比如，某汽车企业在近两年内一共给一线工人增加了3次工资，但总计不足100元。二是工作时间长，经常加班。三是薪酬结构不合理，中外员工同工不同酬，普通工人和管理层的收入差别过大。后金融危机时期物价上涨，导致工人日常生活费用开支增加，大大挤压了他们的生存空间。

的核心点。

第二，新生代农民工不同于父辈的对工作和生活的诉求，正在演化成对社会的不公平感，进而增加该群体劳动关系波动的风险。2010年夏季，在广东、大连等地连续发生的大规模的工人罢工事件，实际上就反映出了新生代农民工群体不同于老一辈的主体性、权利意识、团结性和抗争性。对于工资和其他相关劳动条件的不满，会促使他们采取罢工等形式的集体行动。从近期针对新生代农民工群体的一项调查[①]当中，也可以归纳出该群体不同于上一代农民工的一些特质，比如文化素质高，平等意识强；更倾向于体面的工作，消费倾向高；价值取向务实，对城市生活的期望值高；当遇到劳动纠纷时，很少像父辈那样"用脚投票"回到农村，而是希望通过劳资双方沟通和协商的方式就地解决问题，等等。但是，生活在城市中的成本上升与自己工资增长幅度的不成正比，却导致新生代农民工群体的收入难以支持其在打工城市的生活。生活诉求的自然提高加上城市物价、住房等成本的上升，造成了他们对工资增长缓慢的普遍不满。此外，工作强度大[②]，所得的回报与工作过程中的付出不成正比，企业管理者对他们的态度过于生硬、缺乏基本的尊重和关心等，更加重了他们的不公正感，从而最终形成了新生代农民工群体对工作和生活的不满情绪，以至于为采取集体行动植根了内因。

有了上述主体诉求的转变，于是可以注意到，在我国近期的劳动者罢工事件中，除了缘于追讨工资、加班费、保险费等维护权益的行动以外，要求增加工资、缩小工资差距和不平等、改善福利待遇和劳动条件等争取权益的行动正在增加。以南海本田罢工事件为标志，我国各地以提高工资为目标的劳动者罢工行动在2010年开始密集出现。在李琪（2011）分析的450个工人集体行动个案当中，在2009年以前，以争取权益为诉求的集体行动个案占比一直徘徊在9%～17%，而到2010年则上升到了30%。[③] 据笔者在湖北省调研时获悉，2010年，全国以企业职工要求增加工资、改善劳动条件为主要诉求的、引发了100人以上参与的

---

① 资料来源：新生代农民工的数量、结构和特点. 国家统计局网站，2011-03-11，http：//www.stats.gov.cn/was40/gjtjj_detail.jsp? channelid=5705&record=9897.

② 根据全国总工会于2010年5—6月对全国25个城市的1 000家企业的新生代农民工进行的专题调研结果显示，超过八成（81.7%）的被调查者在第二产业就业，近两成（18%）的被调查者在第三产业就业。然而，第二产业的工作强度显然要高于第三产业。

③ 2010年，在辽宁省大连市经济开发区，发生了波及73家企业，有7万余名工人参与的罢工事件，行动的诉求是增加工资；在江苏苏州工业园区，自苏州联建科技公司2 000多名工人在1月15日罢工之后，包括康普科技、诺基亚、大金机电、格兰富等多家企业的罢工，工人们的诉求也是增加工资；在广东省，自2月份开始，在惠州、东莞、珠海、广州、深圳等城市陆续发生了一系列罢工，都是以增加工资为诉求。

停工事件就多达167起。在襄阳市两级劳动仲裁机构截至2011年10月共立案受理的1 512件劳动争议案件中,涉及社会保险待遇的争议最多,达603件,占全部案件总数的40%;劳动报酬争议位列第二,有352件,占23%;确认劳动关系争议排在第三,有146件,占10%;其他类型的劳动争议411件,占27%。

第三,制造业今后一段时期可能出现的发展减速将冲击企业原有的劳动关系,而年轻化的劳动者队伍可能给制造业劳动关系的波动增加风险。从2011年第四季度发生在我国上海、长三角、珠三角等地的几起工人停工事件来看,大都是由于工人不满企业因搬迁而支付的赔偿所致[1],但这些事件实质上折射出,我国制造业企业在深受国际市场低迷、国内原材料和劳动成本上升等一系列影响之下,为节约成本而作出的策略性选择。随着我国国际贸易的快速发展,以加工贸易为代表的劳动密集型行业成为缓解我国就业压力的主要渠道之一。对于国际贸易带给我国制造业行业就业的影响效应,根据明娟、邢孝兵和张建武(2010)的测算,出口每增加10%,将引起制造业就业增加1%,而相比之下,国内需求每增加10%,仅促进就业增加0.6%。可见,出口需求对就业的影响比国内需求的影响更大。但是,换一个角度来说,一旦出口市场的国际订单减少,那么给制造业就业和原有劳动关系的冲击也将是最大的。

自金融危机波及我国,制造业的发展受到了严重冲击,尽管自2009年上半年逐步有所恢复,但近两年,由于欧债危机蔓延以及欧美市场需求进入下行通道,对我国经济的负面影响逐步显现。国内外市场需求趋缓,企业生产动力不足,制造业经济总体上呈现回落态势。如图8—10所示,从2008年以来我国制造业与非制造业采购经理人指数的变动情况看,受金融危机影响,我国制造业与非制造业的采购经理人指数(PMI)都自2008年9月开始大幅回落,甚至跌至临界点50%以下的低点38.8%,2009年年初开始逐步回升,但从近3年以来两个指数的变动趋势看,非制造业发展的总体情况要好于制造业。2009年12月,制造业PMI回升至56.6%,是2008年5月以来的最高点;2010年11月开始,制造业PMI逐步回落,2011年11月回落至临界点以下,为49.0%,并且构成制造业PMI的5个分类指数也全部回落,这是该指数自2009年3月以来首次降至临界点以下,并低于历史同期均值2.9个百分点。2011年12月,制造业PMI比上月回升1.3个百分点,为50.3%,低于历史同期均值2.0个百分点。[2]

---

[1] 资料来源:上海一家外企无预警搬迁引发千人罢工. 新华报业网,2011-12-07, http://news.china.com/zh_cn/social/1007/20111207/16909314_2.html.

[2] 资料来源:12月中国制造业采购经理指数重回临界点以上. 中国统计信息网,2012-01-04, http://www.stats.gov.cn/tjfx/jdfx/t20120104_402777116.htm.

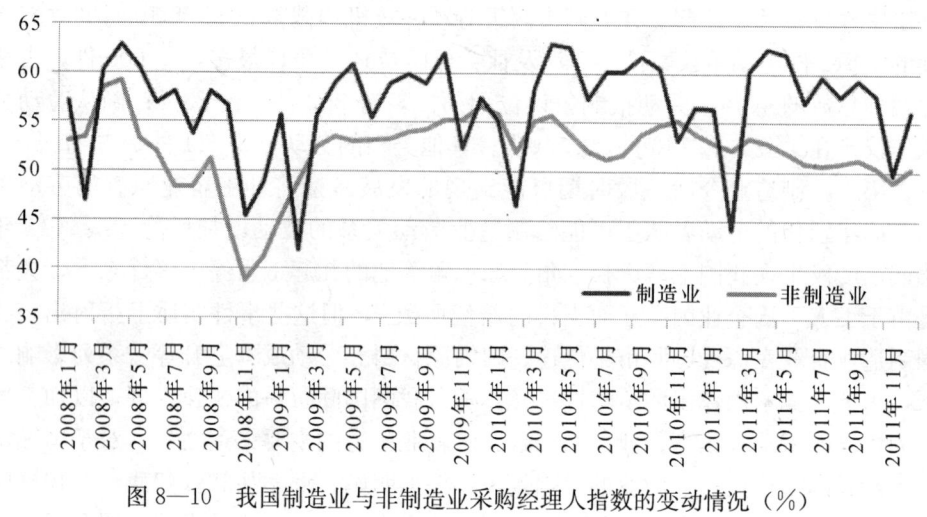

图 8—10 我国制造业与非制造业采购经理人指数的变动情况（％）
数据来源：国家统计局网站，http：//www.stats.gov.cn.

目前，制造业企业面临最大的问题是资金紧缺，特别是部分小型、微型制造业企业经营困难，市场不确定性不断加大，采购经理对未来市场预期信心不足。尽管在消费旺季临近的带动下企业生产增长，制造业经济总体略有回升，但是在国内外市场需求持续放缓，以及"融资难""经营难"等问题还没有得到很好解决的情况下，未来制造业的经济发展趋势仍有待进一步观察。

行业发展的减速带来的是收入水平增长的缓慢。2011年，全国城镇单位就业人员的平均工资36 539元，而制造业就业人员的平均工资仅为30 916元，低于全国平均水平21.0％，再加上重复性的、高强度的和长时间的工作，这种高付出与低回报之间的巨大落差，很可能导致劳动者精神负担增大，浮躁焦虑心态上升。特别是制造业还拥有超过60％的青壮年劳动者（18～34岁），而其中大部分为新生代农民工[1]，不理想的境遇[2]会使他们更易出现群体性的心理失衡，以

---

[1] 全国总工会于2009年和2010年分别进行了全国范围的新生代农民工专题调研，比较两次调研结果发现，在就业发展趋势上，新生代农民工在第一产业、第三产业中的聚集度呈下降态势，2010年较2009年分别下降了0.4和5.5个百分点，而在第二产业中则上升了5.9个百分点，这表明新生代农民工作为第二产业工人的主体已经越来越明显了。

[2] 有调查表明，在沿海制造业的农民工与其父辈们在这里工作的目的已经大不相同，他们一般不倾向于将收入寄回家乡，而是主要用于自我消费，这就导致了他们对生活的更高要求和对工作的更大的期望，于是他们也往往要求更高的工资水平和更好的工作环境和条件。但是，现实情况却不能满足他们的要求。（资料来源：未来中国增长展望．中国网，2011-06-07，http：//news.china.com.cn/2011-06/07/content_22729737_3.htm）

至于引发群体事件。2010年发生的富士康员工自杀事件以及南海本田罢工事件正是上述这种担忧的两个最好例证：前者折射出了新生代农民工情感脆弱的问题，尽管企业在用工管理方面确有诸多不足，但是来自劳动者心理上的焦虑、苦闷、心理不健康乃至崩溃才是自杀的内在原因；而后者则是年轻劳动者以集体行动表达对企业采取"地板工资"（最低工资标准）作为劳动报酬的不满。根据李琪（2011）整理的我国450个工人集体行动个案的情况可以发现，近几年发生在制造业的工人集体行动一直占有相当大的比重，除了2006年以外，发生在制造业企业的集体行动个案均在70%以上。而在李丽林等（2011）的分析报告中，同样可以看到停工企业在行业分布上趋向集中化，在该研究收集到的73起停工事件中，有39起都发生在制造业企业，占全部案例数量的53.4%。

（四）新兴媒体对劳动关系的影响日渐深远

改革开放30多年，我国劳动关系快速从计划经济时期的"终身制"模式转向市场经济条件下基于雇佣劳动的契约性劳动关系转型，在经济发展方式加快转变、经济开放程度日益提高、工业化阶段跃升、城镇劳动力结构变动等因素的共同影响下，当前我国劳动关系正凸显动态性、复杂性和高敏感性等特点。然而，随着人们社会生活信息化与网络化的深入，新兴媒体正在成为一个影响我国劳动关系的重要因素。

以网络、手机、微博等为代表的新兴媒体的发展，使我国的媒介生态环境正在产生巨大的变迁。互联网作为开放的平台、信息的集散地和舆论的放大器，不仅将信息发出者与接收者联系起来，更形成了信息传递与意见反馈、一个双向网络式的交流沟通渠道。据中国互联网络信息中心发布的数据显示，截至2011年年底，我国网民规模已达5.13亿人，互联网普及率达38.3%，超过了世界平均水平；其中，手机网民在总体网民中的比例达65.5%，成为中国网民的重要组成部分。据《2010年中国公民的网络表达与公共管理分析研究报告》显示，我国公民积极通过互联网进行社会参与，国内网民"互动参与指数"达49.0，甚至高于美国的45.8。[①] 然而，网络在最大限度地体现沟通便利的同时，也催生出了人们运用它进行维权、监督、评论社会公共事件等网络表达行为。

同时值得注意的是，互联网络的快速普及与发展改变了劳动关系的外部环境，使其呈现信息化与网络化趋向，进而出现了一些值得关注的新情况。

首先，劳动者当中网民的数量越来越多，于是，手机、微博等网络工具对劳动者的思想和行为方式的影响日益增大。根据《第28次中国互联网络发展状况

---

① 数据来源：《2010年中国公民的网络表达与公共管理分析研究报告》发布. 中国高校导航网，2010-11-23，www.ccug.net/news/2010/11/23/34750.jhtm.

统计报告》关于"网民属性"的统计结果显示，在年龄结构上，20～29 岁的网民比重最大，占 30.8%，其次为 10～19 岁的网民，比重为 26.0%，第三位是 30～39 岁的网民，比重为 23.2%；在学历结构上，低学历网民继续增加，初中学历网民比重最大，占 33.9%，其次为高中学历，占 33.9%，第三位是大学本科及以上学历，占 11.7%；在职业结构上，学生群体占比最高，达到 29.9%。党政机关事业单位中，领导干部占整体网民的 1.7%，一般职员占 2.4%。在企业/公司中，高层管理人员占整体网民的 0.8%，中层管理人员占 4%，一般职员为 10.9%，专业技术人员占 8.7%；制造业/生产性企业工人和商业/服务业职工分别占 4.8% 和 3.6%；农民占 5.3%；个体户/自由职业者占 14.6%；无业下岗失业者占 9.5%。① 也就是说，截至 2011 年 6 月，在全国所有网民中，青壮年（20～39 岁）网民超过半数，初高中学历者超过半数，单位中低层劳动者超过半数。另据《2010 年企业职工劳动经济权益实现状况及思想动态调查》结果显示，39.5% 的企业职工经常上网，39.9% 的职工偶尔上网，合计 79.4%，其中 30 岁以下职工上网的比例高达 90.8%。这就意味着，劳动者队伍尤其是年轻劳动者和中低学历劳动者，已经并将成为一个庞大的网络生活群体。当前，在劳动者群体性事件中频频出现的"网上联动、网下行动"的现象，已经表明网络作为劳动者快速联络的通道，正在深刻地影响劳动关系状况。

其次，网络的自由性和交互性让人们能够在虚拟社区中交流与互动，于是，大部分劳动者网民接收的信息多是来自网络，沟通渠道和表达渠道也大都选择网络，使得劳动关系问题越来越成为网络关注的热点之一。新媒体的出现让每个人都有表达的空间，突破了传统的表达局限性，从而形成了人们对于劳动关系问题的舆论环境。比如，关于南海本田的罢工事件，从罢工的发生、到中间的进程、再到最后的结果，全部的信息都出现在了各大网站，网民评论、发帖不计其数，构成了巨大的舆论压力；同时，关于工人们的态度、企业的回应、地方工会的做法等报道，也都生动地呈现在了大众面前。另外，2011 年发生的上海港集装箱工人罢工、杭州出租车大规模停运、"GUCCI 虐待门"、上海家乐福 12 年工资"原地踏步"等事件，也都成为了网络热议的劳动关系话题。笔者在湖北省调研时，一些年轻劳动者就表示，平时工作比较忙，企业也很少组织集体活动，他们一般都是借助 BBS、QQ 群、微博、博客等作为交流和分享信息的平台，而且打电话和发短信也是他们传递信息的主要途径。

最后，信息技术和信息网络的发展和应用，增强了劳动者的维权意识、行使

---

① 资料来源：第 28 次中国互联网络发展状况统计报告. 腾讯科技网，http://tech.qq.com/zt2011/cnnic28/.

各项法定权利的能力以及在维权过程中的学习能力，一旦矛盾酝酿到一定程度，更容易发生劳资冲突。在南海本田的罢工事件中，工人们利用手机短信相互联络沟通，计划和组织罢工行动，约定罢工时间和地点；并且，他们还将《佛山本田罢工工人谈判代表团致全体工人和社会各界的公开信》发到互联网上，以期得到全体工人和社会各界的理解和支持。从某种意义上说，正是由于网络的传播性，才使得南海本田工人的集体行动在全国引起了巨大反响，以至于对其他企业工人的集体行动起到了"示范"和"导向"作用。

2011年，在广东、大连等地又连续发生了一系列的工人罢工事件，高科技沟通手段的应用已经延伸到了整个工人罢工行动的全过程当中。起初，工人们借助互联网等渠道认识到其所在工厂生产过程在日资企业生产链中的重要地位，进而预期到能够以停工方式给企业获益造成巨大的损失。第二步，两地工人又比较清晰地了解到了当地劳动力市场的供求信息，清楚自己处于优势地位，不惧怕企业找代工者替代他们，也不担心被解雇后失业。第三步，利用手机和互联网形成了非正式的组织网络，利用打电话、发短信、QQ等互相通知和联络行动信息。显然，便利且成本低廉的通信工具为工人提供了获取信息的渠道进而彼此沟通的纽带，增强了罢工的决心、争取利益的信心和潜在的凝聚力。

"十二五"乃至更长一段时期，在加快转变经济发展方式、积极提高经济开放程度、工业化阶段跃升、城镇劳动力结构变动等因素的作用下，我国一些行业和企业的劳动关系将继续处于多变状态，出现劳资矛盾纠纷的风险会进一步加剧。新生代农民工既是我国产业工人的主体，也是深受新兴媒体影响的劳动者群体之一，因而需要密切关注该群体劳动关系的变化走向。

（五）劳动关系开始直接受到国际经贸规则和国际劳工标准的制约

在经济全球化深入发展和我国对外开放不断深化的背景下，我国经济同世界经济的联系日益紧密，互动和依存不断增强，特别是我国加入世界贸易组织之后，进一步刺激了外商在华投资的扩张，使我国日趋成为世界的大工厂。在经济逐渐融入全球经济的过程中，我国必定要遵守国际社会统一的"游戏规则"，这就使得劳动关系也不能再仅限于国内，而是与其他经济体密切相关，并且受到国际经贸规则、国际工人运动、国际劳工标准等因素的影响。

当前，我国的劳动关系已经呈现明显的国际化趋向，主要表现为劳动关系主体的国际化、劳动关系环境的国际化，以及劳动关系适用规则的国际化。随着我国对外贸易的发展，今后一段时期，劳动关系的国际化以及由此带来的影响会更加被凸显出来。

首先，国际资本加速向我国流入。近些年，我国一直是对外资最具吸引力的国家之一，即使是在金融危机爆发后的2009年，全球跨国投资普遍下降了40%，而我国实际吸收外资仅下降2.6%,达到900亿美元规模,仅次于美国,位居世界第二位。①2010年,在全球经济增长低于1%的情况下,跨国公司对我国的直接投资仍增长5%,达到1.2万亿美元,我国已经连续18年位居发展中国家吸收国际资本的第一位。②截至2011年11月,我国已累计批准设立外商投资企业73万家,实际使用外资1.2万亿美元,有超过10800万人在外商投资企业就业。2011年1—11月,我国新批准设立外商投资企业2.5万家,实际使用外资1038亿美元,同比分别增长了3.2%和13.2%。③目前,在全球500强企业中,已经有480余家在我国设立了企业或分支机构。

国际资本的快速流入,同时推动了我国涉外劳动关系的发展,从而要求我国劳动关系的运作应该符合国际通行的"游戏规则"和公认的国际劳工标准及惯例,比如,工资作为劳动力的市场价格,要由劳动关系双方谈判确定等。这些将直接促进我国劳动关系的国际化。

其次,我国加快实施"走出去"战略,大量企业在海外投资建厂。随着我国本土企业赴外投资兴业,派驻国外的劳动者以及外派劳务人员也在逐年增多,相应地带来了我国在外劳动者劳动合同、劳动报酬、人身安全、医疗卫生、休息休假等方面问题的增多。截至2010年年底,我国企业设立的境外企业已超过1.6万家,遍布全球170多个国家和地区,资产总额超过1万亿美元,非金融类对外直接投资存量达2588亿美元,在外各类劳务人员76.9万人,雇佣外方员工达59.4万人。境外中资企业数量多、分布广、涉及行业门类繁杂,企业的劳动关系状况更是复杂、多样。

进入新世纪以来,我国对外开放战略已经由"引进来"为主向"引进来"和"走出去"相结合转变,扩大在能源、资源、高科技和先进制造业等领域的投资,引导各类所有制企业有序到境外投资合作。今后一段时期,我国赴外投资企业的数量会进一步增加,而境外劳动者的规模也会进一步扩大,而如何调整运行于国外的劳动关系、维护劳动关系双方的合法权益,将成为我国劳动关系调整面临的又一大挑战。④

---

① 数据来源:优化投资环境提高利用质量,引外资中国坚定不移. 人民网,2010-09-09,http://finance.people.com.cn/GB/12675220.html.
② 数据来源:中国外商投资企业协会第五次会员代表大会在京召开. 中国服务贸易指南网,2011-12-02,http://tradeinservices.mofcom.gov.cn/a/2011-11-30-9440.shtml.
③ 数据来源:今年前11月中国累计批准设立外商企业73万家. 新华网,2011-12-16,http://finance.21cn.com/newsdoc/zx/2011/12/16/10165801.shtml.
④ 为保护我国外派劳动者的权益,2007年,全国总工会成立了境外维权领导小组、境外维权协调办公室和涉外职工权益处等机构,协助我国相关部委和境外中资企业开展劳动关系调处工作。

最后，国际劳工标准开始对我国劳动立法和企业劳动标准的设置产生直接影响。截至2010年，我国已经批准了25个国际劳工公约①，其中有四项核心公约，即第100号《同酬公约》、第111号《（就业和职业）歧视公约》、第138号《最低就业年龄公约》、第182号《最恶劣形式的童工劳动公约》。②此外，我国政府还签署了《经济、社会和文化权利国际公约》和《公民权利和政治权利国际公约》。这就表明，上述国际劳工公约和人权公约都将具有国内法的效力，并成为我国劳动立法的法律渊源之一。

经济全球化使全球劳动关系的变动显得日渐敏感，各国劳动法律的颁布、修改和执行都不再仅限于一国领土范围，而是成为世界共同关注的问题。作为发展中国家的代表，我国虽然在改善劳工保护方面作了很多努力，但是仍然有许多地方无法达到国际劳工标准的要求，甚至被美国等一些西方发达国家指责为"血汗工厂"。2012年1月26日，《纽约时报》披露了美国苹果公司在中国组装iPad和iPhone的工厂严重剥削工人的情况，同时，该媒体指出，此种问题已经开始冒犯具有社会责任感的苹果消费者。我国劳动密集型制造业企业恶劣的工作状况再次被冠以"血汗工厂"。③

此外，结合国际劳工标准的影响，跨国公司在欧美市民运动的压力下开展了企业社会责任（Corporate social responsibility，CSR）与企业守则运动，要求中国的供应商企业必须遵守依据国际劳工标准而制定的生产守则，从而对我国外贸企业的劳动关系规范产生了直接影响。截至2009年年底，我国已有223家企业获得社会责任管理体系（SA 8000）认证，22 667家企业获得职业安全健康管理体系18000（OHSAS 18000）认证。此外，世界贸易组织和其他国际经贸组织还一直期望能以某种制度安排的形式，将国际贸易与劳工权益保障挂钩，这一做法也将对我国企业（特别是外贸企业）的劳动关系产生直接的影响。有数据显示，2000年以来，我国每年平均有20万左右的中小型外贸企业倒闭，其中有85％的企业存在违反国际劳工标准的问题（李卫刚、王丛虎、唐腊梅，2011）。这些企

---

① 由于国际劳工标准在实施方面没有权威的、强有力的国际规则，也缺少一个全球性的关于执行劳工标准的协议，所以，国际劳工标准的实施呈现出多样性的特点。目前，国际劳工标准的实施主要采用条约、守则、软法和贸易协议等方式，除了贸易协议之外，国际劳工组织对国际劳工标准在各个会员国国内的执行情况仅有监督机制，没有约束机制。

② 一般认为，国际劳工标准并没有准确、完整的定义，而只能从整体上和内容上分为两部分，即核心劳工标准和一般劳工标准。前者主要关注基本的结社自由、废除强迫劳动、消除就业歧视和废除童工劳动；而后者，例如最低工资以及工作场所的安全和健康标准等，通常被称为可接受的工作条件。目前，世界各国对于一般劳工标准尚存在较大的争议，而核心劳工标准已经得到全世界的普遍认同。

③ 资料来源：媒体曝光苹果在中国"血汗工厂"：工人惨遭剥削. 东方早报，2012-01-31.

业因为受到其他国家有关违反国际劳工标准问题的指责而在国际市场上受到"排挤",再加上无力从其他方面降低生产成本,所以只能在激烈的竞争中遭到淘汰,而企业中原有的劳动关系也就直接受到了冲击。

但是实际上,劳动密集型出口企业达不到一定的劳工保护水平并非是我国独有的情况,而是发展中国家现实生活当中一个普遍存在的社会问题。当前,尽管发达国家与发展中国家在劳工标准与国际贸易问题上仍存在较大分歧,但是劳工标准正在从单边贸易壁垒走向多边领域却是不争的事实,并且就其发展方向来看,将劳工标准问题纳入多边贸易体系也是大势所趋。在这种背景之下,为了能赢得国际市场的竞争力,中国有必要继续优化劳动标准方面已有的优势,并立足国情,在薄弱的环节上重视借鉴国际劳工标准,合理吸收以提高我国劳动立法标准。[①] 因此,从长期来看,顺应国际劳工标准的发展趋势,逐步做到遵守国际劳工标准的规定,将成为我国劳动立法一个不可回避的未来走向。

二、中国劳动关系发展的趋势展望与应对措施

(一) 中国劳动关系发展的近期和中长期趋势

从一国经济社会发展的规律来看,劳动关系矛盾冲突多发、频发既是市场经济发展到一定阶段的必然结果,也是现代化过程中社会矛盾在劳动关系领域的集中体现,并且这种矛盾和冲突大都经历着从激烈到缓和、从对立到合作的发展过程。

当前,我国已经进入深化改革开放、加快转变经济发展方式的攻坚时期,面临着体制和结构的双重转型;而与此同时,伴随着工业化、市场化、城镇化、信息化和全球化的快速推进,又意味着我国经济社会的发展已经步入一个新的历史阶段。在这一双重时代背景之下,我国改革以来在较长时期内仍尚未得到彻底解决的老问题与在新的发展阶段下出现的新情况、新问题相互交织,使得我国面临了前所未有的、错综复杂的社会矛盾与社会问题。作为经济社会活动中的一个重要纽结,劳动关系的发展变化已经越发对我国经济社会发展全局产生重大而深远的影响。

透过分析影响我国劳动关系状况各因素的主要变化,以及劳动关系领域存在

[①] 从总体上看,就国际劳工标准中的核心劳工标准而言,我国有些劳动标准要优于核心劳工标准(比如男女同工同酬和废除童工劳动),有部分劳动标准同核心劳工标准基本一致(比如集体谈判等),有部分劳工标准同核心标准存在一定差距(比如反对强迫劳动和就业平等),还有少数劳动标准不能同国际接轨(比如结社自由权的全面实施等)。

的问题和面临的一些新情况、新挑战,对未来我国劳动关系的发展趋势作一展望。

1. 近期趋势

"十二五"时期,随着我国社会转型、经济转轨和企业转制力度的进一步加大,由劳动工资、社会保障、劳动条件等方面问题引发的劳动关系纠纷还会更为凸显、甚至复杂化,我国劳动关系的波动也将更趋频繁和敏感,特别是改革和改制会令一些行业和企业的劳动关系处于多变状态,劳动关系波动的风险加剧。此外,在新、老问题相互交织作用下,劳动关系双方的个体性矛盾在长期累积叠加中转化成为集体性矛盾,劳动关系波动[①]凸显频繁、剧烈、高敏感性和群体化特征。最后,劳资矛盾纠纷的申诉主体及其诉求将趋向集中,新生代农民工成为引发劳动关系波动的主要劳动者群体,"争取权益"的争议取代"维护权益"的争议成为主导诉求,制造业以及非国有单位成为发生劳动关系波动的主要经济部门。

2. 中长期趋势

随着中国劳动关系市场化发展的进一步深入,法律制度对于其有序、平稳运行所发挥出的引导和约束作用正在被凸显出来,到"十四五"时期,劳动关系的波动将呈现常态化,特别是群体性劳资矛盾纠纷会表现出多发、突发和频发的态势。此外,以劳动力成本快速上升以及劳动争议事件数量大幅攀升为代表的劳动力市场的形势演变,会推动劳动关系治理规则的普化和增效,进而加速我国劳动关系的治理实现深度法制化。同时,劳动关系矛盾纠纷,一方面会在主体特征、争议内容(原因)、表现形式等几个方面继续表现出多样性和差异化,但是另一方面,申诉主体的诉求本质会呈现趋同性,即从劳动者一方的"维护权益"争议,走向劳动关系双方(伴随劳动力市场供求关系格局的改变而逐渐发生)的"争取利益"争议,劳动关系双方利益博弈的格局形成。最后,从劳动者的角度看,引发劳动关系矛盾纠纷的主要原因将从工资收入、社会保险、劳动安全等生存型诉求,转变成为公平待遇、人格尊重、职业发展等发展型诉求,劳动关系的调整更加有赖于劳资协商对话机制的建立、健全和完善。还有一个重要的动向就是,由于新兴媒体、国际经贸规则和国际劳工标准等新的因素已经开始对劳动关系产生影响,并且这种影响在中长期看是直接而深远的,会使劳动关系演变的不确定性和动态性显著增强,因而社会多方参与治理劳动关系的格局将成为中国体制机制创新发展的目标。

---

① 主要指劳动关系双方出现矛盾冲突的情况,包括计入统计口径的劳动争议案件和未被计入的劳动者维权事件、劳动者群体性事件等。

(二) 中国应对劳动关系发展变化的措施建议

可以预见,今后中国劳动关系的发展变化将会给劳动关系工作带来更大的挑战,尤其是劳动关系协调和矛盾纠纷处理的工作将越发繁重而艰巨。在新的形势下,创新劳动关系体制机制,有效预防、化解和处置劳动关系矛盾,已经成为当前及今后一段时间中国一项紧迫而重要的工作。

1. 把握劳动关系工作的指导思想和目标要求

2006年10月,党的十六届六中全会通过的《关于构建社会主义和谐社会若干重大问题的决定》首次明确提出"发展和谐劳动关系"。2010年10月,党的十七届五中全会进一步强调"构建和谐劳动关系"。2011年2月,中央举办的省部级主要领导干部社会管理及其创新专题研讨班,把构建和谐劳动关系作为加强和创新社会管理的重要内容。同年3月,十一届全国人大四次会议审查批准的"十二五"规划纲要,首次专门设立"构建和谐劳动关系"一节,明确提出要建立规范有序、公正合理、互利共赢、和谐稳定的劳动关系。

为促进劳动关系和谐稳定,2006年3月,全国总工会下发了《关于开展创建劳动关系和谐企业活动的意见》,决定在全国开展创建劳动关系和谐企业活动。2006年7月,劳动保障部、全国总工会、中国企业联合会/中国企业家协会联合下发《关于开展创建劳动关系和谐企业与工业园区活动的通知》,决定在全国开展创建劳动关系和谐企业与工业园区活动,将创建活动的主体上升到国家三方层面,领域拓展到工业园区。2009年12月,国家三方原则通过《进一步深化和谐劳动关系创建活动的意见》,推动创建活动的深入发展。

我国提出以人为本的科学发展观、以社会建设为重点的和谐社会观,由重视经济建设向重视社会建设转变,以劳动关系和谐促进社会和谐,集中体现了党和政府对劳动者及劳动关系问题的高度重视,为我国的劳动关系工作奠定了重要的思想根基。

2011年8月15至16日,全国构建和谐劳动关系先进表彰暨经验交流会在北京举行。此次会议提出,构建和谐劳动关系要坚持正确的指导思想、工作原则。劳动关系工作的目标要求是形成规范有序、公正合理、互利共赢、和谐稳定的劳动关系;要坚持以人为本,把解决广大职工最关心最直接最现实的利益问题,切实维护他们的经济权益、政治权益、文化权益、社会权益,作为根本出发点和落脚点;要坚持促进企业发展和维护职工权益相统一,同时调动劳动关系主体双方的积极性、主动性,推动企业与职工群众协商共事、机制共建、效益共创、利益共享;要从不同类型企业的实际出发,把构建和谐劳动关系必须遵循的总的共同要求与具体的具有差异性的措施结合起来,统筹兼顾、分类指导,既整体推进,又突出重点、突破难点,既注重解决当前问题,又注重长效机制建设。此外,会议还提出，劳动关系工作要明确各方职责，增强整体合力。各级党委要统揽全局、把握方向，及时研究和解决劳动关系中的重大问题，并不断总结经验，把党政力量、群团力量、企业力量、社会力量结合和统一起来，共同推进构建和谐劳动关系。要把构建和谐劳动关系纳入经济社会发展规划，切实担负起定政策、作部署、抓落实的责任。

2. 转型与改革中注重方法科学和过程稳妥有序

转变经济发展方式需要坚持实施节能减排战略，但是也要注意到，节能减排需要付出多方面的成本，而其中一个重要的方面就是就业损失。从我国以往的宏观调控和产业政策调整过程来看，由政策实施产生的劳动关系影响却并未被充分考虑到，特别是在使用激进的调整措施时，对劳动关系产生的冲击效应更需要关注。因此，为减小和弱化因节能减排政策而对行业和企业原有劳动关系的冲击，我国应谨慎使用行政手段关停企业和淘汰落后生产能力；同时，注意发挥市场机制的作用，通过价格信号引导企业实现节能技术的替代和创新，从而减小和平滑劳动关系波动；更重要的是，价格信号的引导作用可以公平地面对所有企业，对所有企业的节能减排都具有约束力，相比通过行政手段关停不达标企业，前者伤害原有劳动关系的数量也会更小。

此外，在企业改造升级、兼并重组的过程中更需要注意方式方法的问题。体制和结构的双重转型已经带来人们社会观念的分化和文化价值追求的多元，而改制重组的背后实际上是对原有观念和文化的"打破"，或者是对迥异的观念和文化"整合"。但无论是哪一种，都难免会发生观念之间、文化之间的碰撞，甚至是激烈的撞击，一旦缺乏相互的接触和沟通，就很容易产生不信任、不理解和不配合，于是，误会和怨恨便由此而生，如果再夹杂其他因素的介入和诱导，冲突便不可避免。事实证明，国有企业改制中的劳资冲突（特别是出现了暴力现象的事件）必然会导致一种"多输"的结果。

为了避免因企业改制重组而造成劳动关系的剧烈波动，改革过程中有必要注意以下两点：一是企业改制要遵循"依法、循序、缓慢"的原则。企业改制要按照我国政策法规文件规定的内容和程序进行；在涉及职工利益时，要充分发挥职代会和工会的作用，重大决定发布之前要让职工参与讨论，工作推进过程中要随时了解职工的意见并及时予以处理；推进改制工作也不能急于求成。二是改变不合理、不适合的管理理念和手段。职工的怨恨与管理者苛刻、粗暴的管理理念、手段是导致劳资纠纷发生、甚至走向暴力事件的两个重要因素。因此，用人单位必须改变落后的管理理念和手段，尊重职工的意见和法律赋予的各项权利。

3. 产业结构调整中大力完善企业发展的政策环境

伴随产业的转型升级，必然会催生出技术含量高、具有良好发展前景的新企业,同时也会加速一些落后企业的"关停并转",而这些变动的顺利完成都有赖于宏观政策的合理引导和有效调节。目前,在我国推进产业转型升级过程中,民营经济发展遇到的难题被凸显出来,主要表现为生产经营成本上升、国内外市场需求不旺、融资难等,而上述这些问题又与我国经济发展阶段以及企业自身素质等密切相关。"十二五"时期,我国将加快推进产业结构的优化调整,大力发展先进制造业,加快发展现代农业和现代服务业,进一步加大知识产权保护力度,推进自主创新旗帜的形成,这些举措无疑会给自主创新能力弱,处于产业链低端,管理水平不高,粗放式经营,产品缺乏竞争力,信息不灵等的民营企业,特别是以简单加工为主的中小企业带来更大的生存压力。

近三年来,我国已经出台了一系列旨在加强发展民营经济、支持中小企业发展的扶持政策。2009年,"中小企业二十九条"提出了减免税费、改善金融服务等扶持政策;2010年年初,"民间投资三十六条"为民间资本进入重点行业和领域带来了新的契机;2011年,国务院出台了支持中小企业特别是小型、微型企业的金融、财税等九项政策措施,工信部编制了《十二五中小企业成长规划》;2012年,我国还将组织开展"中小企业服务年"活动,立足于完善落实扶持中小企业,创新型、劳动密集型特别是小型、微型企业发展的政策,加强引导,改进服务。

企业是劳动关系的载体,只有为企业的发展创造良好的政策环境,才能尽可能地降低由国内外经济运行态势给企业生产经营带来的风险,从而在最大程度上化解和降低企业经营风险传递到劳动力市场上对劳动关系的冲击。当前及今后一段时期,世界经济格局还将发生深刻的复杂变化,国际金融危机继续蔓延,我国在推进产业转型升级过程中,有必要继续加强宏观调控,运用政策手段推动企业(特别是中小企业)步入良性发展的轨道。为此,提出以下三点建议:一是支持东部地区企业有序向中西部地区转移,实现人才、资本和劳动等生产要素在区域间的合理配置。二是鼓励企业面向新能源、新材料、生物医药等战略性新兴产业领域发展,并且积极完善针对企业的金融服务、信息服务、教育培训、科技创新、管理咨询、政策法规各类服务平台建设,优化转型升级的政策环境,培育企业的市场竞争力。三是建立帮扶中小企业的政策体系,并以其作为引导企业调整结构、转型升级的政策手段。对中小企业,特别是小型、微型企业实行普惠的税收政策,鼓励中小企业依靠新技术提高核心竞争力;此外,对于缓解中小企业融资难、融资贵的问题,应给予有力的政策倾斜。

4. "十二五"时期加快建设集体劳动关系协调机制

(1) 尽快出台有操作性的法律法规并保障其实施

一是加快《劳动争议调解仲裁法》配套规章和司法解释的出台,促进立法完善。人力资源和社会保障部应尽快会同全国总工会、中国企业联合会、全国工商联出台劳动争议调解规则，使劳动争议调解组织有章可循；最高人民法院应尽快出台《劳动争议调解仲裁法》配套司法解释，使法院审理劳动争议案件有法可依。二是对一些地方政府、法院、劳动争议仲裁委员会出台的内容与《劳动争议调解仲裁法》《劳动合同法》相悖的指导意见和规定，最高人民法院、人力资源和社会保障部应督促抓紧清理规范，保持规定与法律一致。三是制定集体协商和集体合同的专门法律。应将基层民主管理机制和平等协商机制尽快纳入立法程序，对集体协商主体双方的权利义务、协商的内容、协商的程序、集体合同的实施、集体争议的处理等作出全面的规定，用以规范集体协商和集体合同的行为。四是加快完善《劳动合同法》等的配套规章和政策，增强有关法律的可操作性。如尽快制定劳务派遣规定，规范劳务派遣用工行为，明确劳务派遣适用岗位范围与标准；制定经济性裁员规定，明确裁员程序、补偿标准等。五是加快制定有关劳动标准的法律法规，使开展集体协商、签订集体合同具有更为坚实的法律基础。如加快制定关于工资、工时等方面的法律，如工资条例，工时条例等；加快制定养老保险、医疗保险条例等可操作性法律法规。六是及时修订《工会法》。强化工会维护劳动者权益的职能，尤其要对基层工会组织的代表性和独立性，以及在涉及劳动者权益的决策和管理上与资方协商共决的特征等法律规范进行明确的规定；增设会员一章，对其权利做出明确概括，确定会员代表大会是工会组织的权力机构。此外，对群体性劳动争议事件，在内容、目的和程序上也有必要进行明确的法律规范和限制性要求。

(2) 继续推进企业和行业层面的工资集体协商

由于工资收入分配是诱发劳动争议的一大主因，所以有必要继续推动企业普遍建立工资集体协商机制，但是在具体实施当中，应注意明确工作重点，并有所侧重地分步开展工作；并且，及时总结区域性行业性和各种不同所有制、生产规模、经营状况的企业开展工资集体协商的有益做法，选择不同类型、不同层次的企业、行业和区域作为开展工资集体协商的先进典型，以"培植示范点树样板"的方式引导企业建制。对生产经营正常的企业，突出协商建立工资正常增长机制；对生产经营困难的企业，突出协商工资的按时足额支付，建立工资支付保障机制；对国有和国有独资企业、股份制企业，突出理顺按劳分配和按生产要素分配的关系，提高职工工资在企业工资分配中的比重；实行岗位工资制度的企业，把确定和调整岗位工资标准作为协商重点；实行计件工资制的企业，通过协商合理确定工人的劳动定额标准和计件单价；实行股份制的企业，正确处理工资分配、股息红利与劳动分红之间的比例关系；实行经营者年薪制的企业，保证经营者年薪与职工工资收入水平相适应；对于外商投资企业，以世界500强在华企业为突破口,推动普遍建制。

> **专栏 1**
>
> **温岭市工资集体协商的做法**
>
> 　　浙江省温岭市以小微企业为主,行业集中度不高,难以形成行业工会。为此,该地区自 2010 年开始全面推行区域工资集体协商,以将小微企业的就业人群纳入工资集体协商范围。区域工资集体协商由工会和行业协会发起,由全镇或者若干个村作为一个区域统一进行,以确定本区域的最低工资。目前,温岭民营经济对全市发展的贡献率在 90% 以上,而外来农民工占民营企业从业人员中的比例则高达 95%,外来人口占温岭总人口的 2/5。通过推进工资集体协商 7 年来,温岭市职工平均工资年均增长达 15%,显著解决了地区用工荒和企业招工难的问题。
>
> 　　资料来源:工资平均增长 15%:温岭工资集体协商获"大奖". 21 世纪经济报道,2011-01-10.

　　此外,在操作中还有三个问题需要注意:一是区域性、行业性工资集体协商应坚持"区域谈底线、行业谈标准、企业谈增长"的工作思路。针对行业标准问题,为实现政府对工资收入的宏观调控以及保障劳动者的休息休假权,应成立劳动标准和劳动定额专门审查委员会,审查企业劳动定额标准是否合理科学。二是开展工资集体协商要约行动,主动行使要约权,确保工资集体协商具有可操作性。三是积极探索解决劳务派遣工、农民工等群体的同工同酬问题[①],通过开展工资集体协商,确保职工工资随着企业效益的增长而相应提高。

[①] 上海市总工会的调查结果显示,44.9% 的劳务工加入实际工作单位的工会组织,17.2% 的劳务工加入劳务派遣机构的工会组织,还有 2.8% 的劳务工加入户籍所在地的工会组织,尚有 35.1% 的劳务工没有加入工会组织。(资料来源:李天国. 中国劳务派遣立法规制的现状、存在的问题及挑战."劳务派遣与立法规制"国际研讨会论文集,2009)

专栏2

襄阳市推进企业普遍建立工资集体协商机制的做法

襄阳市遵循"分情况树立典型和样板"的思路,使企业类型的划分更加突出重点。比如,对经济效益较好的企业,将重点放在提高职工工资增长比例上,确保工资增长与效益增长同步。对进入良性发展期的微利企业,将重点放在健全协商机制上,确保职工工资水平随企业经济效益增长而相应提高。对生产经营困难、效益较差或处在调整期的企业,将重点放在工资发放办法、发放时间、最低工资标准等基本保障上,确保工资支付保障机制健全。对小型非公企业,将重点放在最低工资、劳动标准、劳动时间、计件单价等内容上,签订区域性行业性工资协议。

为保证工资集体协商有操作性,襄阳市还依托工会组织平台,采取"上代下""双要约"等方式开展集体协商要约,建立上级工会主动帮助企业工会把关的集体协商和集体合同纳入职代会会前预审报告的制度。此外,该市还将企业工资集体协商纳入劳动监察执法年检项目。对工会发出工资集体协商书面要约,企业行政方在15日内不予回应,或拒绝进行工资集体协商的,按照《湖北省企业工会条例》有关规定,上级工会将依法下达"整改建议书",提出具体的整改建议;对逾期不改的企业,工会提请人力资源社会保障部门责令其改正;逾期不改正的,处5 000元以上、50 000元以下罚款,并向社会公布。

现实中,劳务派遣工、农民工等群体往往由于没有加入工会,而缺乏与用人单位进行工资集体协商的组织代表,因此,解决该类就业群体工资集体协商问题的关键在于加强工会组织建设。襄阳市的做法值得借鉴。该市通过加强开发区工会组织建设,在湖北省率先建立了开发区总工会,并以开发区、工业园区和建筑、商贸、餐饮、现代服务业以及新社会组织为重点,采取独立建会、建立区域性行业性工会联合会以及联合基层工会等多种形式,最大限度地把包括农民工、劳务派遣工在内的广大职工组织到工会中来,形成了横向到边、纵向到底、覆盖全市的工会组织网络体系,为开展工资集体协商奠定了广泛的组织基础。

资料来源:笔者在湖北省襄阳市调研收集的材料(2011.11)。

(3) 建立健全劳动关系矛盾预防和调处机制

当前及今后一个时期，我国劳动关系领域正处于矛盾易发期和多发期，为有效预防和及时化解、处置劳动关系矛盾，应尽快健全完善我国劳动关系矛盾预防和调处机制。为此，提出以下五点建议：一是加强调解组织建设，扩大企业劳动争议调解委员会的职能，构建包括企业、乡镇街道、区域性行业性调解组织人民调解等社会化劳动争议调解体系，方便非正规部门和灵活就业人员的调解，实行劳动争议源头调控。二是调整现有的调解仲裁机制，将劳动争议仲裁院立案与调解职能分开，分设立案庭、调解中心；同时，加快基层劳动仲裁实体化建设，依托现有街道劳动保障平台，成立基层仲裁部门，加强基层劳动争议调解工作。三是完善三方仲裁机制，取消"独任制"，在人员组成上坚持三方原则，派驻工会常设代表，加强工会兼职劳动争议仲裁员队伍建设，建立仲裁员资料库，以便争议当事人自愿选择。在一些经济发达、劳动争议案件数量多的地方探索设立劳动法庭，由三方代表担任陪审员，公开有效地处理劳动争议案件。四是明确集体劳动争议的含义，并针对劳动争议案件的特质，确定争议处理方式。建议采用广义的标准定义集体劳动争议，即职工一方人数众多（一般为10人以上）有共同的理由或职工集体（工会等）与用人单位发生的争议。同时，调整完善劳动争议处理机制，合理分流案件，减少裁审环节，简化处理程序，建立快速处理机制，集体劳动争议可由法院直接受理并通过特殊程序审理。五是建立处理劳动争议突发事件的部门联席工作机制。组织成立一个由政府牵头、政府各职能部门骨干人员组成的协调联动机构，机构设立常务理事，形成工作体系，采取联动和分散相结合的工作机制；并且，发挥工会劳动法律监督委员会、工会信访部门和"12351"职工维权热线的作用，加强对企业劳动关系状况和工人思想动态的调查分析。比如，江苏省常州市总工会在企业设立劳动关系信息预警员，把维权热线从市、县向乡镇、村和社区延伸，四级热线随时了解掌握劳动关系动向。浙江省舟山定海区总工会创建劳动关系预警QQ群，收集劳动争议信息，对影响劳动关系的问题做到早发现、早介入和早解决。

(4) 积极完善劳动关系三方协商的工作机制

完善的劳动关系三方协商工作机制，有助于三方及时分析和研判劳动关系形势，解决有关劳动关系重大问题，探索有效介入、处置劳动关系群体性事件的办法和途径。基于当前我国三方机制在劳动关系工作中存在的问题，提出以下六点建议：一是通过配套立法和制度完善，明确三方机制定位。二是增强三方机制代表性。完善协调劳动关系的三方机制，吸纳工商联、专家学者等方面的代表参与三方机制，增加代表性。三是建立联席会议制度。定期召开三方领导会议，分析劳动关系发展趋势，作出宏观决策；不定期召开三方日常性会议，制定三方议定事项的落实措施和反馈落实情况。推进三方机制向街道、社区、工业园区延伸，形成各层次的协调劳动关系体系，特别是发挥基层社区平台的管理服务功能。四是建立联合监督检查制度。五是设立各方参加的劳动争议处理专门委员会，研究劳动争议重大问题，为决策和立法提供意见和解决方案。六是建立政府主导，工会、企业代表组织共同参与的突发性重大集体劳动争议应急调解协调机制，当发生重大经济性集体停工事件时，三方应及时介入，参与斡旋、调停，协助劳资双方解决争议；落实和完善重大集体劳动争议信息报告制度，信息协调、信息收集和分析评估制度，建立应急工作预案，及时排查和处理重大劳动争议隐患，对于为了解决劳资矛盾而采取的影响国计民生和社会稳定的劳资争议行为，政府也应明令禁止。

 专栏3

襄阳市三方机制的建设情况

从襄阳市三方机制在协调劳动关系方面的情况看，其在解决地区劳动关系重大问题、介入和处置劳动者群体性事件等方面，都发挥出了积极作用。该地区推进三方机制建设的主要做法有两个：

一是及时调整三方组成人员。当出现机构改革、人员工作变动等事宜时，都要及时通过市协调劳动关系三方协商会议研究，并重新调整劳动关系三方协商会议组成人员；同时，根据工作安排，还成立了"深入推进集体合同制度实施彩虹计划领导小组""开展工资集体协商要约行动领导小组""全面推进小企业劳动合同制度实施专项行动计划领导小组"，从组织上保障协调劳动关系三方工作顺利推进。

二是加强三方运行机制建设。自2002年该市建立市协调劳动关系三方机制以来，建立健全了三方机制会议制度、培训制度、信息通报制度和办公会制度；同时，重视三方信息通报和交流，定期不定期交流各自工作动态，尤其是针对劳动关系和社会稳定的重大事件和不稳定隐患，及时沟通信息、反馈意见、提出建议，并坚持对三方会议议定事项和落实情况以会议纪要方式进行通报。2011年8月，市协调劳动关系三方已将市工商联纳入三方机制，从而使机制的组织体系更趋完善。

资料来源：笔者在湖北省襄阳市调研收集的材料（2011.11）。

（5）进一步加强政府劳动用工管理监察力度

政府对用人单位劳动用工行为的管理和监察,是实现劳动关系稳定运行的一项重要的基础工作。针对当前我国劳动保障监察的薄弱点,提出以下六点建议:一是加大普法宣传,正面引导用人单位依法经营、规范管理及引导劳动者通过法律途径解决问题。广泛宣传实施社会保障、劳动合同、集体合同制度以及开展工资集体协商对维护企业和职工合法权益,对促进企业发展的重要作用。二是完善劳动保障监察与劳动争议仲裁衔接机制。以荆州市的做法为例。该市将劳动保障监察和劳动争议仲裁作为协调劳动关系最为有效的措施和手段。通过加强劳动监察"网络化、网格化"和劳动争议仲裁实体化建设,全市包括县市公布10部投诉举报电话,通过投诉、举报专查,日常巡查,保障年检,专项执法检查等方法,劳动保障监察力度不断加大,依法查处一些企业侵犯职工合法权益的案件;同时,通过推进劳动争议仲裁机构实体化、基层调解组织的建设,提高劳动争议处理案件的能力和加大处理力度,预防化解、及时妥善处理了一些争议案件。三是建立企业劳动保障诚信评价、公布制度,奖励用人单位的诚信行为,遏制违法违规行为。比如,荆州市不仅对守法经营的中小企业减轻税费负担,还给予相应的奖励政策。不签订劳动合同、不缴纳社会保险费的企业影响了市场的公平竞争,为此,当地政府对诚信经营、守法经营、不损害劳动者利益的中小企业,除给予劳动关系和谐企业、诚信企业等表彰以外,还在税收、贷款利率等方面给予企业一定的减免,提高了劳动关系和谐企业的"含金量";同时,对不守法企业,则在税收、贷款等方面增加其负担,提高违法成本,使之被市场淘汰。四是建立工会与劳动保障监察部门协调处理劳动争议联动机制。比如,湖北省政府及省三方对于本省劳动合同、集体合同、工资集体协商制度的实施情况就确立了定期与不定期相结合、纵向检查与横向互查相结合的监督检查机制,一方面,由省一级有针对性地对下属市县一些企业签订、履行、变更、解除终止劳动合同、集体合同、工资集体协商的情况进行监督,另一方面,实行同级市县之间劳动用工管理的互查互纠,对发现的问题及时制定相应的处理意见,从而不断使各项制度和政策得到切实的履行和落实。五是建立劳动保障监察部门与用人单位主管部门的联合监管制度。比如,襄阳市人力资源和社会保障局为加强对建筑施工企业的全程监管,有效解决由于层层转包造成建筑施工企业拖欠农民工工资问题,与建设主管部门协调配合建立了监察联动机制,共同在工程立项审批、工程招投标、开工建设、竣工验收等方面进行全程监控,对施工企业加大预防力度。六是增加各级劳动监察人员的专项编制,提高劳动执法人员素质,特别是加强基层检查队伍建设;规范、加强劳动监察机构职能,重点调整和优化县(市、区)劳动监察机构设置,运用多种监察方式,加大对重点领域(如餐饮服务业、建筑业、休闲娱乐业等就业方式灵活、农民工比较集中、问题相对较多的行业)的执法监察。比如，荆州市以相关法律法规为依据，采取了劳动保障年检、受理投诉举报、日常巡查和专项执法检查等手段，加强行政执法监察，保障了劳动关系双方合法权益。

5. 中长期积极构建劳动关系问题的多方治理结构

从劳动关系的特性以及我国劳动关系发展变化的趋势来看，要有效推进劳动关系工作，解决劳动关系领域的重大问题，应该有多个主体的参与和密切配合。除了传统的劳动关系三方以外，由于劳动关系主体结构显著改变，新兴媒体、国际经贸规则、国际劳工标准等新的影响因素的加入，有必要引入更多的力量参与我国劳动关系协调（比如，社会组织、媒体等），形成一个劳动关系问题的多方治理结构，通过各方的互动与博弈，增强劳动关系凝聚力，推动劳动关系从冲突走向合作。

我国劳动关系的发展变动日趋敏感，解决问题的难度日渐增大，依托多方治理结构，有助于运用政策手段降低劳动关系波动的不确定性，使劳动关系运行同国家经济社会发展目标相一致。今后及更长一段时期，我国劳动关系多方治理结构应以党政领导、多方联动为引领，着重明确各方的主要职责和工作重点，有效整合力量，切实发挥"多方机制"的作用。

（1）强化政府在劳动关系治理中的主导地位

政府作为社会公共利益的保护者、法律的制定者和裁决者，在处理劳动关系问题上应担负重要责任和发挥关键作用。市场经济国家的实践经验表明，政府协调劳动关系的责任和作用主要体现在以下几个方面：完善劳动关系协调机制，制定劳动标准，对劳动者的结社权、集体谈判权利予以法律保护，提供劳动信息、咨询培训服务，通过劳动管理部门和司法仲裁机构保证集体协议的有效实施，维持经济社会发展的和谐与稳定等。

由于我国仍处于社会主义初级阶段，经济体制还不完善，制约科学发展的体制机制障碍依然较多，因此政府应该发挥更大的作用，不仅要完善有关立法、加强执法、建立制度、完善劳动标准等，还要进一步培育劳动力市场主体，使劳动关系双方力量达到均衡，一方面，加大人力资源开发力度，提高劳动者的就业能力和自我保护能力，另一方面，注重维护中小企业和非正规就业群体的利益，对雇佣大量非正规就业职工的中小企业，国家应当针对企业发展中面临的困难给予融资、人才、税收、户籍等制度和政策方面的专门援助。我国人力资源和社会保障等部门要充分履行职能，认真做好调查研究、决策咨询、协调服务、检查监督和调解仲裁、监察执法等工作；加强劳动争议调解仲裁工作，加强法律援助，努力化解劳动争议；组织部、宣传部、税务局、财政局、工商局、国资委、安监局等职能部门也要积极参与，以形成劳动关系工作的部门合力，从而更好地推进劳动合同制度、集体合同制度和工资集体协商等工作的开展。

此外,党委和政府要将劳动关系创建工作摆上重要议事日程,纳入经济社会发展规划。各级政府要把构建和谐劳动关系纳入党政领导班子和领导干部政绩综合考核评价体系,作为实现包容性增长的重要内容和衡量领导政绩的重要依据,加大社会管理和公共服务力度,增加对基本教育、公共医疗、社会保障等民生领域的财政投入,为农民工特别是新生代农民工提供均等化公共服务。加强劳动关系方面工作机构和工作队伍建设,注重从力量配置、经费投入上进一步创造条件,促进三方机制的实体化、专业化,增强三方机制的权威性、指导性;加强劳动定额标准制定和管理,推动各行业协会和产业工会协商确定并定期发布各行业、各工种的劳动定额标准,规范企业用工行为。

(2) 发挥工会在劳动关系治理中的组织优势

作为员工利益的代表者和维护者,工会在推动劳动关系工作中具有重要的组织优势。随着我国经济发展方式的进一步转变,劳动关系矛盾日趋复杂、多变,劳动关系的协调将是一项复杂的社会工程,涉及多个方面,需要各方协调和相互支持,此时工会应当承担协调劳动关系、理顺员工情绪、化解劳企矛盾、稳定员工队伍的重要责任,并成为劳动关系建立、调整和规范过程重要的参与者和监督者。

我国劳动关系覆盖领域和范围的广泛性,决定了劳动关系工作必须从实际出发,将总的共同要求与具体的差异性措施结合起来,将解决当前的问题与建设长效机制结合起来。因此,从中长期角度看,工会组织应通过建立健全工作机制,充分激活组织资源,发挥组织作用。具体而言,包括以下五方面的工作:一是健全政府联席会议制度、劳动关系三方会议制度以及人大执法检查制度。分析研究职工队伍和劳动关系变化的新特点、新变化、新问题,就劳动关系方面带有全局性、倾向性的重大问题进行协商,共同研究制定相关政策。二是加强平等协商机制建设,将工资集体协商作为建制重点,同时把劳动用工、劳动安全卫生、社会保险、女职工特殊保护等内容作为集体合同的重点,以平等协商推动集体合同制度建设。三是健全厂务公开民主管理制度,组织员工参与企业民主决策、民主管理和民主监督,落实职工的民主政治权利;在国有、集体企业和事业单位全面推行职工代表大会制度,在规模以上的非公有制企业大力推行职代会制度,在中小型非公企业积极推行职代会制度,探索建立职工意见箱、厂长(经理)接等日、职工代表巡视等其他民主管理形式,并大力推行区域性行业性职代会制度;指导企业工会切实承担厂务公开的组织协调责任,以职代会为基本形式,以厂务公开栏、职工代表团(组)长联席会议为重要形式,推动厂务公开制度建设;大力推行职工董事、职工监事制度,以及通过工会主席参与董事会或监事会,代表职工参与企业决策与管理。四是健全劳动关系矛盾调处机制。建立职工议事会、民主协商会、劳资恳谈会和职工代表信息反馈制度等，为企业领导与职工平等对话搭建平台；在具有一定规模的已建立工会企业普遍建立劳动争议调解组织，并探索建立区域性行业性劳动争议调解组织，切实将劳动关系矛盾化解在基层；健全完善企业工资发放公开公示制度、集体劳动争议工会逐级上报制度等，加强劳动关系预警机制建设；与人力资源社会保障部门合作建立劳动争议调解派出庭，加强劳动争议案件仲裁前的调解工作。五是加大党工共建和职工之家建设的工作力度。建设市、县、乡镇（街道）、村（社区）四级上下联动、高效便捷、服务到位的工会帮扶维权网络体系，协调解决农民工维权、集体劳动争议等案件；建立工会信访维稳的"一体化"预防工作机制，维护员工队伍稳定。

此外，由于我国工会、特别是基层工会在开展劳动关系工作中还存在一定的体制性问题，故而有必要继续推进工会体制改革。包括：加强《企业民主管理条例》中对工资集体协商制度和争议处理机制的规定；发挥产业和行业工会在协调劳动关系和确定劳动标准方面的作用；推进企业工会独立于企业雇主的进程，比如，改进工会干部职业化，使之与企业工会会员的民主直选、民主监督制度相结合；在工会经费分割方面，扩大基层工会的留成比例，开展企业专职工会干部工资福利由工会经费负担的试点；严格执行《企业工会主席产生办法（试行）》对工会主席候选人的资格限制[①]；理顺企业内党组织、行政管理组织与工会组织之间的关系，在非公企业中不容许"党政一体化"，只可以"党工一体化"；在国有企业中应实现工会内党组织的垂直领导。

（3）明确企业组织在劳动关系治理中的职责

工商联和企业联合会作为雇主组织的代表，应在协调劳动关系三方机制、雇主工作中发挥更积极的组织作用。一方面，应该明确各自职责，及时反映企业诉求。工商联作为民营经济的代表，企业联合会作为国有经济的代表，应积极开展劳动关系调研活动，加大对企业劳动关系热点、难点问题的调查研究力度，参与国家和各地区劳动关系各项法规与政策的制定工作；同时，继续加强各自组织体系建设，特别是企联雇主组织体系应进一步由省级向市级拓展，拓宽劳动关系工作领域，广泛参与国家三方部署的各项活动；此外，还应注意加强两个组织之间，以及组织内部各个系统之间的横向交流，提高企业维权工作的质量。

另一方面，引导企业严格执行劳动法律法规，主动履行社会责任。工商联和企业联合会应分别做好雇主工作，加强对企业各类中高级管理人员的专题培训，

---

① 根据《企业工会主席产生办法（试行）》的规定，企业行政负责人（含行政副职）、合伙人及其近亲属，人力资源部门负责人，外籍职工不得作为本企业工会主席候选人。

逐步开展企业劳动关系咨询服务，采取与律师事务所或其他中介服务机构合作等方式，为企业提供有关人力资源管理方面的咨询、指导和管理方案设计等，规范企业管理行为；同时，积极开展雇主论坛、诚信建设等活动，推动企业履行社会责任。对于国有企业，应该做到加强劳动管理规章制度建设；充分利用集体合同协调机制，强化劳资双方的协调意识；大力完善员工动态资料管理，解决员工管理粗放、劳动资源浪费、遇有争议被动等问题；引导职工依法处理劳动争议，维护信访秩序和企业稳定。对于非公有制企业，一是要建立外部监督机制，加强劳动监察和劳动执法力度，对违法行为予以严厉惩处；二是要大力宣传表彰劳动关系和谐企业，并创设奖励制度，以税收减免等方式鼓励企业优化劳动关系；三是要树立典型，倡导企业以人性化的管理替代冲突性的劳动关系，比如浙江省传化集团就是建立了一种雇主自律型的劳动关系协调模式，以自我约束的方式实现企业劳动关系和谐。

(4) 激发劳动者在劳动关系治理中的主体作用

企业经营者与员工既是管理与被管理的关系，又是团结协作、共谋发展的关系。要实现劳动关系的和谐发展，关键在于企业要树立"以人为本"、依靠员工促进企业发展的理念，努力创造企业与员工和谐发展的环境。一是增强社会责任意识，实行人性化管理，保护和调动员工工作积极性和创造性，促进企业与员工共同发展、共同进步。二是加强人力资源开发，营造层层开发、自我开发、持续开发、协调开发、深度开发的管理制度和文化氛围，增强企业凝聚力和员工发展的信心。三是引导员工增强主人翁意识，以推动企业发展为己任，不断提升自身素养，以勤奋、诚实和创新的工作，在企业发展中实现自身权益，同时也为自己的发展创造更广阔的空间。四是要推进企业文化建设，利用互联网、手机、微博等新兴媒体加强与员工的思想交流与感情沟通，鼓励员工为企业的发展建言献策。五是重视对员工的人文关怀和心理疏导，引导员工依法理性表达利益诉求，依法、稳妥、积极、合理、有序地解决矛盾问题。

(5) 倡导社会力量参与监督劳动关系治理工作

劳动关系问题的政策性强、敏感点多、社会关注度高，需要协调社会各方力量参与治理。一是教育宣传。各级党委宣传部门和新闻媒体要经常、持续地宣传《劳动合同法》《就业促进法》《劳动保障监察条例》等的内容和作用，形成劳动法律法规政策宣传教育的长效机制，逐步纠正社会上少数人对劳动法律的误解和片面认识，使广大劳动者、企业主、政府官员、学者及其他群众，对劳动法律法规形成客观、全面、统一的认识；此外，要把构建和谐劳动关系作为宣传报道的经常性工作，有计划地推出高质量、有分量的报道，特别是对劳动关系和谐的模范企业和工业园区劳动关系工作经验的宣传报道，以正确的舆论加以倡导，形成强大的正面的社会声势，为劳动关系的稳定协调发展营造良好的舆论氛围。二是监督管理。在加强劳动保障监督检查方面，要注重发挥工青妇等群团组织、劳动者群体，以及广播、报纸、电视等传统媒体和互联网、微博等新兴媒体等的监督作用，调动社会各方力量，将强化劳动保障行政执法和群众监督有机结合，努力形成社会化的维权格局；同时，还要注重加强对互联网、移动多媒体等新兴媒体的管理，防止被少数人利用煽动违法行为，引导和促使各类媒体共同营造构建和谐劳动关系的话语环境。

参考文献

1. Flanders Allan, The Tradition of Voluntarism. British Journal of Industrial Relations, 1974, 12 (3): 352-370.
2. Michael Salamon, Industrial Relations: Theory and Practice (2nd). New York: Prentice Hall. 1992.
3. John Dunlop, Industrial Relations Systems. New York: Henry Holt. 1958, 5-7.
4. Wilthagen, T. and F. Tros. *The Concept of "Flexicurity": A New Approach to Regulating Employment and Labour Market*. Transfer, 2004, 10 (2): 166-186.
5. Origo, F. and L. Pagani. *Flexicurity and Workers Well-Being in Europe: Is Temporary Employment Always Bad?* Working Paper Series, 2008, 141.
6. Tangian, A. *European Flexibility: Concepts, Methodology and Policies*. Transfer, 2007, 13 (4): 551-573.
7. OECD. *OECD Employment Outlook*. Paris, 2004.
8. Bredgaard, Th., F. Larsen and K. Madsen. *Opportunities and Challenges for Flexicurity——The Danish Example*. Transfer, 2005, 12 (1): 61-82.
9. European Foundation. *Industrial Relations in EU Member States* 2000-2004. European Foundation for the Improvement of Living and Working Conditions, Dublin, 2007.
10. Jepsen, M. and U. Klammer. *Flexicurity: Conceptual Issues and Political Implementation in Europe*. Transfer, 2004, 10 (2) (a special issue).
11. Standing, G. *Global Labor Flexibility——Seeking Distributive Justice*. London: Macmillan, 1999.
12. Regini, M. *The Dilemmas of Labour Market Regulation*, in G. Esp-

ing-Andersen and M. Regini (eds.), *Why Deregulate Labour Markets?* Oxford University Press, 2000.

13. Vielle, P. and P. Walthery. *Flexibility and Social Protection*. Dublin: European Foundation for the Improvement of Living and Working Conditions, 2003.

14. Keller, B. and H. Seifert. *Flexicurity——The German Trajectory*. Transfer, 2004, 10 (2): 226-247.

15. Pongratz, H. J. and G. G. Voß. *From Employee to "Entreployee": Towards a Self-Entrepreneurial Work Force?* Concepts and Transformation, 2003, 8 (3): 239-254.

16. Tros, F. *Towards Flexicurity in Policies for the Older Workers in EU Countries?* Paper presented an the IREC Conference, Utrecht, 2004.

17. Seifert, H. and A. Tangian. *Flexicurity: Reconciling Social Security with Flexibility——Empirical Findings for Europe*. WSI-Diskussionpapier Nr. 154, 2007.

18. Madsen, P. K. *Labour Market Flexibility and Social Protection in European Welfare States——Contrasts and Similarities*. Australian Bulletin of Labour, 2006, 32 (2): 139-162.

19. Fagan, C. and G. Ward. *Regulatory Convergence? Non-Standard Work in the UK and the Netherlands*, in S. Houseman and M. Osawa (eds), *Non-Standard Work in the European and Japan*. Michigan: W. E. Upjohn Institute, 2000.

20. Auer, P. *Protected Mobility for Employment and Decent Work: Labour Market Security in a Globalized World*. Journal of Industrial Relations, 2006, 48 (1): 21-40.

21. Sperber, S. *What are the Ingredients of "Good" Flexicurity Arrangements? Some Ideas for Identifying Factors that Make for Success*. Manuscript paper distributed at the First meeting of the Flexicurity Research Network, Copenhagen, 2006.

22. Pissarides, C. *Employment Protection*. Labour Economics, 2001, 8 (2): 131-159.

23. Blanchard, O. *European Unemployment: The Evolution of Facts and Ideas*. Economic Policy, 2006, 21 (54): 5-59.

24. Blanchard, O. and J. Tirole. *The Optimal Design of Unemployment*

Insurance and Employment Protection: *A First Pass*. NBER Working Paper, 2004, 10 443.

25. Muffels, RJA and Luijkx, R. *Job Mobility and Employment Patterns across European Welfare States. Is There a "Trade-off" or a "Double Bind" between Flexibility and Security?* TLM. NET 2005 Working Paper, 2005, 13.

26. Freeman, R. B. *Labor Market Institutions Around the World*. CEP Discussion Paper, 2008, 844.

27. Madsen, K. *The Danish Model of "Flexicurity"*: *A Paradise with Some Snakes*, in Sarfati H and Bonoli G. (eds), *Labour Market and Social Protection Reforms in International Perspective. Parallel or Converging Tracks?* Ashgate/ISSA: Aldershot; 2002, 243-265.

28. OECD. *OECD Employment Outlook*. Paris, 2006.

29. Graser, A. *Sozialrechtlicher Kündigungsschutz*, Zeitschrift für Rechtspolitik (ZRP), 2002, 391-392.

30. Elmeskov, J., J. P. Martin and S. Scarpetta. *Key Lessons for Labour Market Reforms*: *Evidence from OECD Countries' Experience*. Swedish Economic Policy Review, 1998, 5: 205-252.

31. Daveri, F. and G. Tabellini. *Unemployment, Growth and Taxation in Industrial Countries*. Economy Policy, 2000, 15 (30): 47-104.

32. Neumark, D. and W. Wascher. *A Cross-National Analysis of the Effects of Minimum Wages on Youth Employment*. NBER Working Paper, 1999, 7 299.

33. Bassanini, A. and R. Duval. *Employment Patterns in OECD Countries*: *Reassessing the Role of Policies and Institutions*. OECD Social, Employment and Migration Working Paper, NO. 35, and OECD Economics Department Working Paper, NO. 486, Paris, 2006.

34. Grubb, D. *Trends in Unemployment Insurance, Related Benefits and Active Labour Market Policies in Europe*, paper delivered for the International Seminar on Employment/ Unemployment Insurance, 2005, 7-8 July, Seoul, Korea.

35. Hasselpflug, S. *Availability Criteria in 25 Countries*. Finansministeriet Working Paper, 2005, 12.

36. Baker, D., Glyn, D. Howell and J. Schmitt. *Labour Market Institutions and Unemployment*: *A Critical Assessment of the Cross-Country Evi-*

dence, in D. Howell (ed.), *Fighting Unemployment: The Limits of Free Market Orthodoxy*, Oxford University Press, Oxford, 2005.

37. Kluve, J. *The Effectiveness of European Active Labor Market Policy*. IZA Discussion Paper, 2006, 2018.

38. OECD. *OECD Employment Outlook*. Paris, 1994.

39. Bertola, G. *A Pure Theory of Job Security and Labor Income Risk*. Review of Economic Studies, 2004, 71: 43-61.

40. Brandt, N., J. M. Burniaux and R. Duval. *Assessing the OECD Job Strategy: Past Developments and Reforms*. OECD Economics Department Working Paper, 2005, 429.

41. Bertola, G., F. D. Blau and L. M. Kahn. *Labor Market Institutions and Demographic Employment Patterns*. Journal of Population Economics, 2007, 20: 833-867.

42. Checchi, D., C. Lucifora, T. Boeri and J. C. van Ours. *Unions and Labour Market Institutions in Europe*. Economic Policy, 2002, 17 (35): 363-408.

43. Nickell, S., L Nunziata and W. Ochel. *Unemployment in the OECD since the 1960s: What do We Know?* Economic Policy, 2005, 115 (500).

44. Di Tella, R. and R. MacCulloch. *The Consequences of Labor Market Flexibility: Panel Evidence Based on Survey Data*. European Economic Review, 2005, 49: 1225-1259.

45. Belot, M. and J. van Ours. *Unemployment and Labor Market Institutions: A Empirical Analysis*. Journal of the Japanese and International Economy, 2001, 15 (4): 403-418.

46. Koeniger, W., M. Leonardi and L. Nunziata. *Labour Market Institutions and Wage Inequality*. IZA Discussion Paper, 2007, 1291.

47. Jimeno, J. F. and D. Rodriguez-Palanzuela. *Youth Unemployment in the OECD: Demographic Shifts, Labour Market Institutions and Macroeconomic Shock*. Working Paper, 2002, 155.

48. Gangl, M. *The Only Way is Up? Employment Protection and Job Mobility among Recent Entrants to European Labour Markets*. European Sociological Review, 2003, 19 (5): 429-449.

49. Boeri, T. and P. Garibaldi. *Two Tier Reforms of Employment Protection: A Honeymoon Effect?* The Economic Journal, 2007, 117 (6):

357-385.

50. European Commission. Green Paper, *Modernising Labour Law to Meet the Challenges of the 21ˢᵗ Century*. COM (2006) 708 final, Brussels, 2006.

51. Jan Svejnar. *Labor Market Flexibility in Central and East Europe*. William Davidson Working Paper, 2002, 496.

52. Doeringer, P. and Piore, M. *Internal Labor Markets and Manpower Analysis*. Lexington, MA: D. C. Heath & Company, 1971.

53. Auer, P., J. Berg and I. Coulibaly. *Insights into the Tenure-Productivity-Employment Relationship: Is a Stable Workforce Good for the Economy?* Geneva: ILO, 2004.

54. Rodgers, G., (ed.) *Workers, Institutions and Economic Growth in Asia*. Geneva: IILS, 1994.

55. Nicoletti, G., Scarpetta, S. and Boylaud, O. *Summary Indicators of Product Market Regulation with an Extension to Employment Protection Legislation*. OECD Economics Department Working Papers, 2000, 226.

56. Visser, J. *Industrial Relations and Social Dialogue*, in Auer, P. (ed.) *Changing Labour Markets in Europe*. Geneva: ILO, 2001.

57. Bewley, T. F. *Why Wages don't Fall during a Recession*. Cambridge MA: Harvard University Press, 1999.

58. Klammer, U. *Flexicurity in a Life-Course Perspective*. Transfer, 2004, 10 (2): 282-299.

59. Andersen, T. M. and M. Svarer. *Flexicurity——Labour Market Performance in Denmark*. CESifo Economic Studies, 2007, 53 (3): 389-429.

60. Ferrer-i-Carbonell, A. and van Praag, BMW. *Insecurity in the Labor Market: The Impact of the Type of Contract on Job Satisfaction in Spain and the Netherlands*. Mimeo, 2006.

61. Clark, A. and Postel-Vinay, F. *Job Security and Job Protection*. CEP Discussion Paper, 2005, 678.

62. Bertola, G. *Job Security, Employment and Wages*. European Economic Review, 1990, 34: 851-886.

63. Tijdens, K., M. van Klaveren, H. Houwing, M. van der Meer and M. van Essen. *Temporary Agency Work in the Netherlands*. Working Paper, 2006, 54.

64. Hall, Peter A. and Soskice, D. *Varieties of Capitalism: The Institutional Foundations of Comparative Advantage*. Cambridge University Press, 2001.

65. Algan, Y. and P. Cahuc. *Civic Attitudes and the Design of Labor Market Institutions: Which Countries Can Implement the Danish Flexicurity Model?* IZA Discussion Papers, 2006, 1928.

66. Heidenreich, M. and G. Bischoff. *The Open Method of Co-ordination: A Way to the Europeanization of Social and Employment Policies?* Journal Compilation, 2008, 46 (3): 497-532.

67. Schmid, G. and B. Gazier. *The Dynamics of Full Employment: Social Integration Through Transitional Labour Markets*. Cheltenham, UK and Brookfield, US: Edward Elgar, 2002.

68. Nakazawa, Wataru. *Has the Youth Labor Market in Japan Changed? An Event History Analysis Approach*. International Journal of Japanese Sociology, 2008, 17: 129-146.

69. Lilly, M. B., A. Laporte and P. C. Coyte. *Labor Market Work and Home Care's Unpaid Caregivers: A Systematic Review of Labor Force Participation Rates, Predictors of Labor Market Withdrawal, and Hours of Work*. The Milbank Quarterly, 2007, 85 (4): 641-690.

70. Forteza, A. and M. Rama. *Labor Market "Rigidity" and the Success of Economic Reforms Across More Than 100 Countries*. The Journal of Policy Reform, 2006, 9 (1): 75-105.

71. Cazes, S. and A. Nesporova. *Labor Market Flexibility in the Transition Countries: How Much is Too Much?* International Labour Review, 2001, 140 (3): 294-325.

72. Vail, M. *From "Welfare without Work" to "Buttressed Liberalization": The Shifting Dynamics of Labor Market Adjustment in France and Germany*. European Journal of Political Research, 2008, 47: 334-358.

73. Du Yang (pdf). *Presentation on Recent Trend in the Chinese Labor Market and their Impact on Income Inequality*. OECD, 2009. 4.

74. Mills, M., H.-P. Blossfeld, S. Buchholz, D. Hofäcker, F. Bernardi and H. Hofmeister. *Converging Divergences: An International Comparison of the Impact of Globalization on Industrial Relations and Employment Careers*. International Sociology, 2008, 23: 561-595.

75. Fang Cai, Yang Du and Changbao Zhao. *Regional Labour Market Integration since China's World Trade Organization Entry: Evidence from Household-level Data*, in Garnaut, Ross and Ligang Song (eds), *China-Linking Markets for Growth*. Canberra: Asia Pacific Press, 2007, 133-150.

76. Reutersward, A. *Labour Protection in China: Challenges Facing Labour Offices and Social Insurance*. OECD Social, Employment and Migration Working Papers, 2005, 30.

77. Ichino, A. and R. T. Riphahn. *The Effect of Employment Protection on Worker Effort: Absenteeism during and after Probation*. Journal of the European Economic Association, 2005, 3 (1): 120-143.

78. Lawson, R. A. and E. Bierhanzl. *Labor Market Flexibility: An Index Approach to Cross-country Comparisons*. Journal of Labor Research, 2004, 25 (1): 117-126.

79. Robson, M. T. *Does Stricter Employment Protection Legislation Promote Self-employment?* Small Business Economics, 2003, 21: 309-319.

80. Clark, A. and Postel-Vinay, F. *Job Security and Job Protection*. Oxford Economic Papers, 2009, 61: 207-239.

81. Cahuc, P. and W. Koeniger. *Feature: Employment Protection Legislation*. The Economic Journal, 2007, 117 (6): 185-188.

82. Frick, B. and M. À. Malo. *Labor Market Institutions and Individual Absenteeism in the European Union: The Relative Importance of Sickness Benefit Systems and Employment Protection Legislation*. Industrial Relations, 2008, 47 (4): 505-529.

83. Edwards, P., M. Ram and J. Black. *Why Does Employment Legislation Not Damage Small Firm?* Journal of Law and Society, 2004, 31 (2): 245-265.

84. OECD. *OECD Employment Outlook*. Paris, 2008.

85. OECD. *OECD Employment Outlook*. Paris, 1999.

86. Eamets, R. and J. Masso. *The Paradox of the Baltic States: Labour Market Flexibility but Protected Workers?* European Journal of Industrial Relations, 2005, 11 (1): 71-90.

87. Svejnar, J. *Labor Market Flexibility in Central and East Europe*. William Davidson Working Paper Number 496, 2002.

88. Bertola, G., T. Boeri and S. Cazes. *Employment Protection in In-*

dustrialized Countries: The Case for New Indicators. International Labour Review, 2000, 139 (1): 57-72.

89. Bercherman, G. , K. Olivas and A. Dar. *Impacts of Active Labor Market Programs: New Evidence from Evaluation with Particular Attention to Developing and Transition Countries.* World Bank Social Protection Discussion Paper, 2004, 0402.

90. Porter, M. E. and K. Schwab, (ed.) *The Global Competitiveness Report* (2008—2009). Geneva: World Economic Forum, 2008.

91. Pierre, G. and S. Scarpetta. *Employment Regulations through the Eyes of Employers: Do They Matter and How Do Firms Respond to Them?* Discussion Paper Series, 2004, 1424.

92. Pierre, G. and S. Scarpetta. *Employment Protection: Do Firms' Perceptions Match with Legislation.* Economics Letter, 2006, 90: 328-334.

93. Venn, D. *Legislation, Collective Bargaining and Enforcement: Updating the OECD Employment Protection Indicators.* OECD Social, Employment and Migration Working Papers, 2009, 89.

94. De Gobbi, M. S. and A. Nesporova. *Towards a New Balance Between Labour Market Flexibility and Employment Security for Egypt.* Employment Strategy Papers, 2005.

95. OECD. *OECD Employment Outlook.* Paris, 2007.

96. OECD. *OECD Employment Outlook.* Paris, 2003.

97. Bhattacharjea, A. *Labour Market Regulation and Industrial Performance in India: A Critical Review of the Empirical Evidence.* Centre for Development Economics, Working Paper No. 141, 2006.

98. Saint-Paul, G. *The Political Economy of Employment Protection.* Journal of Political Economy, 2002, 110 (3): 672-704.

99. Bassanini, A. and D. Venn. *Assessing the Impact of Labour Market Policies on Productivity: A Difference-in-Differences Approach.* OECD Social, Employment and Migration Working Papers, NO. 54, 2007.

100. Imbens and Wooldridge. *What's New in Econometrics? Difference-in-Differences Estimation.* Lecture Notes 10, NBER, Summer 2007.

101. Micco, A. and C. Pages. *The Economic Effects of Employment Protection: Evidence from International Industry-Level Data.* IZA Discussion Paper, 2006, 2 433.

102. OECD. *OECD Employment Outlook*. Paris, 2002.

103. Boone, J. *Technological Progress, Downsizing and Unemployment*. Economic Journal, 2000, 110 (465): 581-590.

104. Aaronson, D. and E. French. *Product Market Evidence on the Employment Effects of the Minimum Wage*. Journal of Labor Economics, 2007, 25 (1): 167-200.

105. Kahn, S. *Productivity Growth, Technological Convergence, R&D, Trade and Labor Markets: Evidence from the French Manufacturing Sector*. IMF Working Paper, 2006, 230.

106. Agénor, P. R and Aizenman J. *Macroeconomic Adjustment with Segmented Labor Markets*. Journal of Development Economics, 1999, 58 (2): 277-296.

107. Fraja G. (de). *Minimum Wage Legislation, Productivity and Employment*. Econometric, 1999, 66 (264): 473-488.

108. Abowd John M., Kramarz Francis and Margolis David N. *Minimum Wages and Employment in France and the United States*. CEPR Discussion Papers, 1999, 2 159.

109. Katz L. F. and Krueger A. B. *The Effect of the Minimum Wage on the Fast Food Industry*. Industrial and Labor Relation Review, 1992, 46 (1): 6-21.

110. Flinn Christopher. *Minimum Wage Effects on Labor Market Outcomes under Search, Matching and Endogenous Contact Rates*. Econometric, 2006, 74 (4): 1 013-1 062.

111. Brown, C., Gilroy and A. Kohen. *Time Series Evidence on the Effects of the Minimum Wage on Youth Employment and Unemployment*. Journal of Human Resource, 1983, 18: 3-31.

112. Mincer, J. *Unemployment Effects of Minimum Wages*. Journal of Political Economy, 1976, 84 (1): 87-104.

113. Stigler G. *The Economics of Minimum Wage Legislation*. American Economic Review, 1946, 36: 358-365.

114. OECD. *OECD Employment Outlook*. Paris, 2009.

115. OECD. *OECD Employment Outlook*. Paris, 2010.

116. OECD. *OECD Employment Outlook*. Paris, 2011.

117. 郭军，李雪艳. 市场劳动关系演变机理 [R]. 中国人力资源开发研究会第十次会员代表大会论文集，2008.

118. 孙祖芳. 调整劳动关系的理论与政策研究［J］. 社会科学，2007（5）.

119. 刘秦洪，杨焕城. 转型条件下的劳资关系及其治理机制［J］. 改革，2009（2）.

120. 乔健. 略论我国劳动关系的转型及当前特征［J］. 中国劳动关系学院学报，2007（2）.

121. 王阳. 劳动力市场灵活安全性研究述评［J］. 经济学动态，2010（11）.

122. 钱箭星. 全球化时代发达国家劳资关系的演变及其新动向［J］. 社会主义研究，2009（6）.

123. 程延园. 劳动关系［M］. 北京：中国人民大学出版社，2002.

124. 顾光青. 劳资关系变动、协调与认识演进［J］. 上海经济研究，2009（11）.

125. 佟新. 劳工政策和劳工研究的四种理论视角［J］. 云南民族大学学报（哲学社会科学版），2008，25（5）.

126. 余晓敏. 经济全球化背景下的劳工运动：现象、问题与理论［J］. 社会学研究，2006（3）.

127. 葛伶俊，张磊. 近年来国内劳资关系研究述评［J］. 当代社科视野，2008（12）.

128. 肖文韬. 劳资关系协调理论综述［J］. 中南民族大学学报（人文社会科学版），2010，30（5）.

129. 游正林. 管理控制与工人抗争——资本主义劳动过程研究中有关文献述评［J］. 社会学研究，2006（3）.

130. 常凯. 罢工权立法问题的若干思考［J］. 学海，2005（4）.

131. 石秀印，许叶萍. 市场条件下中国的阶层分化与劳资冲突——与马克思时代对比［J］. 学海，2005（4）.

132. 黑启明. 劳资关系：一种马克思主义的分析框架［M］. 北京：中国劳动社会保障出版社，2008.

133. 刘涛. 在经济学框架下透析我国劳资关系以及解决劳资矛盾的思路［J］. 工会论坛，2007（3）.

134. 孟令军. 经济理性与劳资关系［J］. 中国劳动关系学院学报，2007（5）.

135. 韩金华，孙殿明. 协调公平与效率关系构建和谐劳资关系［J］. 中央财经大学学报，2008（2）.

136. 郑凌燕. 民营企业构建和谐劳资关系的实证研究 [J]. 中国劳动关系学院学报, 2006 (6).

137. 曹超. 析当前非公有制经济中劳资关系的现状及趋势 [J]. 理论界, 2008 (2).

138. 常凯. 中国劳动关系报告——当代中国劳动关系的特点和趋向 [M]. 北京：中国劳动社会保障出版社, 2009.

139. 李琪. 产业关系概论 [M]. 北京：中国劳动社会保障出版社, 2008.

140. 常凯. 劳动权——当代中国劳动关系的法律调整研究 [M]. 北京：中国劳动社会保障出版社, 2004.

141. 陈兰通. 2009 中国企业劳动关系状况报告 [M]. 北京：企业管理出版社, 2010.

142. 石秀印. 劳动关系：由单边决定、双边决定向三方协和转型 [J]. 北京工业大学学报（社会科学版）, 2008, 8 (6).

143. 王阳. 关注我国劳动关系国际化发展带来的影响 [N]. 中国劳动保障报. 2012-04-07 (3).

144.《管理@人》编辑部. 国际化竞争与劳动关系趋势——韩智力先生演讲整理 [J]. 管理@人, 2010 (2-3).

145. 岳经纶, 庄文嘉. 全球化时代下劳资关系网络化与中国劳工团结——来自中国沿海地区的个案研究 [J]. 中山大学学报（社会科学版）, 2010 (1).

146. 陈诗达 (a). 市场化进程中的劳动关系变迁 [C]. 浙江省劳动和社会保障学会劳动关系问题研讨会暨 2006 浙江就业报告, 2006.

147. 洪泸敏, 章辉美. 中国企业劳动关系的变迁 [J]. 企业管理, 2009 (3).

148. 郭金兴. 我国劳动争议的省际差异及其解释 [J]. 财贸研究, 2008 (5).

149. 曹可安. 集体劳动争议明显上升的原因及应对 [J]. 中国城市经济, 2010 (2).

150. 张建武, 李永杰. 深圳经济特区劳动关系的演变及启示 [J]. 特区经济, 2003 (6).

151. 吴清军, 许晓军 (a). 劳资群体性事件与工会利益均衡及表达机制的建立 [J]. 当代世界与社会主义, 2010 (5).

152. 张秋惠, 于桂兰. 我国劳动争议案件数量增长问题研究 [J]. 学习与探索, 2010 (3).

153. 姚先国, 赖普清. 中国劳资关系的城乡户籍差异 [J]. 经济研究,

2004（7）.

154. 杨正喜. 转型时期我国劳资冲突特点——以珠三角农民工为例［J］. 工会理论研究，2008（3）.

155. 全国总工会新生代农民工问题课题组. 关于新生代农民工问题的研究报告［N］. 工人日报，2010-06-21（1）.

156. 夏小林. 私营部门：劳资关系及协调机制［J］. 管理世界，2004（6）.

157. 乔健. 在国家、企业和劳工之间：工会在市场经济转型中的多重角色——对1 811名企业工会主席的问卷调查［J］. 当代世界与社会主义，2008（2）.

158. 吴亚平，乔健，李珂. 基层工会组建形式的多样性及维权实效性研究［J］. 中国劳动关系学院学报，2008，22（2）.

159. 姚先国，李敏，韩军. 工会在劳动关系中的作用——基于浙江省的实证分析［J］. 中国劳动关系学院学报，2009，23（1）.

160. 王少波. 国企改制中劳资冲突走向暴力现象解析——以通钢集团和林钢集团改制中出现的暴力事件为例［J］. 中国人力资源开发，2010（3）.

161. 李丽林. 2004—2010年我国典型停工事件分析［J］. 中国人力资源开发，2011（3）.

162. 陈诗达. 劳资博弈走向和谐是劳动关系发展的必然趋势［C］. 浙江省劳动和社会保障学会劳动关系问题研讨会暨2006浙江就业报告，2006.

163. 王长城. 我国劳动关系发展中的问题与改进措施［J］. 中国人力资源开发，2006（9）.

164. 罗明忠. 经济低迷时期劳动关系处理的应急机制建设［J］. 中国人力资源开发，2009（5）.

165. 狄煌. 有效解决集体协商"谈不拢"问题的思考［J］. 中国劳动，2011（6）.

166. 朱超. 群体性劳动争议的预防消解与机制建设研究［J］. 南京师大学报（社会科学版），2004（4）.

167. 郑尚元，李海明. 论劳资关系及其法律规制——以"本田停工事件"为例［J］. 行政管理改革，2011（3）.

168. 浙江省劳动保障科学研究院. 我国劳动力市场与劳动关系发展趋势与展望［C］. 探讨与创新——浙江省劳动保障理论研究论文精选（第三辑），2003.

169. 章小奕. 经济转型时期劳动关系的变化趋势与应对建议［J］. 南京工程学院学报（社会科学版），2004，4（4）.

170. 李月良. 烟台市外资企业劳动关系状况的调研报告［J］. 中国工运，

2010 (1).

171. 中国人民大学宏观经济分析与预测课题组. 市场导向型工资形成机制：经济结构调整的契机与路径 [J]. 宏观经济管理，2010 (11).

172. 梁达. 劳动力成本上升有助于转变经济发展方式 [J]. 金融与经济，2010 (7).

173. 赵泽洪，尤强林. 后危机时代我国企业劳动关系的变化及其应对策略 [J]. 改革与战略，2011 (2).

174. 常凯. 劳动关系·劳动者·劳权——当代中国的劳动问题 [M]. 北京：中国劳动出版社，1995.

175. 郭悦. 平衡劳动关系：建立真正的集体谈判制度 [J]. 中国劳动，2005 (2).

176. 刘泰洪. 我国劳动关系"集体谈判"的困境与完善 [J]. 理论与改革，2011 (2).

177. 孟兆敏. 我国户籍制度改革研究的回顾与展望 [J]. 西北人口，2008 (1).

178. 郑风田，许竹青. "民工荒"深层原因的思考 [J]. 工会博览，2011 (2) 上旬刊.

179. 林涛. 珠三角薪酬真相 [J]. 新财经，2011 (4).

180. 吴清军，许晓军. 中国劳资群体性事件的性质与特征研究 [J]. 学术研究，2010 (8).

181. 李春宇. 浅析现阶段我国劳动关系的特点及价值取向 [J]. 工会理论与实践——中国工运学院学报，1998 (2).

182. 乔健. 中国特色的三方协调机制：走向三方协商与社会对话的第一步 [J]. 广东社会科学，2010 (2).

183. 李琪. 学科、制度与价值观——对我国劳资关系领域发展过程的简要分析 [J]. 中国人力资源开发，2010 (3).

184. 郭军，李雪艳. 劳动关系发展趋势研究——基于概念演化视角的分析 [J]. 经济经纬，2009 (1).

185. 吴清军. 当前我国劳动关系发展趋势研究 [J]. 劳动经济与劳动关系，2010 (4).

186. 王甫希. 集体劳动争议的发展特点 [J]. 中国劳动关系学院学报，2010，24 (6).

187. 郑桥. 从《劳动合同法》出台看中国劳动关系的演变与发展 [J]. 当代世界与社会主义，2008 (1).

188. 刘彩凤. 英国劳动关系的调整路径及其对中国的借鉴意义［J］. 中国劳动关系学院学报，2009，23（6）.

189. 赵祖平. 欧盟劳工政策三方机制的发展及其启示［J］. 国家行政学院学报，2010（1）.

190. 乔健. 发展和壮大工会组织的必要性与必然性分析——来自美国大萧条时代劳工政策的启示［J］. 现代交际，2009（4）.

191. 威廉姆·布朗（William Brown）. 冲突和劳动［M］. 见：琼斯（Martin Jones），费边（A. C. Fabian）主编. 冲突. 北京：华夏出版社，2009.

192. 张波. 劳资关系中政府定位的应然选择与国际借鉴［J］. 甘肃社会科学，2010（5）.

193. 谢文波，李金龙，谢玉华. 发达国家劳动关系三方协调机制中政府角色比较及启示［J］. 广东社会科学，2009（3）.

194. 乔健. 劳动者群体性事件与危机管理创新——从近期出租车司机罢工潮说起［J］. 中国人力资源开发. 2009（1）.

195. 托马斯·寇肯（Thomas A. Kochan），哈瑞·卡兹（Harry C. Katz），罗伯特·麦克西（Robert B. Mckersie）. 美国产业关系的转型［M］. 朱飞，王侃译. 北京：中国劳动社会保障出版社，2008.

196. 耶勒·费舍，安东·黑姆耶克. 荷兰的奇迹：荷兰的就业增加、福利改革、法团主义［M］. 张文成译. 重庆：重庆出版社，2008.

197. 王阳. 我国劳动关系发展趋势研究［J］. 劳动经济评论，2012，5（1）.

198. 董保华. 论非标准劳动关系［J］. 学术研究，2008（7）.

199. 汪雁. 当前我国劳动关系和工会工作的新变化新特点［J］. 劳动关系与工会运动研究与动态，2010（5）.

200. 黄志钢. 面向"十二五"规划的产业结构调整［M］. 见：张平，刘霞辉主编. 中国经济增长报告（2010—2011）：面向"十二五"的经济增长. 北京：社会科学文献出版社，2011.

201. 王阳. 转型期中国劳动力市场灵活安全性研究［M］. 北京：首都经济贸易大学出版社，2011.

202. 黄孟复. 中国民营企业劳动关系状况调查［M］. 北京：中国财政经济出版社，2009.

203. 乔健. 探索和谐劳动关系新政——2011年中国劳动关系状况［C］. 劳资冲突与合作——集体劳动争议处理与规制国际研讨会论文集，2011.

204. 李丽林，苗苗，胡梦洁，武静云. 2004—2010年我国典型停工事件分析[J]. 中国人力资源开发，2011 (3).

205. 吴要武，都阳. 金融危机对中小企业就业的影响[M]. 见：蔡昉主编. 中国人口与劳动问题报告 No. 11——金融危机时期的劳动力市场挑战. 北京：社会科学文献出版社，2010.

206. 王阳. 山西产业升级中的企业劳动用工情况调查——对临汾市6家典型企业的调研报告[J]. 中国人力资源开发，2012 (1).

207. 冯喜良. 冲突性劳动争议预防机制研究[N]. 中国组织人事报，2011-01-17 (6).

208. 李琪. 从争取权益的集体行动到利益博弈型的集体谈判[C]. 2011中国工会·劳动关系论坛——集体协商的规范与建设论文集，2011.

209. 何勤. 北京中小企业劳动关系评价研究[D]. 北京：首都经济贸易大学，2011.

210. 王长城. 劳动合同法实施以来我国劳动关系面临的问题与对策——针对湖北省三市的调查思考[J]. 中国人力资源开发，2011 (8).

211. 李卫刚，王丛虎，唐腊梅. 论经济全球化与国际劳工标准之互动关系及其对中国的影响[J]. 新疆师范大学学报（哲学社会科学版），2011，32 (3).

212. 靳博，熊建. 人口红利减弱如何应对[N]. 人民日报，2011-05-05 (10).

213. 黄天凭. 群体性劳动争议的成因与对策[N]. 中国劳动保障报，2007-01-27 (3).

214. 王敏. 当前劳动争议处理体制机制问题思考[J]. 中国工运，2010 (4).

215. 乔健，钱俊月. 对民营企业工会建设问题的思考[J]. 中国人力资源开发，2010 (10).

216. 乔健. 工会改革创新的理论思考[J]. 当代世界与社会主义，2010 (2).

217. 崇明县总工会. 关于崇明县工资集体协商制度的调研[J]. 工会理论研究，2007 (2).

218. 张耀华. 国有企业和谐劳动关系管理对策[J]. 中国人力资源开发，2007 (3).

219. 冯力. 工资集体协商在深圳[J]. 中国劳动保障，2009 (10).

220. 约翰·巴德（John Budd），迪瓦希什·海沃（Devasheesh Bhave）. 雇佣关系：人力资源管理的基础[J]. 中国人力资源开发，2011 (9).

221. 夏小林. 经济增长的背后：解读浙江省的劳动关系、协调机制和宏观背景[J]. 经济研究参考，2004 (44).

222. 法比奥·卡纳瓦（Fabio Canova）. 应用宏观经济研究方法［M］. 上海：上海财经大学出版社，2009.

223. 陈佳贵，王钦. 中国工业经济的改革、开放和发展［M］. 见：蔡昉主编. 中国经济转型 30 年（1978—2008）. 北京：社会科学文献出版社，2009.

224. ［美］理查德·B. 弗里曼（Richard B. Freeman），詹姆斯·L. 梅多夫（James L. Medoff）著. 工会是做什么的？——美国的经验［M］. 陈耀波译. 北京：北京大学出版社，2011.

225. 戴建中. 现阶段中国私营企业主研究［J］. 社会学研究，2001（1）.

226. 李培林. 中国社会分层［M］. 北京：社会科学文献出版社，2004.

227. 阎志民. 中国现阶段阶层研究［M］. 北京：中共中央党校出版社，2002.

228. 黄如桐. 私营企业主不是社会主义劳动者［J］. 真理的追求，2000（11）.

229. 常凯. 劳动关系学［M］. 北京：中国劳动社会保障出版社，2005.

230. 李春玲. 断裂与碎片：当代中国社会阶层分化实证分析［M］. 北京：社会科学文献出版社，2005.

231. 沈原. 社会转型与工人阶级的再形成［J］. 社会学研究，2006（2）.

232. 许叶萍，石秀印. 工人阶级形成：体制内与体制外的转换［J］. 学海，2006（4）.

233. 常凯. 从"民工荒"看政府的决策［J］. 决策咨询，2004（10）.

234. 常凯. 工会何为？［J］. 南风窗，2005（23）.

235. 张静. "法团主义"模式下的工会角色［J］. 工会理论与实践，2001（1）.

236. 冯同庆. 中国经验：转型社会的企业治理与职工民主参与［M］. 北京：社会科学文献出版社，2005.

237. 中华全国总工会. 2006 年中国工会维护职工合法权益蓝皮书［M］. 北京：中国工人出版社，2007.

238. 魏杰. 量身打造中国的"制造中心"［J］. 中国经济快讯，2002（43）.

239. 韩国强. 一些新自由主义者如何影响改革：一些主流经济学家如何误导改革［J］. 探索，2006（2）.

240. 王一江. 政府干预与劳动者利益［M］. 北京：比较（第 14 辑）. 北京：中信出版社，2004.

241. 王一江. 市场机制可有效保护劳动者权益［J］. 财经，2006（5）.

242. 常凯. 论政府在劳动法律关系中的主体地位和作用［J］. 中国劳动，

2004 (12).

243. 徐小洪. 政府干预与劳动者权益：兼与王一江先生商榷 [J]. 北京市工会干部学院学报, 2005 (2).

244. 冯同庆. 中国的劳工调查与研究 [J]. 工会理论与实践, 2004 (5).

245. 全国总工会课题组. 中国特色社会主义新型劳动关系研究 [J]. 工运研究, 2005 (24).

246. 杨伟国, 代懋. 中国就业管制的测量 [J]. 中国人民大学学报, 2010 (3).

247. 蔡昉, 都阳, 王美艳. 节能减排对就业的影响方式与政策选择 [M]. 见：蔡昉主编. 中国人口与劳动问题报告 No. 11——金融危机时期的劳动力市场挑战. 北京：社会科学文献出版社, 2010.

248. 顾颖, 董联党, 雷敏, 王晓璐. 欧洲一体化进程中的区域经济发展 [M]. 北京：中国社会科学出版社, 2008.

249. 王阳. 健全集体劳动关系协调机制是当务之急 [J]. 中国工人, 2012, 233 (5).

250. 迟福林主编. 民富优先：二次转型与改革走向 [M]. 北京：中国经济出版社, 2011.

251. 明娟, 邢孝兵, 张建武. 国际贸易对制造业行业就业的影响效应研究——基于动态面板数据模型的实证分析 [J]. 财贸研究, 2010 (6).

252. 乔健. 2010 年中国职工状况——呼唤共享经济发展成果和集体劳权 [M]. 见：汝信, 陆学艺, 李培林主编. 2011 年中国社会形势分析与预测. 北京：社会科学文献出版社, 2011.

253. 常品超, 项鹏. 2010 年企业职工劳动经济权益状况及思想动态问卷调查基本情况 [J]. 工运研究, 2011 (3).

254. WTO 经济导刊. 国家责任竞争力 (2009) [M]. 北京：国家行政学院出版社, 2010.

255. 桑德林·卡则斯 (Sandrine Cazes), 伊莲娜·纳斯波洛娃 (Alena Nesporova). 转型中的劳动力市场：平衡灵活性与安全性——中东欧的经验 [M]. 劳动和社会保障部劳动科学研究所译. 北京：中国劳动社会保障出版社, 2005.

256. 杭宇. 《劳动合同法》实施对我国企业用工的影响 [J]. 中国人力资源开发, 2009 (9).

257. 石美遐. 非正规就业劳动关系研究——从国际视野探讨中国模式和政策选择 [M]. 北京：中国劳动社会保障出版社, 2007.

258. 申丹虹. 中国劳动力市场转型中的个人收入分配研究 [M]. 北京：经济科学出版社, 2009.

后　　记

　　2010年我从首都经济贸易大学劳动经济学院博士毕业之后,有幸进入国家发展和改革委员会社会发展研究所从事科研工作。这本书的缘起,就是2011年由我首次独立承担的"社会所基本科研业务经费专项课题"《我国劳动关系发展趋势研究》(课题编号：A2011103038)的进一步丰富、深入和拓展。

　　回想近两年来围绕本课题项目所付出的努力、专注和辛劳,我的心里感慨良多。如果说,博士学位论文是开启一位年轻科研人员研究生涯的那扇门,那么,针对某一专门课题进行全面系统论述的著作,就是铺筑道路助其前行、垒砌砖瓦助其攀登的那一块块坚石。2010年年底,当我将博士学位论文《转型期中国劳动力市场灵活安全性研究》付梓出版时,就在心中暗暗问自己"是否到了可以兑现'承诺'的时候了",而这个"承诺",就是完成一项针对劳动关系问题的综合性研究。

　　实际上,早在2005年,我就在首都经济贸易大学劳动经济学院王守志教授的启发和引导之下,开始了对劳动关系领域热点难点问题的关注和探索。我对劳动关系问题的好奇和热忱,得到了我的导师、劳动经济学院院长杨河清教授的全力支持,杨老师更是给予了我开展研究的各种帮助和指导,从而也使得我能够最终以"事实劳动关系"为主题和主线,完成了硕士学位论文《事实劳动关系若干问题的经济学研究》的写作工作。在即将毕业的时候,杨老师曾叮嘱我说："要继续深入开展研究,下一个课题名称中要去掉'若干'二字！"我也就此作出了"承诺"。

　　从接触和了解劳动关系问题伊始,我就深深地感觉到这一领域的复杂性、多面性、广泛性和敏感性,这也致使我在随后相当长的一段时间里缺乏开展"全面"研究的信心和把握,而只能停留在或者说是着重于"点"上的探索和挖掘。然而,当我进入社会发展研究所工作以后,最大的感触就是这里自由、开放的学术氛围,开阔、深远的研究视野以及求真、务实的科研作风。尽管只有两年的工作时间,但我真切地体会到了社会发展研究所的魅力所在,我不仅得到了作为一名年轻科研人员通常难以拥有的独立开展专项研究的机会,而且在整个课题研究过程当中,还得到了所里领导和同事的大量的指点和帮助,我为能成为社会发展研究所的一员而倍感荣幸和自豪。

在课题研究和本书撰写过程中，首先，我要诚挚地感谢社会发展研究所所长杨宜勇研究员、副所长李爽研究员、社会政策研究室主任张本波副研究员、副主任谭永生副研究员，社会管理研究室主任常兴华研究员，社会事业研究室副主任徐振斌研究员，以及李震副研究员、曾红颖副研究员、邢伟副研究员、李璐副研究员、顾严博士、魏国学博士、李欧等，是大家提供的无私的研究建议，使我能够比较快速地明确了工作重点和预期突破创新点，也是大家给予的温暖的问候和关切，使我在紧张、繁忙的工作中不断获得了信心、勇气和坚毅。

其次，我要诚挚地感谢首都经济贸易大学劳动经济学院院长、我的研究生导师杨河清教授。在硕士和博士两个研究生学习阶段中，我的每一个进步和成长，每一点收获和成绩，都离不开老师的悉心栽培和点拨。即使如今离开了校园，老师依然如故地关心和提携，总会让我备受鼓舞和感念于心，而老师严谨认真的治学态度和孜孜以求的探索精神，则已然内化成为引领和带动我从事各项科研工作以及攻克任何学术难关的最珍贵的思想财富。

再次，向所有给予过我无私帮助的老师、朋友、同学表示深深的感谢。特别是刘福垣研究员、冯同庆教授、王长城教授、常凯教授、李琪教授、冯喜良教授、乔健副教授、王晶副教授、牟俊霖博士、闻效仪博士、李嘉娜博士、孙兆阳博士、孟泉博士等。感谢杨河清师门众多兄弟姐妹的关心，尤其是徐明、孟续铎、王飞、张伟东、肖红梅、刘璐宁、潘虎、黄湘闽、王丹和肖鹏燕等。此外，在课题研究过程中我参阅了大量的国内外科研文献，在此一并向这些学术前辈和同仁致以敬意和谢意。

最后，我想对我的母亲说一声"谢谢"。从我决定走上科研道路、选择科研事业的那一刻起，妈妈就一直在背后默默地支持着我，为我做出了很多的牺牲。祝愿妈妈永远健康、平安和快乐！

《礼记·中庸》十九章有云："博学之，审问之，慎思之，明辨之，笃行之。"这句话阐明了为学的几个层次，或者说是几个递进的阶段。学术道路无止境，学术高度无巅峰。我所能做到的，就是一步一个脚印地向前走，扎扎实实地去探索和求解心中的每一个未知，去找寻学术高峰上的那轮红日。

本书的出版得到了中国劳动社会保障出版社的大力支持，在此表示衷心的感谢！由于时间和水平有限，本书不足乃至谬误之处在所难免，敬请专家及各界同仁提出宝贵意见，并就此问题展开讨论，以进一步深化该领域的研究。

王阳

2012 年 7 月 8 日